Emma Mildon

W0058318

HANDBUCH
URBANE SPIRITUALITÄT

ALLES, WAS BEI DER SINNSUCHE HILFT

Aus dem Englischen
von Pauline Kurbasik

L.E.O. Verlag ist ein Imprint
der Scorpio Verlag GmbH & Co. KG,
herausgegeben von Michael Görden

Published by Arrangement with Atria Books/Beyond Words,
a division of Simon & Schuster, Inc. New York.
Die Originalausgabe ist erstmals 2015 bei Beyond Words erschienen.
Titel der amerikanischen Originalausgabe: The Soul Searcher's Handbook
All rights reserved including the right of reproduction
in whole or in part in any form.

Original English language edition © 2015 by Emma Mildon
© der deutschen Ausgabe 2016: L·E·O Verlag in der
Scorpio Verlag GmbH & Co. KG, Berlin · München
Lektorat: Angela Schneider-Bodien
Umschlaggestaltung: Torge Niemann, WRAGE
unter Verwendung eines Fotos von Julien Eichinger – Fotolia
Layout und Satz: Nicole Clemens, München
Druck und Bindung: Print Consult GmbH, München
ISBN 978-3-95736-072-4
Alle Rechte vorbehalten.

Mehr über unsere Bücher
www.leoverlag.de

Das Leben ist keine Erfahrung. Es ist eine Reise.
Ich danke jedem, der mir auf meiner Reise begegnete,
die zu diesem Buch führte.

Ich widme dieses Buch meinen Seelenschwestern:
Leanne Mulhern, die liebende Mutter, die liebende Schwester.
Rebecca Van Leeuwen, die Göttin und Seelenschwester.
Charlotte Desborough, die Reisende und Seelenschwester.
Sarah Fletcher-Mare, Wohlfühljunkie.
Toni Thompson, die leuchtende Lichtsucherin.
Amanda Farrant, die Erdenarbeiterin und Naturheilkundlerin.
Erin O'Hara, die goldene Yogini und Homöopathin.
Aleisha Coote, Liebesguru und Erdenengel.
Sarah Brosnahan, die Wellness-Kriegerin.

»Warum gibt es so viele Suchende,
aber so wenige Findende?«

Eckhart Tolle

INHALT

VORWORT

»Ich glaube, dass jeder einem spirituellen Weg folgt: Einige wissen es, andere nicht. Diejenigen, die es wissen, bezeichnen sich als religiös, spirituell oder als Seelensucher.«

So. Hier bist du also. Du bist Feuer und Flamme. Hut ab dafür, dass du dein spirituelles Wissen vertiefen und ausbauen willst!

Falls du dir die großen Fragen stellst wie: *Warum gibt es mich überhaupt? Gibt es einen Gott?* oder *Wie sieht's mit der Wiedergeburt aus?* Oder auch falls dich die etwas harmloseren Fragen umtreiben: *Ist Yoga wirklich so gut für mich oder ist es einfach gerade nur total hip? Kokosöl: ja / nein? Können Kristalle wirklich heilen? Patschuli ... Ich weiß ja nicht ... Warum trägt man diesen »Duft« überhaupt?* – das kenne ich nur zu gut. Du wünschst dir wahrscheinlich genau wie ich, dass wir für diese Dinge einfach eine Gebrauchsanweisung in die Hand gedrückt bekommen: ein Buch, das dir Tipps gibt und dir sagt, wie du mit deinem spirituellen, intellektuellen und körperlichen Potenzial umgehen sollst, wie du deinen Lebenssinn finden und verfolgen kannst und wie es dir gelingt, wacher und verbundener mit der Welt zu leben. Ein Buch, das dir erklärt, wie du dich im Labyrinth des modernen Lebens zurechtfindest, ein Nachschlagewerk, das dir zeigt, wie du dich erden, fokussieren und wieder mit deinem inneren und höheren Selbst verbinden kannst.

Leider serviert uns das Leben solche Hinweise nicht auf dem Präsentierteller. Irgendwann vor einigen Jahren wurde ich mir dieses Versehens bewusst.

Deswegen habe ich selbst ein spirituelles Nachschlagewerk geschrieben, das die etwas kleineren Fragen beantwortet, damit du dich mit den größeren Fragen selbst beschäftigen kannst.

Ich bin auf deiner Seelensuche deine persönliche Assistentin. Du profitierst von meinen Sprüngen in Fettnäpfchen, meinem erworbenen Wissen und den Schmerzen, die ich bei meiner spirituellen Entwicklung durchlitten habe. Du bist die Chefin, die Suchende, Lernende und Seelenschülerin. Du bist der Grund dafür, dass ich dieses Buch geschrieben habe. Also, meine liebe Seele, ich trete zum Dienst an, ich bin dein ganz persönlicher spiritueller Crashtest-Dummy.

Hast du schon einmal einen Niesanfall bekommen, weil du dich mit zu viel Patschuliöl eingesprüht hast? Hast du dir mal einen Muskel im Hintern gezerrt, weil du beim Yoga deine »Ganze Taube« besonders hübsch ausführen wolltest? Und was ist mit den irritierten Blicken deines Nachbarn, während du im Garten eine Zeremonie zur Kristallreinigung durchgeführt hast? Ich habe das alles und noch viel mehr erlebt, als ich mich kopfüber in die Welt des modernen ganzheitlichen Lebens stürzte. Ich landete bei meinen Handstandversuchen auf der Nase, verschluckte mich an Chia-Samen und pikste mich – als wäre das alles noch nicht genug – auch noch an ein paar Bergkristallpendeln.

Ich bin eben die Frau, der solche Sachen einfach passieren. Und so langsam finde ich das auch nicht mehr überraschend. Ich wollte ganz geschmeidig, mühelos und anmutig in die moderne spirituelle Welt eintauchen und direkt Ergebnisse sehen. Und das hatte ich dann ja auch: eine niemals endende Off-Broadway-Show namens »Emma« voller Reinfälle und betretenem Schulterzucken auf meiner Suche nach Erleuchtung. Dennoch war mein Weg äußerst lehrreich. Die Dinge, die ich auf meiner Reise lernte, waren chaotisch, witzig, schwierig, peinlich, erfreulich und vor allem real. Dieses Wirkliche – in Form von Kristallpendeln, Pupsen beim Yoga, dem breiten Grinsen mit Grünkohl zwischen den Zähnen – war meine Inspiration für dieses Buch.

Als deine persönliche Assistentin in Sachen Seelensuche bin ich der Meinung, dass ich dir etwas über mein Leben erzählen sollte, damit du weißt, wie qualifiziert ich bin. Ich bin eine spirituelle Überlebenskünstlerin. Auf der Suche nach Erleuchtung habe ich *Ayahuasca* in den Tiefen des Amazonas-Regenwaldes getrunken und anschließend in allen Regenbogenfarben gekotzt: Spaß sieht für die meisten Menschen anders aus. Für mich war es dennoch eine spirituelle Erfahrung.

Ich habe mich mit Experten für Wiedergeburt getroffen und herausgefunden, dass ich leider nicht die Reinkarnation von Elvis oder Kleopatra bin, sondern eher von einem mürrischen alten Mann aus Serbien. Ich muss gestehen, das hat mich ein wenig enttäuscht. Elvis wäre doch viel cooler gewesen. Aber ich habe auch etwas Positives herausgefunden: Wieder in einem anderen Leben war ich ein disziplinierter Mönch in Thailand, der glückselig stundenlang in der Sonne meditierte, umgeben von einem Meer orangefarbener Gewänder und Sonnenlicht.

Ich habe mir in Irland Teeblätter und in Spanien die Hand lesen, mir in Neuseeland ein Horoskop erstellen lassen. In Miami ließ ich meine persönlichen Lebenszahlen ausrechnen, und in Australien wagte ich einen Blick in meine Zukunft. In Peru las mir jemand die Aura, in der Karibik unterzog ich mich einer Chakra-Reinigung. Ich habe wirklich jedes Buch über Spiritualität und ganzheitliches Leben gewälzt, Dinge darin unterstrichen, durchgestrichen, die Seiten mit Post-its vollgeklebt und mit zahllosen Eselsohren verschönert. Auf dem Weg gab es eine Sache, die ich immer wieder bemerkte: Ich war und blieb erstaunt über die vielen Möglichkeiten, wie wir unsere Spiritualität ausleben können.

Je angestrengter ich meine persönliche Kategorie festlegen wollte und herauszufinden versuchte, welches Etikett ich mir verpassen könnte, desto klarer wurde mir, dass sich Spiritualität unmöglich definieren lässt. Ganz ernsthaft: Versuch dich doch einmal an einer Definition, und nein, ein Blick ins Lexikon ist nicht erlaubt. Als ich diese kleine Übung machte, suchte ich nach etwas Universellem, etwas, das zu dir, mir und jedem anderen passt, etwas Allumfassendes, Gütiges, Ganzheitliches … Und dann kam ich drauf: Für mich bedeutet spirituell einfach ein ganzheitlich gelebtes Leben: ein Leben im Gleichgewicht, das gesund und beseelt ist. Ein gut gelebtes Leben.

Als ich mit meinem ganzheitlichen Leben beginnen wollte, musste ich sämtliche Bereiche meines Lebens – Körper, Geist und Seele gleichberechtigt mit einbeziehen. Energie – ob positiv oder negativ – beeinflusst durch unsere alltäglichen Gedanken und Entscheidungen unsere Gesundheit, unsere Liebe, aber auch Not und Freude.

Wonach der Körper, der Geist und die Seele im Leben streben – sei es bewusst oder unbewusst –, klingt in allen Dingen und jedem Menschen, den wir berühren, mit.

Sehen wir den Tatsachen doch einmal ins Auge: Entweder baust du deine Umwelt mit guten Dingen auf oder du belastest sie mit Mist, so einfach ist das. Als ich bemerkt hatte, was *Spiritualität* für mich bedeutete, war dann die nächste große Frage: *Verbreite ich positive oder negative Energien?* Ich musste mir jede Handlung, jedes Wort, jeden Atemzug als Teil eines Ganzen anschauen und auch den Einfluss auf mich, andere, die Erde und das Leben im Allgemeinen betrachten. Das bedeutet *ganzheitlich:* Wir sehen das große Ganze. Ich verstand, dass ich mich mit einer ganzheitlichen Einstellung im Leben grundsätzlich viel besser fühlen würde.

Für mich lag der erste Schritt darin, spirituelle Elemente in meinen Alltag einzubauen. Als ich das herausgefunden hatte, fühlte ich mich geerdeter, mein Herz war voller neuer Inspirationen und viel zufriedener, mein Körper war mit sich im Reinen, das Gedankenchaos in meinem Hirn gab auch einmal Ruhe, und meine Seele sendete gute Schwingungen aus. Ich fühlte mich wie ein engelhafter Hippie mit ein wenig Elementen von Erdenmutter und spiritueller Gelehrter als Beimischung.

»Ja, Emma. Du bezeichnest dich als göttliches Wesen aus reiner Liebe und Erleuchtung, gut und schön. Aber was bedeutet das konkret für dein Leben?«, könntest du mich fragen. Ich weiß genau, was du meinst. Nur weil ich mich als ganzheitlich bezeichne, bin ich es noch lange nicht, ziemlich schade, oder? Aber mal im Ernst: Spiritualität ist keine angeborene Superkraft. Dabei geht es darum, ein spirituell verbundenes und authentisches Leben im Alltag zu führen, in kleinen, praktischen Schritten. Kurzum: Dieses ganze Zeug bedeutet Arbeit. Ich gebe gerne zu, dass ich damit Probleme hatte und manchmal auch immer noch habe. Ganz ehrlich, leben wir alle *jeden* Tag ein wahres, ehrliches und ganzheitliches Leben? Manchmal trinke ich halt Kaffee statt Kräutertee, und meine Mudras werden zu Mittelfingern. Ich bin ein Mensch und ich bin spirituell: Wie bei den meisten Dingen im Leben benötigen wir Gleichgewicht, in dem Fall zwischen dem Irdischen und dem Göttlichen.

Was bedeutet denn nun *ganzheitlich* und *spirituell* ganz konkret? Was bedeutet es im Zusammenhang mit unserem ultraschnellen, hoch technisierten modernen Leben? Allein schon die Beantwortung dieser Frage hörte sich nach wahnsinnig viel Arbeit an, auf die ich nicht unbedingt Lust hatte. Weil für mich – wahrscheinlich kennst du das – Zeit Geld ist, fand ich mich sowieso schon arm. Ich fühlte mich zerschlagen und überarbeitet, eine umtriebige Bohemienne aus der Arbeiterklasse, die auf der Suche nach einer schnellen spirituellen Lösung für ihre schmerzende Seele war. Also machte ich das, was jede selbstbewusste moderne Frau tun würde – ich googelte: Wie wird man spirituell?

Es wird für dich keine Überraschung sein, aber ich erhielt nicht die erhofften Ergebnisse. Ich fand es ziemlich schade, aber egal, was Google uns auch vorgaukeln will, wir können unser spirituelles Verlangen nicht einfach in eine Suchmaschine eintippen und dann erwarten, dass uns eine Lösung ausgespuckt wird. Stattdessen gibt es diesen ganzen Trend zur »Suche im Inneren«, der laut Google seit Menschenbeginn existiert. Anschließend war ich ein wenig im Stress. Ich habe es schließlich *gegoogelt!* Sämtliche Fragen hätten beantwortet werden müssen. Selbst die allwissende und mächtige Wikipedia konnte mir nicht helfen. ✳ Mittelfinger! ✳

Durch andere Erfahrungen, die stärker auf der realen Welt basierten, fand ich heraus, dass Spiritualität im Alltag nicht unbedingt bedeutete, dass wir uns eine Auszeit für Körper, Geist und Seele zum Meditieren nehmen sollten, so wie Elizabeth Gilbert in *Eat, Pray, Love* – auch wenn sie das natürlich prima gemacht hat. Schwierig, oder? Ich war damals auch noch nicht für so etwas bereit.

Mit der Zeit habe ich herausgefunden, dass jeder – ja, auch ich – ein spirituelles Leben führen kann, wenn er weiß, wie man die spirituellen Werkzeuge des Universums verwendet. Und ich habe auch herausgefunden, dass selbst, wenn gefühlt kein einziges Hilfsmittel in Reichweite war, ich in Wahrheit eben doch einige in petto hatte: Sie sind einfach für jeden da. Und dies ist noch ein Grund, warum ich dieses Buch schreiben wollte. Ich dachte, es wäre für meine Seelensucher-Kollegen bestimmt toll, jederzeit einige Werkzeuge hübsch angeordnet in einer Werkzeugkiste zur Hand zu haben. Schwestern, ich halte euch den Rücken frei.

»Aber warum sollte man sich heutzutage überhaupt noch auf Seelensuche begeben?«, fragst du vielleicht. Wer hat denn Zeit und Energie dafür und wer verspürt überhaupt den Wunsch danach, selbst wenn wir die Werkzeuge dafür zur Hand haben?

Du hast die Zeit. Fünf Minuten reichen schon aus. Du liest doch auch gerade dieses Buch. Wenn du dir dafür die Zeit nimmst, weil du dein spirituelles Wachstum vertiefen willst, hast du auf deiner Seelensuche auch noch weitere fünf Minuten am Tag oder zwacke fünf Minuten Lesezeit ab. Denke daran, dass du in fünf Minuten etwas lernen kannst, was deine Sicht auf alles andere verändert.

Ich will dir aber nicht vorschreiben, wie du deine eigene spirituelle Wahrheit ausleben sollst. Diese Suche hat weniger mit »tue dies« und »lass das« zu tun, es geht einzig und allein darum, Dinge zu erforschen und auszuprobieren. Bei der Zusammenstellung des eigenen Werkzeugkastens solltest du einiges einfach ausprobieren und vielleicht auch einmal scheitern. Ich bin viel häufiger als nur einmal gescheitert, aber das wird bei dir vielleicht anders sein. Die Reise ist wirklich schön. Ich lade dich dazu ein, mit diesem Buch zu arbeiten: Mache dir Notizen, hake Dinge ab, streiche Sätze durch, lies, kreise Dinge ein, reiß Seiten heraus, lade Sachen runter und markiere dir Passagen, die deine neugierige Seele ansprechen. Ich glaube, das ist die einzige Möglichkeit, wie du deinen Weg finden kannst. Sei so flexibel, wie du gerne beim Yoga wärst, so geschmeidig wie der Wischer, mit dem du deine Wohnung reinigst, und so sorglos, dass du dein Deo einfach in den Müll schmeißt: Du willst einfach ganz natürlich sein. Vielleicht solltest du es mit der Sorglosigkeit nicht übertreiben und einmal unter deinen Achselhöhlen schnuppern, Seelensucherin.

In Wahrheit gibt es kein Richtig oder Falsch, keine Allwissenden, keine Rah-

menbedingungen und keine Experten: Ich verfechte die Idee, dass wir alle genau das wissen, was wir wissen sollten. Und – noch wichtiger – wir schon irgendwie zur richtigen Zeit am richtigen Ort an unsere Informationen gelangen.
Ich habe zwar Recherchen durchgeführt und dieses Buch geschrieben, dich
aber wird deine Seele leiten. Ich wiederhole mich: Spiritualität sollte das enthalten, was für dich ganz charakteristisch ist: sei es dein Boho-Chic, dein Hips-
ter-Stil, deine Religion, dein Faible für Hokuspokus, deine Vorliebe fürs Reisen
oder Herumwandern oder ganz einfach dich als Suchende.

Wie es bei mir war, möchtest du wissen? Ich beschäftige mich seit einigen
Jahren mit Spiritualität. Ich glaube an Freundlichkeit und Karma, ich könnte
also Buddhistin sein. Ich glaube an mystische Heilung und die Kraft von Kristallen, ich könnte also eine Hexe sein. Ich glaube an Wahrheit, Ehre und Vergebung, ich könnte also auch Christin sein. Ich glaube sogar an frühere Leben
und dass über jeden von uns ein spiritueller Führer aus einer anderen Welt
wacht, ich könnte also – für einige Menschen zumindest – auch einfach völlig
durchgeknallt sein.

Bis vor Kurzem ließ ich immer andere meine Spiritualität definieren. Ich
wurde Hippie, Boho-Hipster, Hexe, Kristalltrulla und manchmal auch einfach
nur »seltsam« genannt. Ich habe mich über alle Bezeichnungen gefreut. Schon
als Kind zogen mich Tarotkarten, Kerzen, Engelsfiguren und Aromatherapie
magisch an. Ich war künstlerisch veranlagt, sehr emotional und ein ziemlich
schwarzes Schaf, das von einer ganz bodenständigen neuseeländischen Familie
adoptiert wurde. Ich bin das Ergebnis einer atheistischen Mutter, die spirituell
für meinen ganzen Hokuspokus offen war, mich aber auch immer ein wenig exzentrisch fand, einem katholischen Vater, der in einer ganz klar schwarz-wei-
ßen bürgerlichen Welt lebt, und einer ruhigen, bescheidenen Schwester, die
sich schon immer gerne in ihren Büchern vergrub, andere beobachtet und das
Leben nimmt, wie es eben kommt.

Ich hingegen war völlig anders. Wenn ich nicht gerade Geschichten über
Meerjungfrauen oder entlegene Länder erzählte, stellte ich mir vergangene Leben vor, sprach über meine fantastischen Träume oder kosmischen Entdeckungen und kritzelte meine Erfahrungen auf Papier. Damals wusste ich nicht viel,

aber ich entwickelte mich bereits zu dem spirituellen Wesen, das immer schon in mir geschlummert hatte. Als ich aufwuchs, gab es nicht den einen feierlichen Augenblick, an dem ich einfach aufwachte und mir dachte: »Heute werde ich mich mal mit Spiritualität beschäftigen.« Nein, ich wurde bereits spirituell geboren.

Ich habe mir aus verschiedenen Religionen, Kulturen und Traditionen für mich passende Dinge herausgesucht und damit ein ganzheitliches Leben erschaffen, das ich »spirituelles Leben« taufte. Ich schlafe mit dem Kopf Richtung Osten – nach einer ayurvedischen Methode, die positive Energie anziehen soll. Ich meditiere, wenn ich angenervt bin, verwende Aromatherapie zur Entspannung, konzentriere mich auf schöne Dinge des Lebens und bin stets auf der Suche nach spirituellen Einblicken aus meinem Umfeld, die mich immer wieder mein Leben verbessern lassen. Wirklich jeder Mensch ist spirituell, egal, wie er *Spiritualität* definiert, und egal, wie er Spiritualität ausübt.

Ich muss dir erzählen, was mich beim Schreiben dieses Buches zutiefst schockiert hat: Einige »spirituelle« Menschen können ungeheuer wertend sein. Es öffnete mir wirklich die Augen, als ich entdeckte, dass einige der bekanntesten New-Thought-Denker nicht die großen, ausgeprägten Egos haben, wie ich das vermutete. Und diejenigen, die ich für bodenständige spirituelle Menschen hielt und die sich an die Spitze hocharbeiten wollten, zutiefst wertend auftraten und keine Götter neben sich duldeten. Das war die Quittung dafür, dass ich urteilte, ohne die Fakten zu kennen.

Bevor du dich auf den Weg machst, bitte ich dich von ganzem Herzen: Versuche immer, offen und verständnisvoll zu bleiben, einen offenen Geist zu behalten. Und denke immer daran, dass nicht alle spirituellen Methoden das Richtige für jeden Menschen sind. Nimm dir, was du brauchst, und lass den Rest einfach bleiben, so leicht ist das. Du wirst auf Menschen treffen, die dich für deine Entscheidungen auf dem spirituellen Weg verurteilen. Wenn das passiert, solltest du es anerkennen, hinterfragen – falls du es für notwendig erachtest – und es dann freilassen und weiterziehen. Auf keinen Fall sollte es dich zurückwerfen. Jeder hat Menschen in seinem Leben, die ihn spirituell blockieren. Gib ihnen nicht mehr Zeit als unbedingt nötig.

Einige Dinge habe ich bei der Recherche für dieses Buch entdeckt, die – unabhängig vom Glauben und wie man ihn ausübt – eine starke Wirkung haben. Ich habe die ganze Welt bereist und dabei Yogis, Gurus und religiöse Anführer aller Art getroffen: Heiler, Berühmtheiten, Schamanen und viele Personen mit einer ähnlichen Geisteshaltung, die alle der einzigen Quelle praktischer, universeller Weisheit für den modernen Seelensucher hinterherjagten. Ich habe mich mit Meistern, Spezialisten, Experten und spirituellen Anführern getroffen und mit ihnen über ihr Wissen zu verschiedenen spirituellen Themen gesprochen, damit ich ihre Lehren, Erfahrungen und Weisheiten mit dir teilen kann.

Quer durch sämtliche Glaubensrichtungen und Religionen verband alle Schriften, Geschichten und Menschen, denen ich auf dem Weg begegnete, ein Element: der Glaube, die Neugier und eine Ahnung, dass es mehr gibt im Leben, und zwar einen universellen Wunsch nach Erkenntnis, Wissen und Erleuchtung.

Normalerweise erreichen wir erleuchtete Momente, indem wir mithilfe einer mächtigen Kraft dort draußen lernen: Einige nennen sie *veda* (Sanskrit), *concientia* (Latein), *zhīshì* (chinesisch) oder einfach *Weisheit*.

Weisheit ist sowohl universell als auch individuell. Einige Dinge, die andere vielleicht weise finden, kommen mir eventuell ein wenig oberflächlich vor. Ebenso haben einige Dinge, die ich einfach sagenhaft fand, meine beste Freundin völlig kaltgelassen. Jeder hat seine eigene Weisheits-Liste im Kopf. Hier einige Punkte von meiner Liste, die ich auf meiner Reise um die gute alte Erde gelernt habe:

- Güte ist, nun ja, gut halt. Sei gütig. Bleibe gütig.
- Erleuchtungen haben wir manchmal. Gib dich ihnen hin, du sparst Zeit.
- Sowohl Lachen als auch Weinen ist schön. Beides zu teilen ist auch schön.
- Weisheit und Arschlöcher: Steckt beides in jedem, aber nur eins von beidem wird Tag für Tag benutzt. Versuche, beide Seiten auszuleben.
- Es gibt nicht *den einen* Weg: Es gibt nur den einzigartigen, unerforschten Weg deiner Seele.
- Wir alle sind ganz schön seltsam, und dieses Seltsame ist ziemlich großartig.

- ▶ Staunen ist – auf emotionaler Ebene – wie absolut fantastisches Eis genießen.
- ▶ Juhu!
- ▶ Nachdem du deine Seele angeknipst hast, gibt es kein Zurück mehr.
- ▶ Weil das ganze Leben eine Reise ist, die wir Schritt für Schritt zurücklegen, sind gute Schuhe wirklich wichtig.

Ich hörte allen Menschen zu, die ich auf meiner Reise traf, und fand heraus, dass gute Tipps das Beste sind, was uns passieren kann. Immer und überall.

Dieses Buch ist voller guter Ratschläge und Hinweise, und das Universum lädt dich ein, sie alle wahrzunehmen und – sollten sie zu dir passen – auch zu befolgen. Ich heiße dich herzlich willkommen im Stamm der Seelensucher, wo du mit Gleichgesinnten lesen, lernen und zusammenwachsen kannst. In diesem Stamm werden sämtliche Marotten, seltsamen Rituale und Definitionen von Spiritualität akzeptiert. Hier werden Lektionen, Tipps und Geschichten lebendig, bei denen deine Seele einfach »Ich will auch!« singt.

Fühle dich beim Lesen dieses Buches ganz warmherzig auf die Stirn geküsst, frisches Morgenlicht fällt in sämtlichen Regenbogenfarben in deine Seele ein, kosmischer Wind weckt dich sanft auf, während Mönche auf der ganzen Welt friedlich summen und direkt vor deinem Fenster Vögel fröhlich dein Aufwachen preisen: Alle heißen dich an diesem neuen Tag, in diesem neuen Leben willkommen, das vollgestopft ist mit spiritueller Güte.

Heute, in genau diesem Augenblick, wird dir eine Krone aufgesetzt. Warum? Weil das Buch, das du gerade in den Händen hältst, bedeutet, dass aus dir eine Seelensucherin wird.

EINLEITUNG:
DIE REISE BEGINNT

»Der Glaube an Zufall und Schicksal ist eng mit dem Reich des Spirituellen verbunden,
mit der Ahnung, dass es dort draußen etwas Universelles gibt, das auf dich aufpasst,
dich beschützt und dir den Weg weist.«

Willkommen.

Du bist gerade dabei, dein Leben, deine Heilung und dein Wohlergehen ganzheitlich in die Hand zu nehmen. Zu Beginn würde ich dir ein »High-Five« mit Buddha vorschlagen. Das ist die New-Age-Version des Abklatschens, wie Sportler nach einem guten Spiel: Auf geht's! Zunächst und noch bevor wir einen Schritt weitergehen, sollten wir uns das Wörtchen *ganzheitlich* einmal genauer anschauen. *Ganzheitlichkeit* kann auf viele verschiedene Arten definiert werden, einige empfinden es als »Hokuspokus«, andere bezeichnen es als »spirituell«, für wieder andere bedeutet es »gelehrt«.

Für mich ist ein ganzheitliches Leben ein gutes Leben, rein und einfach. In allem, was wir denken, tun, sagen, essen, praktizieren und befolgen, spiegelt sich die Ausrichtung unseres Lebens wider. Ein ganzheitlicher Ansatz für Körper, Geist und unsere Seele kann nicht nur unsere Gesundheit und unser Wohlbefinden verändern. Er kann auch deinen Beziehungen mit anderen Menschen zugutekommen, weil er dich geduldiger, einfühlsamer und liebevoller werden lässt und dir ganz allgemein zu einem bewussteren Alltag verhilft, was wiederum zu mehr Liebe, Energie und Fülle in allen Lebensbereichen führt.

Wo auch immer du dich gerade auf deinem spirituellen Weg befindest: Genau dort bist du richtig, auch wenn sich das im Augenblick noch nicht so anfühlt. Und nur noch kurz ein Einschub, dann machen wir direkt weiter: Tu dir selbst einen riesigen Gefallen und verabschiede dich von deinem Ego und dem unterschwelligen Zynismus. Ich denke, dass wir uns und andere bewerten, wenn unsere Seelen verstopft sind. Jaja, ich weiß. Aber unsere Seele sagt uns auf diese Weise, dass wir uns öffnen, loslassen und alles rauslassen müssen! Also sieh dies als spirituellen Einlauf an, der alles Negative, Zynische, Engstirnige und Bewertende aus dir spült. Befreie dich von dem Zeug. Ich würde meine Oma dafür verwetten, dass den meisten von uns bei den ersten Annäherungen an diese Themen nicht ganz geheuer ist: Wie häufig haben wir bei spirituellen Praktiken von Horoskopen bis hin zur Rückführung in frühere Leben gedacht, »Hmmm … Das ist mir irgendwie ein bisschen zu abgefahren«? Ganz ruhig. Du bist ganz sicher nicht alleine, aber die kleine bewertende und nörgelnde Stimme in deinem Kopf brauchen wir nicht mehr. Glücklicherweise können wir mit diesen negativen Einstellungen ganz einfach aufräumen. Je mehr wir uns allen Ideen, sämtlichen Sichtweisen und Lebensanschauungen öffnen, desto mehr Weisheit und *Dharma* – Symbiose mit den göttlichen Gesetzen des Universums – kann deine Seele aufnehmen. Bringe also die Stimme in deinem Inneren zum Verstummen, die dich am Wachstum hindert, und öffne dich ganz weit, lasse das Licht des Universums in seinen vielfältigen Formen in deinen Geist, deinen Körper, dein Herz und deine Seele.

Auf dieser Welt gibt es Macher, Glaubende, Träumer und Denker. Dich, liebe Leserin und lieber Leser, bezeichne ich als Suchende: Neugierige, offene, bewusste und intuitive Menschen. Dieses Buch hat dich angezogen, und du hast es aus dem Regal gezogen, es aufgeschlagen und liest diese Einleitung, weil du weißt, dass dein Leben mehr zu bieten hat und dass es noch einiges zu entdecken gibt. Diese Worte, die du liest, sind die ersten Schritte auf deinem spirituellen Weg. Wie bei vielen anderen vor dir, beginnt deine Reise mit dem Wunsch, dich auf eine Suche zu begeben.

»Bei Spiritualität geht es um Einssein: eine Liebe, ein Suchender, eine Seele und eine Spiritualität, die alle Menschen anspricht. Ganz egal, wie berühmt oder reich jemand ist oder woran wir glauben, alle sind eins mit dir.«

Wer erscheint vor deinen Augen, wenn du an einen spirituellen Menschen denkst? Ein alter, zerzauster Hippie, der nach Sandelholz riecht und dringend mal zur Pediküre müsste? Oder jemand, der einen klapprigen VW-Bulli fährt, der mit altem Bratfett betrieben wird und mit Aufklebern zugepflastert ist, auf denen Sachen stehen wie beispielsweise »Ich bremse auch für Waldelfen«? Oder denkst du an einen Yogi, dürr, bärtig, still und weise? Hier die bahnbrechende Neuigkeit: *Du* hast genauso viel spirituelle Substanz wie diese ganzen Menschen. Das haben wir alle. Spiritualität, Weisheit und Liebe sind unser Geburtsrecht. Wir können es leicht aus den Augen verlieren und schlecht darauf zugreifen, wenn uns unser Alltag in Lichtgeschwindigkeit vor uns hertreibt. Aber deswegen ist die Aussage nicht weniger wahr.

Mit der New-Age-Bewegung und dem wachsenden Wunsch, die eigene spirituelle Existenz jenseits von organisierten Religionen auszuleben, wurden die letzten Grenzen eingerissen, die dem spirituellen Wissen noch im Weg standen.

Heutzutage sehen spirituelle Menschen genauso aus wie jeder andere auch. Ihre Häuser und Autos, die Bücher, die sie lesen, und sogar ihre Kleidung unterscheiden sich nicht von denen ihrer Nachbarn. Und falls sie sich nicht öffnen und ihre Spiritualität und ihren Glauben mit dir teilen, wirst du wohl nie davon erfahren. Eigentlich ist es ziemlich wahrscheinlich, dass die meisten Menschen in deinem Umfeld – von deiner Mutter bis hin zu deinem Chef und dem Barista, der dir morgens deinen Kaffee macht – an etwas Spirituelles glauben, seien es Engel, Magie, eine höhere Macht wie beispielsweise Gott oder Allah, Astrologie, Schicksal, Wunder oder sogar Geister. Noch mehr dürften dich die zahlreichen Menschen überraschen, die sich bereits auf einem spirituellen Weg befinden oder sich gerade genauso wie du auf den Weg machen. Ich wette, du siehst Marjorie, die Buchhalterin, mit völlig anderen Augen, wenn du ihre Kristallkette erblickst, oder auch deinen Chef, wenn du sein unauffälliges Yin-Yang-Tattoo zum ersten Mal bemerkst.

Heutzutage glauben mehr Menschen an etwas Größeres als jemals zuvor: eine universelle Präsenz, eine Verbindung, eine leitende Macht, eine Energie, die größer ist als die konkrete Welt, die wir sehen und um uns herum spüren. Wenn es jemals eine gute Möglichkeit gegeben hat, dann heute.

> »Obwohl wir für ihn Tausende Namen haben,
> ist er doch für uns alle ein und derselbe …«
> Mahatma Gandhi

Manch einer berührt den Boden mit der Stirn. Andere setzen sich auf hölzerne Kirchenbänke unter Fenster aus buntem Glas, wieder andere legen die Fingerspitze auf ihr drittes Auge oder schmücken sich die Stirn mit roten Bindis. Einige führen ruhige Unterhaltungen und flüstern im Geiste mit Engeln und spirituellen Führern, während andere im Schneidersitz auf dem Boden hocken, nichts hören, an nichts denken und mit dem Nichts eins werden. Spiritualität wurde lange durch Religionen definiert. Der Schlüssel zu allen Religionen und zum Herzstück sämtlicher Glaubensrichtungen, das, was Religionen spirituell ausmacht, ist die Lebensweise, die täglichen Rituale und der Glauben, der einen einfachen Lebensstil in einen bewussten Lebensweg verwandelt.

Auf den folgenden Seiten wirst du mit sämtlichen Grundlagen von allem bekannt gemacht, was du jemals über ein ganzheitliches, spirituelles und erfülltes Leben wissen wolltest, ohne dass du gleich zum Vollzeit-Yogi mutieren oder einen Master in Spirituologie machen musst. Erleichtert, was?

Auf den Seiten dieses Buches habe ich die Erfahrungen aus meinem Leben zusammengefasst. Ich habe das alles für dich ausprobiert. Meine spirituelle Jungfräulichkeit habe ich vielen New-Age-Praktiken geopfert, weil ich brauchbare Hilfestellungen bei der Erkundung der großen Fragen und Antworten bieten möchte, die am besten zu dir passen. Du kannst dir dein eigenes Abenteuer aussuchen, hurra! Wir werden über die Erziehung der Seele sprechen. Yep, Gesundheitserziehung war eine Zeitverschwendung. Wir werden auch darüber reden, was es bedeuten könnte, falls die Seele tatsächlich über heilende Fähigkeiten verfügt und mit uns über unsere Energieebenen, Krankheiten und über andere körperliche, mentale und emotionale Hinweise kommunizieren kann. Wir werden universelle Weisheit und deren kreative und visionäre Fähigkeiten erforschen. Außerdem werden wir unsere Sterne, Zahlen, Namen, Gerüche, Umgebung, Gedanken, Leidenschaften, Träume, Führer und Bestimmungen genau unter die Lupe nehmen.

WIE DIESES BUCH VERWENDET WIRD

Wie solltest du dieses Buch lesen? Wie du willst. Wirklich. Sieh das, was kommen wird, als spirituelles Abenteuer an – ganz nach deinem Geschmack. Dabei suchst du dir die Praktiken aus, die du vertiefen willst, je nachdem, was dich am stärksten und direktesten anspricht. Ist Heilen mit Kristallen für dich der absolute Hammer, Yoga aber interessiert dich noch nicht so? Dann beschäftigst du dich halt mit den kleinen Edelsteinchen. Würdest du lieber deinen spirituellen Führer kontaktieren, als die Wohnung nach Feng-Shui einzurichten? Kein Problem! In diesem Buch geht es darum, dass du genau das tust, was für dich gerade am wichtigsten ist. Außerdem kannst du diese Seiten wieder und wieder lesen, je nachdem, auf welchem Abschnitt des spirituellen Wegs du dich gerade befindest.

Um dir auf dem manchmal steinigen Pfad zur alltäglichen Erleuchtung zu helfen, habe ich dieses Buch in drei Teile gegliedert: Körper, Geist und Seele. Jeder dieser drei Teile ist wiederum in Kapitel unterteilt, die viele verschiedene Überzeugungen, Methoden und ganz altmodisch allgemeine Fakten aufführen, die wir bei einem Quiz-Abend gut gebrauchen können.

Ich habe außerdem eine Hokuspokus-Skala entwickelt. Ja, das ist genauso, wie es sich anhört, eine Skala, die dich davor warnt, wie bekloppt, komisch oder auch wundervoll sich eine bestimmte Methode beim ersten Versuch anfühlt, denn – schauen wir den Tatsachen ins Gesicht – einige Dinge fühlen sich beim ersten, oder zweiten … oder fünften Mal total seltsam an! Aber wir haben noch nie im Leben etwas Gutes erreicht, wenn wir Komisches außen vor lassen, nur weil es uns peinlich ist oder wir Dinge bewerten. Häufig verstecken sich die wunderbarsten Durchbrüche hinter einem seltsamen ersten Eindruck.

Für sämtliche entscheidenden Methoden und Glaubensrichtungen ist es meiner Erfahrung nach wichtig zu wissen, wo sie auf der Hokuspokus-Skala einzuordnen sind, und auch, wo wir sie auf der Entdeckungs-Skala sehen. Bei diesen Maßstäben steht die Ziffer 1 für: »Du solltest es wahrscheinlich ausprobieren, bevor du stirbst«, und 10 bedeutet: »Worauf wartest du noch? Los, zack, zack, probiere es aus!« Du verstehst schon.

Wenn du das Buch zu Ende gelesen hast, wirst du Launen des Schicksals, Wahrheitsvisionen und aufschlussreiche Erkenntnisse durchlebt haben, sowohl auf persönlicher als auch auf universeller Ebene. Du wirst bis dahin Heiler, Yogi, Träumer, Sterndeuter, Kristallbesitzer, Lehrer, Heilkundler, Tarotkarten-Leger und – am wichtigsten – Seelensucher sein. Für mich ist ein Seelensucher jemand, der spirituell aktiv ist. Genau, du wirst gerade neugierig, experimentell und findest heraus, wie du deine Spiritualität richtig ausleben kannst. Seelensucher sind Menschen, bei denen die Lichter eingeschaltet sind: Wir sind wach, aufmerksam und aktiv. Mit einem aktivierten spirituellen GPS, das unsere Seelen in Richtung von neuen Erfahrungen, Weisheiten, Träumen, Menschen und Ressourcen lenkt, entwickeln wir ein ganzheitliches Verständnis der Welt: einen durch und durch holistischen und universellen Lebensweg. Seelensucher hören, wie das Universum »wärmer … heißer … heiß« flüstert, wenn sie gerade entdecken, was ein spirituelles Leben zu bieten hat.

GLAUBENSGRUNDSÄTZE AUS DEM NEW-AGE FÜR EIN NEUES ZEITALTER

»Spiritualität ist eine universelle Währung.
Sie ist ein Teil jeder Religion, in jedem Glauben und in jedem Menschen.
Jeder hat etwas, woran er glaubt.«

So sieht's also aus: Meditation, Chakras und Rückführung in frühere Leben, meine Güte! Vermischen wir das Ganze mit einer gesunden oder eben nicht so gesunden Dosis Zynismus, Schlafentzug, Stress und den zahllosen anderen Elementen aus dem Alltagstrott, mit dem sich die meisten von uns ständig herumschlagen, dann erhalten wir die perfekte Rezeptur – nicht für spirituellen Erfolg, sondern eher für Ernüchterung. Klar, einige Menschen bauen irgendwie eine halbe Stunde Yoga vor dem Schlafengehen ein und lesen beim Morgenkaffee Horoskope, wenn wir aber herausfinden möchten, was unsere Seelen ganz macht, zucken die meisten die Schultern und stammeln: »Ähm, was?«

Dass wir zwar an einen Lebensstil glauben, aber dieses Leben dann nicht leben, ist heutzutage weitverbreitet. Unser modernes Leben ist zwar materiell reich, aber arm an Zeit, und das Verlangen nach schnellem Wissen, rasanter Kommunikation und raschen Ergebnissen ist so groß wie nie zuvor, auch im Bereich der Spiritualität. Wir wollen die Antworten, Ergebnisse und das Wissen jetzt sofort. Aber viele Menschen wissen nicht, dass Spiritualität noch nie so zugänglich war wie heute. Wir verhalten uns auf der Suche wie jemand, der mit Sonnenbrillen in einem dunklen Zimmer umherirrt.

Die heutige Spiritualität entfernt sich mehr und mehr von den traditionellen Religionen und wird auf individueller Ebene immer zugänglicher. Trotz der zahlreichen Hindernisse auf dem Weg zu spiritueller Erleuchtung, die uns die Welt jeden Tag in den Weg stellt, unterstützt unsere technologiebesessene Kultur unser spirituelles Wachstum viel mehr, als wir uns eingestehen wollen. Während einige immer noch in einer Kirche, Synagoge oder Moschee nach einem höheren Selbst oder einem Schöpfer suchen, finden viele bei einem Blick in ihr Innerstes, was sie suchen. Sie entdecken es durch ruhige Reflexion bei der Meditation oder beim Yoga und wenn sie sich mit spirituellen Praktiken im Laufe der Zeit und in unterschiedlichen Kulturen vertraut machen. Einige entdecken Spiritualität in Online-Communitys oder durch Bücher, Filme oder sogar Apps auf ihrem Smartphone. Es gibt heute mehr Möglichkeiten, sich spirituelle Weisheit anzuschauen, zu lesen, herunterzuladen und auf mehr Plattformen zu teilen als jemals zuvor. Wir leben im Zeitalter der maßgeschneiderten, individuellen spirituellen Erleuchtung.

Aber nach wie vor haben wir die Qual der Wahl: Wenn wir aus vielen Dingen auswählen können, z. B. Autos, Geräten, wohin wir zum Essen geht – wir kennen es alle –, desto schwerer kann uns die Entscheidung fallen. Wenn wir aber die vielen Wege nutzen, die sich vor uns ausbreiten, und nicht von ihnen überwältigt werden – sie eher als spirituelle Appetithäppchen betrachten –, können wir als Seelensucher auf der Welle des höheren Bewusstseins surfen.

Durch technologische Fortschritte, die uns so häufig weiter voneinander zu trennen scheinen, können wir uns einfacher mit unserer Weisheit verbinden, Beratung in Anspruch nehmen und selbst beraten, kollektiv verletzen und heilen, lehren und lernen – unmittelbar und kollektiv – über Staaten, Länder und Weltmeere hinweg – was die Wirkung nur weiter verstärkt. Was früher nur von Guru zu Akolyth weitergegeben wurde, von Lehrer zum Schüler, ist nun universell zugänglich. Am wichtigsten ist vielleicht, dass wir uns an einem einzigartigen Platz in der Geschichte befinden, wo wir die Möglichkeit haben, aus diesem enormen Wissen zu schöpfen und es für uns passend in unseren Alltag zu integrieren.

In diesem Buch lernst du, wie du täglich spirituelle Botschaften empfängst, als wären sie ein Radiosender. Du wirst erfahren, wie du mit deinen spirituellen Führern sprechen kannst oder auch wie du mit dem Universum als Ganzem kommunizierst. Das geht so einfach und schnell, wie eine SMS an einen Freund zu schicken. Du wirst auch deinen Körper, deinen Geist und deine Seele so gut kennenlernen wie niemals zuvor.

Du wirst lernen, wie du dein Schicksal in den Sternen lesen und mit deinen früheren Persönlichkeiten über die Grenzen von Zeit und Raum hinweg kommunizieren kannst. Du wirst herausfinden, wie du in deinen Energiezentren Unausgeglichenheit diagnostizieren kannst, noch ehe du die Symptome bei Google eingetippt hast. In der Tat ist dieses Buch für mich wie Google für Spiritualität.

Du kannst verschiedene Seiten aufrufen, von Kristallen bis hin zu Chakras, von Meditation bis hin zur Aromatherapie und Yoga bis hin zu geistigen Führern wird alles behandelt, damit du herausfinden kannst, was am besten zu dir passt und was du gut umsetzen kannst.

Du kannst die Themen vertiefen, die deinen spirituellen Weg beleben, und weglassen, was dir nicht bei Wachstum und beim Glücklichsein hilft, und du kannst dich mit anderen gleich gesinnten Seelensuchern auf der ganzen Welt verbinden, womit der Begriff »spirituelle Verbindung« eine ganz neue Bedeutung bekommt.

> »Du musst von innen nach außen wachsen.
> Niemand kann es dir beibringen, niemand kann dich spirituell machen.
> Deine Seele ist dein einziger Lehrer.«
> Swami Vivekananda

FORDERE DICH HERAUS

Als ich noch klein war, fragte ich permanent: »Aber warum?« Mein Vater antwortete immer: »Weil es eben so ist.« Na ja, Dad … so hast du mir zuverlässig eine leicht verwirrende Weisheit vermittelt!

Von Kindheit an wird uns beigebracht, dass wir Dinge hinterfragen, rechtfertigen und ihnen einen Sinn verleihen sollen, die aber von ihrem Wesen her gar keinen Sinn ergeben. Wenn unser Hirn Sinneseindrücke verarbeitet, sucht es nach Mustern und will daraus eine Bedeutung herstellen. Dieses Phänomen, das wir als *kognitive Dissonanz* kennen, zeigt, dass wir, sobald wir einmal an etwas glauben, alles Widersprüchliche »wegerklären«. Ich persönliche nenne das gerne Engstirnigkeit; Menschen sind dann nicht offen für andere Glaubensrichtungen, Lebensweisen, Kulturen, Traditionen und Erfahrungen – diese Menschen haben das typischerweise durch ihre Erziehung oder ein übernommenes Glaubenssystem gelernt.

Wenige Menschen entscheiden sich bewusst für ein »Resetting« ihrer Vorstellungen. Aber ich habe die Erfahrung gemacht, dass diejenigen, die sich dann dafür entscheiden, für etwas Höheres vorgesehen sind: Sie sind die Erfinder, Pioniere, Abenteurer, Lehrer und Anführer unserer Zeit. Es liegt in der Natur des Menschen, sich bedeutende Fragen zu stellen. Der beste Lehrer ist unsere eigene Seele, und unsere Seele kommuniziert mit uns am ehesten, wenn wir sie mit gutem Zeug füttern. Man bekommt, was man hineinsteckt, und genau daran werden wir uns in diesem Buch halten.

Bei einer megaharten Seelensucher-Organisation aus dem Untergrund – der *Fight Club* kann dagegen einpacken – würde die erste Regel lauten, dass wir uns selbst herausfordern sollten. Die zweite Regel wäre, dass wir uns noch mal herausfordern sollten. Und die dritte Regel würde besagen – besonders, wenn wir uns zum ersten Mal auf Seelensuche begeben – dass wir uns die große Frage stellen müssen: Wonach suche ich eigentlich?

Dann, wenn wir das wissen, packen wir unsere Chakras bei den Hörnern und halten uns an diesem kosmischen Lenker fest!

Bedeutung? Zugehörigkeit? Verständnis? Liebe? Erfüllung? Frieden? Wo genau willst du hin? Auch ich befand mich einmal dort, wo du jetzt bist, und wollte diese Dinge herausfinden. Der einzige Unterscheid zwischen dir und mir ist, dass du schlau und clever genug bist, um dieses Buch aufzuschlagen. Ich habe mich finanziell ruiniert, indem ich mein Konto für ein Hinflugticket zum anderen Ende der Welt leerte. Das funktionierte zwar für mich, aber nicht für jeden anderen.

Du kannst deinen Hintern drauf verwetten, dass ich mich fast zu Tode lachte/weinte, als ich die lang ersehnten Antworten fand, die ich schon die ganze Zeit über in mir trug. Aber die Wahrheit ist immer noch: Ich habe mich meiner Angst vor dem Unbekannten gestellt und nahm diesen Vertrauensvorschuss, den wir brauchen, wenn wir mit ungetrübten Antworten belohnt werden wollen.

Jeder schlägt seinen eigenen Weg zur spirituellen Erleuchtung ein. In diesem Buch stehen meine Anekdoten und die von meinen Freunden, meiner Familie und anderen Menschen, die ich auf meinem Weg kennengelernt habe. Sie haben diese Praktiken von Meditation bis hin zum Heilen mit Kristallen und Sternzeichen ausprobiert und geben ihre einzigartigen Ansichten über das Gute, das Schlechte und die Lehren weiter. Du wirst außerdem »Probier's mal aus!«-Augenblicke erleben, die dir vorschlagen, wie du deinen kleinen Zeh in den New-Age-Pool tunken kannst, damit du im Wasser schweben und diese ganze spirituelle Güte aufsaugen kannst.

JEDE REISE BEGINNT MIT EINER GESCHICHTE

Schon immer lagen die ewigen Wahrheiten des Lebens versteckt, vergraben, von Steinen und Schmutz bedeckt oder sogar auf dem Grund von Seen. Der Legende nach glaubte Padmasambhava, der auch »Lotusgeborener« genannt wird und vielen als der zweite Buddha bekannt ist, im achten Jahrhundert, dass die Menschheit für seine spirituellen Lehren noch nicht bereit war. Fast 600 Jahre später wurden seine versteckten Schriften zufällig von einem Seelensucher gefunden, einem spirituellen Schüler, genau wie du einer bist.[1]

Heute zählt seine Schrift *Das Tibetische Totenbuch* zu den bekanntesten spirituellen Büchern aller Zeiten: Es wurde in viele Sprachen übersetzt, und die Konzepte sind nach wie vor universell. Warum sind sie das? Weil jeder mehr über die Seele und über den Sinn des Lebens weiß und auch neugierig darauf ist, was nach dem Tod passiert.

Alle guten Seelensuchen beginnen mit einer Geschichte: Die Geschichte von einem Freund, dessen Leben sich drastisch verbesserte, seitdem er regelmäßig

Yoga übt, die Geschichten von Abenteurern auf dem Weg zu entlegenen Ländern, die deine Eltern dir als Kind vorlasen, selbst diese kleine Geschichte von deinem Kollegen, der gerade erst von Reinkarnationstherapien erfahren hat und damit in dir deine Neugier entfachte. Wenn wir uns Erzählungen anschauen, ist keine Geschichte so inspirierend und überraschend wie die des großen Buddhas. Diese Legende las ich sehr früh, als ich mehr über Spiritualität wissen wollte. Ich finde, dass jeder andere sie auch kennen sollte:

Eine schwangere Frau hatte in der Nacht vor der Geburt ihres Kindes einen lebendigen Traum. Ein weißer Elefant besuchte sie. Er teilte ihr mit, ihrem Sohn würden im Leben zwei Wege angeboten. Beschritt er den ersten Weg, würde er ein König und Herrscher werden. Auf dem anderen Weg aber ein Heiler und spiritueller Lehrer. Als sie ihrem Mann, dem König, von dem Traum erzählte, gelobte er, das Kind zu seinem Nachfolger zu ernennen und darauf achtzugeben, dass nichts die zukünftige Herrschaft seines Sohns behindern würde.

Der Prinz wuchs in der glitzernden Scheinwelt des Palastes auf, die voller Gier, Reichtum und Macht war. Der König hatte eine falsche Utopie ohne Altern, Krankheiten oder Schmerz errichtet, damit sein Sohn niemals Fragen stellen oder nach dem Sinn des Lebens suchen würde.

Betrogen und verwirrt von dieser falschen Welt heiratete der Prinz und bekam einen gesunden kleinen Jungen. Vaterschaft kann eine ziemlich ernüchternde Erfahrung sein. Für den jungen Prinzen aber war es der Funke, der sein unterschwelliges Bedürfnis nach Seelensuche entzündete, seine Neugier entfachte auf das Leben, dessen Bedeutung und die eigene persönliche Bestimmung.

Mit Erlaubnis seines Vaters durfte er das Königreich verlassen und die Stadt auf der anderen Seite erkunden. Allerdings hatte der König für den Ausflug seines Sohnes Vorkehrungen getroffen: Er hatte alle Kranken, Armen und Alten von den Straßen geholt, die bei dem Prinzen weitere Fragen aufwerfen würden. Alle waren sie verschwunden mit Ausnahme eines einzigen Menschen: Ein schwacher alter Mann saß an einer Straßenecke und erregte direkt die Aufmerksamkeit des Prinzen. Der alte Mann mit seinen Geschichten, seiner Erfahrung, seinem Alter und vor allem seinem Leiden fesselte ihn. Dieses Treffen hatte großen Einfluss auf den Prinzen, weil der Alte ihm eine Welt zeigte, von der er nichts wusste.

> »Du kannst im ganzen Universum nach jemandem suchen,
> der deine Liebe mehr verdient als du selbst. Du wirst diesen Menschen aber nicht finden.
> Du selbst, ebenso wie jeder andere im gesamten Universum,
> verdienst deine Liebe und Zuneigung.«
> Sharon Salzberg

Je mehr Leid und Verzweiflung der Prinz sah, desto stärker drängte ihn seine Seele dazu, dass er mehr aus seinem Leben machen müsse, bis er eines Tages in den Wald ging, seine ganze prachtvolle Kleidung ablegte, sein Haar abschnitt und alles zurückließ, woran er hing. Während dieses Teils seiner Reise umgab er sich mit weisen Männern, spirituellen Führern, Lehrern und Gurus, aber trotzdem wollte er immer noch mehr. Irgendwann gab er seine Suche auf und ließ sich nieder, setzte sich unter einen Baum und meditierte. Stunden und Tage vergingen, während der junge Prinz nicht bloß Zeit alleine, sondern Zeit in seinem Inneren verbrachte. Nach einigen Tagen der Meditation erreichte der Prinz Erleuchtung, von diesem Zeitpunkt an war er als Buddha bekannt. Seine eigene Seele hatte ihn zur Erleuchtung geführt.[2]

Die meisten Geschichten haben einen Anfang, eine Mitte und ein Ende, der spirituelle Weg hingegen hat nur einen Anfang, weil Selbstfindung und Lernen niemals enden. Alles beginnt mit einer Frage, einem Wunsch, man möchte mehr wissen, mehr verstehen, mehr sehen, das Unbekannte erforschen und erfahren. Für dich mag der erste Schritt auf deinem spirituellen Weg deine Entscheidung für dieses Buch sein. Genau wie Buddha suchst du nach Wissen, Informationen und Weisheit.

Du musst weder Prinz noch Prinzessin sein, du musst dich auch nicht deiner ganzen weltlichen Besitztümer entledigen und ewig lang im Wald meditieren – das *könntest* du natürlich tun, aber niemand verlangt von dir, dass du in Buddhas Fußstapfen trittst. Es geht um Folgendes: Spirituelles Entdecken und Experimente führen zu einem tiefer gehenden Verständnis des Lebens und seiner inneren Mechanismen, was wiederum Frieden, Geduld und Güte zur Folge hat.

Wenn wir »erleuchtet« sagen, meinen wir damit eine erleuchtete Seele, die ruhig und verbunden ist und der sowohl das Leiden als auch das Wachstum der anderen am Herzen liegt. Ja, diese Art von Wachstum kann zuweilen schmerzhaft sein. Vielleicht haben dich Schmerzen, Verwirrung oder das Gefühl, unvollständig zu sein, zu diesem Buch geführt.

Eine Seelensuche beginnt für gewöhnlich, wenn sich jemand verloren, orientierungslos oder festgefahren fühlt. Rumi, ein alter spiritueller Mystiker und Poet, sagte: »Die Wunde ist der Ort, an dem das Licht in dich eindringt«, womit er meint, dass unsere menschlichen Erfahrungen – Leiden, Schmerzen und Wachstum – zu unserer Erleuchtung beitragen.[3]

Du, liebe Leserin oder lieber Leser, bist gerade dabei, aus den Mauern auszubrechen, die dich begrenzen, die Mauern, welche die Gesellschaft sowie die Erziehung deiner Eltern errichtet haben. Du bist gerade dabei, alles, was deine ganzen Annahmen und Glaubensgrundsätze über die Welt ausmachen, hinter dir zu lassen. Deine Seelensuche wird dir mehr Wege aufzeigen, als du jemals für möglich gehalten hättest. Einige werden seltsam sein, andere hingegen tiefgründig. Einige werden dich zum Lachen, andere zum Weinen bringen. Bei manchen wird dich dein Gefühl davon abhalten, sie zu betreten, anderen wirst du den Rest deines Lebens folgen. Wichtig ist nur, dass du den ersten Schritt wagst.

Wir werden eine Reise in deine Kindheit und noch weiter in die Vergangenheit, in deine früheren Leben unternehmen, als deine Seele in anderen Ländern lebte, andere Sprachen sprach und Lektionen lernte, nach denen sie sich heute vielleicht noch sehnt. Du wirst viele verschiedene Methoden lernen, dich mit deiner Seele zu verbinden und auf sie zu hören, deinen Körper und deinen Geist zu speisen und dich mit den verborgenen Wahrheiten des Universums zu verbinden. Du wirst lange vergessene Erinnerungen in deinem Unterbewusstsein wiederentdecken, die den Schlüssel zum Sinn deines Lebens beinhalten, und am allerwichtigsten: Du wirst Tipps bekommen, wie du die moderne Spiritualität in deinen Alltag einbauen kannst, indem du das ganze Paket verwendest: deinen Körper, deinen Geist und deine Seele.

Schnappe dir deinen Beutel mit den Kristallen, deine Yogamatte und vielleicht einen oder zwei Goji-Chia-Snacks und begleite mich auf den Seiten dieses Buches tiefer in deine Spiritualität.

Worauf wartest du noch? Auf geht's!

»Spiritualität ist weder eine Religion noch ein Trend – sie ist eine Lebensart. Eine Lebensart voller Bewusstsein, die unser Verständnis von Glauben, Körper, Geist und Seele miteinander verbindet und uns ermöglicht, moderne erleuchtete Leben im Kleinen und im Großen zu führen.«

WELCHER TYP SEELENSUCHER BIST DU?

Mit diesem einfachen Quiz findest du heraus, was für eine Art Seelensucher du bist. Du entdeckst außerdem die Bestimmung deiner Seele und was deiner Suche eigentlich zugrunde liegt. Bist du

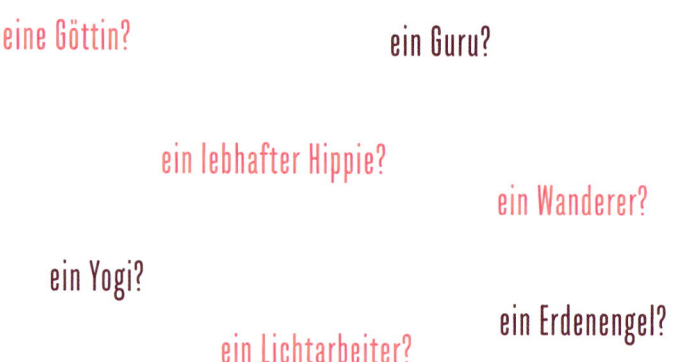

eine Göttin?   ein Guru?

ein lebhafter Hippie?   ein Wanderer?

ein Yogi?   ein Erdenengel?

ein Lichtarbeiter?

Das beste Ergebnis erhältst du, wenn du einfach instinktiv und aus dem Bauch heraus antwortest. Je weniger du darüber nachdenkst, desto genauer sind deine Resultate.

Die erste spirituelle Erfahrung in meinem Leben war:

▸ Ein Festival (7)
▸ Ein Buch oder eine Fernsehserie (3)
▸ Ich habe einen spirituellen Lehrer gesehen oder getroffen (2)
▸ Inneres spirituelles Wissen (1)
▸ Ein Freund oder Familienmitglied hat seine religiösen oder spirituellen Weisheiten mit mir geteilt (4)
▸ Ich habe ein Horoskop gelesen (6)
▸ Eine Yoga- oder Meditationsstunde (5)

In meiner Freizeit:

▸ Bin ich alleine an meinem Zufluchtsort (1)
▸ Mache ich Yoga, wandere, gehe surfen oder betreibe andere Sportarten (3)
▸ Lese ich (2)
▸ Meditiere und entspanne ich (4)
▸ Treffe ich mich mit Freunden (4)
▸ Dekoriere oder bastele ich (6)
▸ Verbringe ich Zeit in der Natur (5)

Ich wurde spirituell als:

▸ Ich mich in einer Lebenskrise befand (3)
▸ Ich wurde schon spirituell geboren oder spirituell erzogen (1)
▸ Ich bin gereist (6)
▸ Ich bemerkte, dass das Leben irgendwie mehr zu bieten hat (2)
▸ Eine Beziehung zu Ende ging oder ich einen geliebten Menschen verlor (4)
▸ Ich mit Yoga oder Meditation anfing (5)
▸ Ich einen unkonventionelleren Lebensstil aufnahm (7)

Arbeit ist für mich:

▸ Nur zum Bezahlen von Rechnungen nötig (7)
▸ Ich bin selbstständig (1)
▸ Ich bin Vollzeitmutter (6)
▸ Ich versuche, durch meinen Beruf meine Bestimmung im Leben zu erfüllen (4)
▸ Ich habe den Sprung gewagt und folge mit meinem Beruf meiner Bestimmung (2)
▸ Ich liebe meinen Job, weil er mich finanziell über Wasser hält (3)
▸ Ich denke jede Woche an die Kündigung (5)

Ich fühle mich mit mir im Reinen, wenn:

▸ Ich mich gesund ernähre und Sport treibe (2)
▸ Ich meditiere, bete, meinen Glauben auslebe, und / oder mit meinen spirituellen Führern spreche (1)
▸ Ich reise (5)
▸ Ich mich mit Menschen umgebe, die ähnlich denken (7)
▸ Ich meine Füße ins Wasser stecken kann oder Gras zwischen den Zehen spüre (3)
▸ Ich überall Liebe und Weisheit verbreiten kann (4)
▸ Ich von Schönheit in jeglicher Form umgeben bin (6)

Ich erkenne andere spirituelle Personen:

▸ An ihrer Offenheit, wie sie über alle Religionen und Spiritualität sprechen (1)
▸ An ihrer Kleidung (7)
▸ An ihrem Lebensstil (4)
▸ An ihrem Glückslevel (2)
▸ An ihrem Musikgeschmack (6)
▸ An ihrer Arbeit (5)
▸ An Dingen, die sie sagen (2)

Am liebsten würde ich folgende spirituelle Vorbilder kennenlernen:

▶ Russell Brand (7)
▶ Oprah (5)
▶ Gandhi (1)
▶ Den Dalai-Lama (4)
▶ Meinen Yogi (2)
▶ Buddha (3)
▶ Meinen persönlichen Engel oder Führer (6)

Als ich noch klein war, hätte ich am liebsten folgende Figur kennengelernt:

▶ Eine Meerjungfrau (4)
▶ Ein Einhorn (7)
▶ Einen Schwertwal (1)
▶ Eine Fee (5)
▶ Einen Bären (2)
▶ Eine Prinzessin (6)
▶ Eine Schildkröte (3)

Guru: 7 – 11

Du bist eine alte Seele. Du beobachtest andere, hörst ihnen zu oder gehst voraus. Auf deiner Reise lernst du Geduld, Vergebung und vermittelst denjenigen Weisheit, die du als deine Schüler erkennst. Du kannst einen Welleneffekt erzeugen: Du fängst bei einem Menschen an, heilst und veränderst dann viele andere. Bei der Reise eines Gurus geht es darum, fokussiert, gefestigt und geerdet zu bleiben, auch wenn wir auf dem Weg Hindernissen begegnen. Das Leben eines Gurus kann mit Entbehrungen einhergehen. Du wirst häufig herausgefordert und auf die Probe gestellt, in Versuchung geführt, deiner Bestimmung den Rücken zuzukehren, weil wir leichter auf ausgetretenen Wegen vorwärts kommen. Denke dran, dass du eher für einsame Pfade vorgesehen bist.

Yogi: 12 – 18

Du bist eine verspielte, reine und energetische Seele. Du bist offen für neue Ideen und willst stets deinen Horizont erweitern, deine Grenzen durchbrechen und bist immer auf der Suche nach neuen Herausforderungen, willst dich entwickeln und neue spirituelle Höhen erreichen. Deine Reise wird Erfahrungen beinhalten, die deine Transformation und Entwicklung behindern. Du übst einen Handstand und kannst ihn dann. Dein Leben ist voller Mut, Wachstum, neuer Erfahrungen und Bewegung. Du hast keine Angst vor dem Unbekannten, du lädst es sogar in dein Leben ein und verstehst, dass es der Schlüssel zu den Lehren deiner Seele und deinem spirituellen Wachstum ist.

Erdenengel: 19 – 25

Du bist eine sensible und intuitive Seele. Du hast im Leben mehr Erfahrungen gesammelt als die meisten anderen Menschen in deinem Umfeld. Du hast eine natürliche Begabung für harmonische Beziehungen, kommunizierst gerne und inspirierst andere. Deine Reise wird dich zu einem Botschafter machen, einem Vorbild und einem Lehrer für andere, die dich im Fokus der Öffentlichkeit als Schriftsteller, Lehrer, Ausbilder, Schauspieler, Sänger oder Künstler sehen. Wie andere Engel auf Erden, z. B. Mutter Teresa, Prinzessin Diana, Jane Goodall und Gabrielle Bernstein, ist dein Leben von Liebe und Wachstum bestimmt, außerdem schenkst du Wegbegleitern auf deiner Reise Güte und Zuneigung.

Lichtarbeiter: 26 – 30

Du bist ein Heiler und hast die Fähigkeit, Leben zu verändern. Du hast eine Verbindung zu Mutter Natur und suchst häufig nach Möglichkeiten, wie du Menschen helfen kannst. Lichtarbeiter sind wunderbare Berater, Heiler, Ärzte oder Life-Coaches, die häufig in Gemeinschaften arbeiten, in denen sie Menschen erreichen und berühren können. Wie die sprichwörtliche Motte zum Licht werden die Menschen von deinem Glanz angezogen, du erhellst einen Raum, beleuchtest die dunklen Seiten der anderen und sorgst häufig dafür, dass sich dein Gegenüber nach einer Begegnung mit dir freier fühlt. Du leuchtest und die Welt braucht dein Licht.

Göttin: 31 – 38

Du bist eine erbauende, engelhafte, dynamische Seele. Du trägst eine natürlich schöne Aura um dich herum, die viele anspricht. Menschen sehnen sich nach deiner Gesellschaft. Deswegen bist du sehr sozial und beliebt. Du spürst eine innere Berufung zur Verbindung mit anderen Frauen und fühlst dich am stärksten, wenn du dich mit ähnlich denkenden Menschen umgibst, vor allem eben mit dem weiblichen Geschlecht. Die Lektionen deiner Seele stehen mit Freundschaft, Beziehungen und Familie in Verbindung, sowie damit, die Kunst der menschlichen Liebe zu bewältigen, andere Seelenschwestern und Göttinnen zu unterrichten und zu führen.

Bohemien: 39 – 44

Du bist eine begabte und schöne Seele. Schönheit zieht Schönheit an, deswegen ist es nicht selten, dass unkonventionelle Geister von Kristallschmuck, Parfüm, Aromatherapie und Mode angelockt werden. Du hinterlässt eine Spur aus Feenstaub bei jedem Schritt auf deiner Reise. Dein Weg liegt darin, die Schönheit in allen Dingen zu sehen. Bei allen Erfahrungen und allen Menschen siehst du stets nur das Gute, du riechst gerne an Rosen und hast einen natürlichen Glanz, den andere anziehend finden, du kleine Schönheit, du.

Wanderer: 45 – 49

Du bist eine freigeistige und mutige Seele. Andere bewundern dich, sprechen dich auf deinen freien Geist an, auf deine Fähigkeit, deinem Herzen und deinen Träumen zu folgen. Du lachst gerne, nutzt dein Leben, und deine Reise beinhaltet, dass du an jedem einzelnen Tag Erfüllung suchst. Du reist gerne und fühlst dich unterwegs dort am wohlsten, wo dich nichts zurückhält. Deine Seele wächst mit jedem mutigen Sprung. Auf deiner Reise suchst du nach neuen Wegen, begibst dich in unbekannte Gefilde und forderst dich selbst heraus, indem du aus deiner Komfortzone ausbrichst.

Lebendiger Hippie: 50 +

Du bist ein wildes Blumenkind, dessen Seele auf der Erde ist, um Freude und Liebe zu spüren, während du in deiner Umgebung Freude und Liebe verbreitest. Manchmal finden andere Menschen dich überwältigend, weil du so ehrlich bist, verbunden wirkst und eine ganz direkte Lebenseinstellung hast. Du verstehst das große Ganze und glaubst an jeden einzelnen Aspekt: das Gute, das Böse und das Ausgefallene! Diejenigen, die bei dir bleiben, sind gerne in deiner Gesellschaft, weil du Menschen dabei hilfst, aus sich herauszugehen, und ihnen beibringst, wie sie sich von ihrem Ego befreien. Auf deiner Reise geht es nur darum, Menschen zu helfen, damit sie Spaß mit ihrem Leben haben, sich öffnen, locker werden und sich im Takt des Lebens bewegen.

Teil 1

GESUNDER KÖRPER

Auf meiner spirituellen Reise habe ich gelernt, dass mein Körper das wichtigste Werkzeug für meine Seele ist. Die Denkschule, von der ich mich persönlich angesprochen fühle, besagt, dass unsere Seelen unsere Körper zur Kommunikation verwenden. Die Seelen sprechen durch Sinneseindrücke zu uns. Unsere Energieebenen, Krankheiten, Schmerzen und Beschwerden sind alles Signale unserer Seele, dass etwas nicht stimmt.

Sowohl für mich persönlich als auch für dieses Buch definiere ich *Seele* als deine Essenz – die Stimme in einem Kopf, die Sachen sagt, von denen du noch nie gehört hast, die treibende Kraft hinter deinen Wünschen, Impulsen und Träumen, das nahezu magische Element deines Wesens, das mentale und physikalische Grenzen durchdringt und eine wichtige Rolle bei deinem Wohlbefinden spielt. Die Seele ist das, was dich dazu aufruft, zu suchen, zu forschen und zu entdecken, was du in diesem Leben lenken, hervorbringen und bewältigen kannst.

Falls unsere Seelen unseren Körper kontrollieren könnten, würde meine wahrscheinlich mit einem Kung-Fu-Schlag die Aspirinschachtel zerschlagen. Deine würde womöglich diese Netflix-und-Junkfood-Exzesse stoppen, mit denen du die Schmerzen und Mühen einer langen Arbeitswoche lindern möchtest. Stattdessen würden sie uns dazu bringen, uns auf die eloquente Sprache unseres Körpers zu konzentrieren, die so viele Menschen nicht mehr sprechen können. Kopfschmerzen, Augenzucken, Rückenschmerzen und Erkältungen haben tiefer liegende Gründe. Deswegen möchte ich, dass du nicht weiterhin blind für die Ursachen bist und nicht mehr erstaunt tust, wenn die Symptome immer wieder auftreten und dir in den Hintern treten! Ich lade dich dazu ein, zu den Knackpunkten durchzudringen und so herauszufinden, was dein Körper dir mitteilen will.

Wenn wir denken, dass unsere Körper auch Spiegel für unsere Seele sind, dann sind unsere Gedanken, Gefühle, Emotionen, Erfahrungen und Energien exemplarisch dafür, wie wir unseren Körper pflegen und lieben oder eben nicht. Daraus folgt, wie wir uns ernähren, für uns sorgen und sogar, wie wir uns der Außenwelt präsentieren. Dies alles zeigt unser spirituelles Sein. Falls wir von der Grundannahme ausgehen, dass sich die Seelen unseren Körper aussuchen, in ihm aktiv tätig sind und – am allerwichtigsten – diesen Körper zum Wachsen und Gedeihen brauchen, dann bemerken wir auch die Warnsignale unserer Seelen, die uns mitteilen, wenn sie müde sind, wenn wir aus der Spur geraten sind, und auch, wenn wir uns nicht im Gleichgewicht befinden.

Pass also gut auf, wenn dir die Haare zu Berge stehen, du Gänsehaut bekommst und dir ein Schauer über den Rücken läuft: Bei diesen Zeichen kann es sich um intuitive Kommunikation von unserer Seele handeln, mit der sie uns sagen will, dass etwas Wichtiges passiert. Je stärker wir uns mit unseren Seelen verbinden, desto stärker sind wir mit unserem Körper im Einklang und umgekehrt.

Die Frage, ob wir überhaupt eine Seele haben, wurde im Laufe der Jahrhunderte von Philosophen, aber auch von ganz normalen Menschen wie dir und mir gestellt. Pythagoras glaubte, dass die Seele mittels Zahlen Botschaften überbringt, und studierte Numerologie, also die Wissenschaft von Zahlen, die den Weg einer Seele im Leben bestimmen, und sogar jedem Einzelnen eine »Seelennummer« zuteilen. Plato glaubte daran, dass die Seele die spirituelle Essenz unserer Persönlichkeit ist. Aristoteles war der Meinung, dass die Seele die Essenz der Persönlichkeit und des Charakters eines Wesens ist. Immanuel Kant glaubte an die sich ständig weiterentwickelnde Seele, die durch Wiedergeburt unsterblich wird. Carl G. Jung sprach häufig von der Kraft der Seele, den Wundern und der unerklärbaren kosmischen Kraft, die sich in jedem von uns befindet.

Heilkunde und Medizin – Ärzte, Forscher, Wissenschaftler, Lichtarbeiter und ganzheitliche Heiler, um nur einige Berufe aus diesem Feld zu nennen – sind ein weiteres Gebiet, in dem Körper und Seele im Fokus stehen. Einige glauben daran, dass die Seele nach dem Tod den Körper verlässt und dass der Körper lediglich die Hülle für unseren Aufenthalt auf Erden ist. Andere glauben daran, dass im Augenblick unseres Ablebens, wenn unser physisches Selbst nicht mehr funktioniert, die Seele wie eine Kerze erlischt. Viele in der wissenschaftlichen und spirituellen Gemeinschaft studieren Gleich- und Ungleichgewicht und die Auswirkungen auf Körper, Geist und Seele und wie Schieflagen direkt mit Krankheiten in Zusammenhang stehen. Von unseren außerkörperlichen Erfahrungen bis hin zu Phantomschmerzen in amputierten Gliedmaßen –

wir können – so mysteriös das auch sein mag – die innewohnende Verbindung des Körpers zu diesem Objekt, das wir Seele nennen, nicht leugnen.

Die meisten Menschen haben die Auswirkungen aus den Augen verloren, die unser Körper auf unsere Launen, Gedanken, unsere allgemeine Energie und unser Sein hat, was wiederum unser Wohlbefinden und unsere Heilung stark beeinflusst. Etymologisch betrachtet kommt das Wort *Krankheit* vom Mittelhochdeutschen *krancheit*. Es wurde als Synonym für die Begriffe *Schwäche*, *Leiden* und *Not* verwendet. Bei Krankheit oder anderem Unwohlsein konzentrieren wir uns stärker auf negative Emotionen und Handlungen – das ist nicht unbedingt gut für unsere Seelen. Wenn sich Gefühle anstauen, können wir damit rechnen, dass sich unsere Seele aufgebläht, gereizt und grantig anfühlt. Damit sind wir wieder beim Bild der Verstopfung. Damit können wir andere leicht spirituell beleidigen: »Sie verhält sich wirklich wie eine dumme Tussi, aber das ist in Ordnung. Ihre Seele ist einfach verstopft.«

> »Am wichtigsten im Leben ist richtiges Leben, richtiges Denken und richtiges Handeln.
> Die Seele siecht dahin, wenn wir sämtliche Gedanken dem Körper widmen.«
> Mahatma Gandhi

Jemand hat mir einmal gesagt, dass, genauso wie unsere alltäglichen Erfahrungen und Herausforderungen unsere weitere Reise bestimmen, auch unsere Körper und körperlichen Probleme oder Krankheiten diese Funktion erfüllen. Ebenso wie Geist und Herz entscheiden, dass die Zeit gekommen ist, Schmerzen, Missstimmungen oder Feindseligkeiten den Rücken zu kehren, gilt dasselbe auch für unseren Körper.

Der springende Punkt ist: Wenn wir den ganzen Ballast nicht abwerfen, wo bleibt er dann? Genau, in unserem Körper. Und wenn wir über Abfallprodukte sprechen, kann man das sogar ganz wortwörtlich nehmen! Wenn wir diese Dinge unterdrücken und weiter negativen Gefühlen nachhängen, können daraus Krankheiten entstehen oder ein ungesunder Lebenswandel ausgelöst werden. Dann sollten wir einfach alles abschütteln, das würde auch Taylor Swift so machen.

**»Wie man denkt, wie man sich benimmt, wie man isst,
kann deine Lebensspanne um dreißig bis fünfzig Jahre beeinflussen.«**
Wird Deepak Chopra zugeschrieben

Als ich mich auf meine eigene spirituelle Suche begab, wurde mir klar, dass wir in Sachen Selbstpflege drei grundlegende Aspekte in der Hand haben: Was gelangt in unseren Körper? Wie interagiert unser Körper mit der Welt? Wie interagiert unsere Haltung zu unserem physischen Selbst? Wie beeinflussen diese Haltungen die allgemeine spirituelle Gesundheit unserer Seelen? In diesem Kapitel lernst du, wie du mit deinem Körper in seiner eigenen Sprache kommunizierst und die für dich beste Möglichkeit herausfindest, wie du dich spirituell um dich kümmern kannst.

Sei es, dass du endlich deinen »Herabschauenden Hund« perfektionierst, das Potenzial von Heilung durch Homöopathie verstehst oder mit Aromatherapie gegen Stress experimentierst. Auf den folgenden Seiten kannst du herausfinden, was für dich funktioniert. Spiele herum, probiere Dinge aus und scheitere auch mal! Ich habe das so gemacht. Bei dir wird es auch klappen. Freue dich drauf! Du wirst dich danach besser fühlen: Wenn du aus Fehlern lernst, warum willst du dann keine mehr machen? Mann, ich müsste eigentlich ein Genie sein, wenn man an die Eins-a-Fehltritte denkt, die ich begangen habe, als ich einige spirituelle Supertechniken lernte. Wirklich ein Genie, kein Witz.

Das Leben ist eine Reise, und jeder Weg eines Seelensuchers ist individuell, mit Raststätten und Ständen am Wegesrand. Der Informationsstand, auf den wir in den folgenden Kapiteln zusteuern, lautet einfach: spirituelles Wohlgefühl durch körperliche Glückseligkeit.

DEINE KÖRPERLICHE BALANCE

Bist du schon einmal eingeschlafen, als du im Bett etwas auf deinem iPad gelesen hast und es ist dir aus den Händen direkt ins Gesicht geplumpst ist?

Ich glaube, das oder etwas Ähnliches haben wir alle schon erlebt, auch wenn wir es nicht gerne zugeben. Was wäre denn, wenn es sich dabei nicht um schläfrige Ungeschicklichkeit handelt? Vielleicht wollen uns kleine technologische Elfen schonungslos-direkte Nachrichten mit dem Inhalt »Nun geh endlich pennen!!!« schicken.

Ob durch märchenhafte Unruhestifter oder etwas anderes, wir alle brauchen von Zeit zu Zeit einen Weckruf, der uns daran erinnert, unseren Körper so gut zu behandeln, wie er es verdient, egal, ob sich diese Liebe in Form von mehr Schlaf, mehr Sport, besserem Essen oder der Vertiefung der Verbindung zwischen unseren Körpern, unserem Geist und unserer Seele handelt. Lies dieses Kapitel als Weckruf gegen alte Gewohnheiten.

Ich – und so gut wie jeder andere an dieser Stelle – habe wieder und wieder bemerkt, dass uns heutzutage beigebracht wird, »einfach loszulegen« und »niemals aufzugeben«. Unser Leben ist sehr voll, vollgestopft mit Fast Food, dafür aber arm an Schlaf, immer online, umgeben von Lichtern, Energien, Frequenzen und Stressfaktoren, denen wir zuvor als Spezies noch nicht ausgesetzt waren. Zwar haben diese Innovationen des modernen Lebens entscheidende Vorteile: erstaunliche Fortschritte im medizinischen Bereich und bei den erneuerbaren Energien, die Möglichkeit, Partnerschaften und Freundschaften auf der ganzen Welt zu schließen, die Chance, mehr zu tun und mehr zu sein als jemals zuvor. Aber diese »Das hätte ich gestern schon erledigen sollen«-Mentalität nimmt unser mentales, emotionales und körperliches Wohlgefühl stark in Mitleidenschaft.

Im Gegensatz zu unseren Telefonen und Tablets können wir uns nicht einfach einstöpseln und unsere Batterien aufladen, und – egal, was alle über Energy-Drinks und andere Wachmacher erzählen – so etwas wie eine schnelle Wiederaufladung gibt es für uns Menschen einfach nicht.

Was du hier erfahren wirst, erklärt dir genau den drohenden Untergang deiner Liebschaft mit dem Energienotnagel deiner Wahl. Mit der Unterstützung deines Körpers wirst du mit schnellen, oberflächlichen Reparaturen aufhören und herausfinden, wie du deine Pseudo-Energiekrücke bald loswerden kannst. Du bist es nicht, es ist die Krücke. Und hoffentlich findest du sie bald einfach überflüssig.

Die Gewohnheit, uns immer und überall künstlich aufzuputschen, beeinflusst nicht nur unsere Ruhezeiten. Privatsphäre und der flugunfähige Vogel Dodo haben eines gemeinsam: Sie sind beide ausgestorben. Unser Leben war nie öffentlicher, Einsamkeit wird deswegen zur Seltenheit, und achtsamer Umgang mit dem Selbst ist nahezu nicht vorhanden. Heutzutage werden wir von der gesellschaftlichen Anforderung aufgefressen, immer bessere und schnellere Ergebnisse bei der Arbeit zu liefern. Dabei bleibt Lebensqualität auf der Strecke. Folglich fühlen sich viele von uns so, als gerieten ihr Leben, Körper und Geist außer Kontrolle.

Glücklicherweise breiten sich Programme wie beispielsweise der »Tag der psychischen Gesundheit« und die Integration von Praktiken wie Fitnessprogramme im Büro zusammen mit einer allgemeinen Akzeptanz von ganzheitlichen Gesundheitsmaßnahmen weiter aus. Menschen sehen schließlich Vorteile darin, ihre Seelen mit glücklich machenden Dingen zu füttern, den Geist zu entspannen und, am wichtigsten, zu erreichen, dass der Körper sich ausgeglichener anfühlt.

Einige Menschen praktizieren Yoga, andere suchen Alternativen zur traditionellen westlichen Medizin. Ich habe bemerkt, dass diese Praktiken ein verbindendes Element aufweisen: Sie bringen unseren Körper wieder in Einklang mit unserem Geist und unserer Seele.

Was sich für dich gut anfühlt, ist nicht zwangsläufig auch für mich, deine Mama oder deinen besten Freund das Richtige. Wir sollten einfach verschiedene Dinge durchprobieren und auch einmal danebengreifen, oder, du kleines Genie? Aber ohne Experimente würde niemand morgens aus dem Haus gehen. Also Ärmel hochkrempeln, mach dir die Hände schmutzig. Dein Körper wird es dir danken.

DAS GLEICHGEWICHT WIEDERFINDEN: GANZHEITLICHE PRAKTIKEN

Ich bin einige Male komplett gescheitert, als ich mich an ganzheitliche Praktiken herantastete. Das habe ich schon erwähnt, ja, genau, du hast gut aufgepasst.

Ich mache mich hier gerne für dich nackig, du kannst also von meinen spirituellen Dehnungsstreifen und meiner ganzheitlichen Zellulitis profitieren. Aus eigenen Erfahrungen kann ich sagen, was wir direkt und ein für alle Male vermeiden sollten.

Yoga ist kein Marathon. Lass dir Zeit, aber übe regelmäßig. Ich habe mir fast den Rücken ausgerenkt, als ich zum ersten Mal in die »Brücke« (Setu Bandhasana) gegangen bin, danach habe ich kurz über Dehnübungen zum Aufwärmen beim Yoga nachgedacht.

Wirklich immer, wenn du entgiftest, solltest du darauf achten, dass eine Toilette in der Nähe ist. Du willst nicht wie ich bei der Detox-Kur die Erfahrung machen, dass du es fast nicht zur Toilette geschafft hättest. Nur so zur Info: Das Klischee aus den Filmen ist wahr; du musst echt den Hintern zusammenkneifen, wenn du zur Toilette rast.

Kristalle, Öle, Rauch und andere duftende Dinge ersetzen niemals Seife. Meine mich liebenden Freunde organisierten ein äußerst nötiges Gespräch zum

Thema »Aromatherapie vs. Seife«, und ich konnte danach endlich zugeben, dass ich tatsächlich müffelte.

All dies waren wichtige Augenblicke für mich, witzige, peinliche Lernkurven auf meiner Reise zum ganzheitlichen Leben. Und sie waren allesamt wichtig für mein spirituelles Wachstum. Ich möchte damit sagen, dass du, falls du dich jemals in einer ähnlichen Situation befindest, in der du Muskelkrämpfe hast, den Hintern zusammenkneifen musst oder streng riechst, die ganze Sache nicht so ernst nehmen und zwei Dinge bereithalten solltest: Unvoreingenommenheit und einen Sinn für Humor. Du wirst schon schnell genug herausfinden, was zu dir und deinem Lebenswandel passt und was nicht. Und denke dabei immer dran: Lachen gehört zu den besten natürlichen Heilmitteln da draußen.

Im Laufe der Jahre habe ich mich in sämtlichen Bereichen einmal umgeschaut, die ich weiter unten vorstelle: In einigen fühle ich mich seitdem zu Hause, und sie tragen dauerhaft zu meinem körperlichen Wohlbefinden bei, einige habe ich wieder aufgegeben, weil sie mir nicht das gaben, was ich brauche. Ich weiß, ich wiederhole mich, aber bei dieser Reise stehen Neugier, Ausprobieren und Spaß an erster Stelle. Du findest auf deinem Weg keine spirituelle Liste zum Abhaken. Es ist auch wichtig, bei diesem Tanz die westliche Medizin nicht aus den Augen zu verlieren: Wenn du schwere Symptome hast, die dich beunruhigen, solltest du so schnell wie möglich einen Arzt aufsuchen.

Weiter unten habe ich eine Reihe von holistischen Heilungstechniken aufgeführt, die ich bei meiner Seelensuche ausprobiert habe. Ich hoffe, dass für jeden von euch etwas dabei ist. Worauf warten wir noch?

CHIROPRAKTIKER

Hokuspokus-Skala: ▲▲▲▲▲▲▲▲▲▲
Entdeckungs-Skala: ▲▲▲▲▲▲▲▲▲▲

Ein Chiropraktiker ist auf eine Art von alternativer Medizin spezialisiert, die den Körper wieder ausrichtet und ins Gleichgewicht bringt, was für gewöhnlich zu Schmerzlinderung, besserer Beweglichkeit und einem stärkeren Immun- und Nervensystem führt. Chiropraktiker kümmern sich um alles: von Kopfschmerzen bis hin zu Fußschmerzen, welche normalerweise Zeichen dafür sind, dass dein Körper nicht ausbalanciert ist, sei es durch Stress, eine Verletzung oder eine Krankheit.

PROBIER'S MAL AUS!

≫⟶

Klar, wenn es im Körper knackt, kann das beim ersten Mal unheimlich sein. Aber glaube mir: Sobald du merkst, wie gut es tut, wenn du im wahrsten Sinne des Wortes »zurechtgerückt« wirst, wirst du dich wundern, warum du es erst jetzt ausprobierst. Bei mir war es auf jeden Fall so. Überwinde mögliche Ängste und Skepsis und rufe beim Chiropraktiker an.

NATURHEILKUNDLER

Hokuspokus-Skala: ▲▲▲▲▲▲▲▲▲▲
Entdeckungs-Skala: ▲▲▲▲▲▲▲▲▲▲

Ein Naturheilkundler praktiziert alternative Medizin auf der Grundlage der Lebensenergien deines Körpers und konzentriert sich auf holistische und präventive Heilung, indem er dich ganz allgemein zu Fragen deiner Lebensweise und deiner Ernährung berät. Er empfiehlt Entspannungstechniken und Kräutertonika, Nahrungsergänzungsmittel oder Öle, die dem Körper zu mehr Gleichgewicht verhelfen. Du profitierst von einem Naturheilkundler, wenn du beispielsweise Allergien hast, dich ständig erschöpft fühlst, unter einem beeinträchtigten Immunsystem leidest oder Arthritis hast.

HOMÖOPATH

Hokuspokus-Skala:
Entdeckungs-Skala:

Ähnlich wie ein Naturheilkundler praktiziert ein Homöopath alternative Medizin mithilfe von verdünnten Toniken oder Tabletten bestehend aus Pflanzen und Mineralien, welche die natürlichen Heilsysteme des Körpers stimulieren sollen. Viele Menschen, die mit Problemen wie beispielsweise Müdigkeit, Unfruchtbarkeit, Angstzuständen, Depressionen und Darmproblemen zu tun haben, fanden bei einem Homöopathen Linderung. Ich finde, dass diese Verfahren für den Körper sehr viel sanfter und auch preiswerter sind als Nahrungsergänzungsmittel aus dem Bioladen oder konzentrierte Toniken von Naturheilkundlern.

REFLEXOLOGIE

Hokuspokus-Skala:
Entdeckungs-Skala:

Reflexologie ist ein Bereich der alternativen Medizin, bei dem Füße, Hände, Ohren und andere Körperteile im Mittelpunkt stehen. Einige Trigger-Punkte am Körper können, wenn sie massiert, gedrückt oder gekniffen werden, bei Energieverschiebung oder dem Auflösen von Blockaden in entsprechenden Bereichen sorgen. Wenn du die Handfläche kurz vor dem Handgelenk drückst, kann das die Verdauung anregen, Druck unter dem Daumengelenk kann gegen Kopfschmerzen helfen.

PROBIER'S MAL AUS!

»——→

Google einmal »wichtige Reflexzonen« und unternimm an deinem Computer eine kleine Reise durch die Reflexologie. Lust auf mehr? Schaue mal, ob ein holistisches Heilungszentrum, ein Massagezentrum oder eine andere Institution in deiner Umgebung Reflexzonenmassage anbietet.

AKUPUNKTUR

Hokuspokus-Skala:
Entdeckungs-Skala:

Möchtest du einmal eine lebendige Voodoo-Puppe sein? Akupunktur ist eine alternative Heilform, die den Körper wieder neu einstimmt oder ausbalanciert, indem feine Nadeln an Energiepunkten in die Haut gesteckt werden, um damit Ungleichgewicht im Körper zu heilen, zu justieren oder Krankheiten vorzubeugen. Diese alte Heiltechnik ist bekannt dafür, dass sie Durchblutungsstörungen verbessert, Krankheiten im Bereich der Nase, der Ohren, des Auges und des Rachens heilt und Schwächen des Immunsystems, Suchtkrankheiten und emotionale Störungen lindert. Außerdem lösen sich verspannte Muskeln sowie emotionale Disharmonien, Gelenkschmerzen und arthritische Schmerzen. Erst einmal scheint es nicht sonderlich verlockend zu sein, Nadeln in sich reinstechen zu lassen. Aber es funktioniert wirklich! Zumindest bei mir in der Vergangenheit. Zudem sind die Nadeln so dünn, dass du den Pikser kaum bemerkst.

MASSAGE

Hokuspokus-Skala:
Entdeckungs-Skala:

Alternative Heilmassage vereint die positive Wirkung von Berührungen, Entspannungstechniken für Muskeln und häufig auch Aromatherapie. Massage hilft dem Körper bei der Erholung, Regeneration und Entspannung, außerdem kann Massage Rückenschmerzen und allgemeine Muskelschmerzen lindern, das Immunsystem in Schwung bringen und Endorphine freisetzen. All dies hilft dabei, das natürliche Gleichgewicht im Körper wiederherzustellen. Wer findet nicht an einer guten Massage Gefallen? Wenn du Massage nicht magst, kennst du diese Technik entweder nicht oder du hast noch nicht den richtigen

Masseur für dich gefunden. Sage deinem Masseur genau, was du möchtest: Sanfter / starker Druck, Problembereiche und ob die Berührung angenehm ist. Probiere einfach mehrere Masseure aus, bis du den richtigen für dich findest.

>>Du solltest dich eher als Seele mit einem Körper sehen
als einen Körper mit einer Seele.<<
Wird Wayne Dyer zugeschrieben

VOM STRESS ENTGIFTEN

Hokuspokus-Skala: ▲▲▲▲▲▲▲▲▲▲
Entdeckungs-Skala: ▲▲▲▲▲▲▲▲▲▲

Stress bringt einen um. Und zwar nicht im übertragenen Sinne, sondern ganz konkret. Aber wir wollen deswegen nicht in Trübsal versinken, wir schauen uns die ganze Sache lieber von einer heilenden Perspektive an und verzweifeln nicht, okay? Wenn wir unseren Körper hegen, pflegen und lieben möchten, sollten wir uns über das Thema Stress Gedanken machen. Heutzutage ist es zwar nahezu unmöglich, Stress aus unserem Leben zu verbannen. Ich kann schon hören, wie ihr euch alle nur bei dem Gedanken daran schlapplacht, aber wir können einige der weiter unten aufgeführten Techniken verwenden, um die Auswirkungen von Stress zu verringern, indem wir Körper, Geist und Seele entspannen. Diese Anleitungen kannst du als Anti-Stress-Hilfsmittel für die Seele betrachten. Wenn du der Welt einfach sagen willst, dass sie dich mal in Ruhe lassen soll.

Weiter unten sind einige einfache Techniken zur Linderung von Stress aufgelistet, die ich ausprobiert habe und die mir in Zeiten voller Stress, Angst und Depression bei Fokus, Erdung und Entspannung helfen. Sie sind für mich wie der dreiköpfige Hund, der die Tore zur Unterwelt bewacht, eine Technik kommt fast nie ohne die beiden anderen aus! Warum sollten wir denn auch nicht mehr als eine Superkraft gleichzeitig verwenden, um gegen das Stress-Monster anzu-kämpfen? Ich verwende zahlreiche dieser Techniken, wenn mir der Boden unter den Füßen weggezogen wird, oder auch dann, wenn ich nur ein wenig ins Straucheln gerate.

Auf Grundlage meiner eigenen Erfahrungen und der Erfahrungen von Menschen in meinem Umfeld scheint es mir, dass Menschen schnell mit einer oder auch mit zwei Methoden zum Stressabbau warm werden, welche gut zu ihrem Stresslevel und der jeweiligen Art von Stress passen. Wäre Stress doch bloß Pfefferminzeis mit Schokostückchen oder Pekan-Pralinen … Und man muss sich daran erinnern, dass immer alles im Gleichgewicht sein muss: Du kannst nicht immer im Sonnenschein durchs Leben schlendern, das ist auch in Ordnung. Du wirst verregnete Tage, Wochen oder sogar Monate durchmachen. Aber Zufriedenheit und Wohlbefinden werden sich einstellen, wenn du lernst, wie du deine Stressauslöser nachhaltig in Schach halten kannst: Deine Täler werden nicht mehr so tief und so ausgedehnt sein.

Die größte Hürde beim Umgang mit Stress ist Zeit. Meine erste Frage an Stresssüchtige lautet: »Glaubst du, dass du Zeit für Entschleunigung hast?« Wenn du nicht aufpasst, gerätst du in einen Teufelskreis. Wir denken: *Ich brauche mehr Zeit, um meinen Stress gezielt zu verringern*, was uns nur noch mehr stresst. Deswegen ist hier für dieses Kapitel meine Aufgabe für dich: Nimm dir zehn Minuten Zeit. Nur zehn. Das reicht schon. Wende jeden Tag, am besten immer zur gleichen Zeit, die von dir gewählten stressmindernden Maßnahmen an. Probiere alle unten stehenden Techniken aus oder nur eine oder zwei, aber versprich mir eins: Bleibe zumindest eine Woche lang am Ball, dann einen Monat lang … dann zwei Monate, bis diese kostbaren zehn Minuten deine Zuflucht werden, mithilfe derer du dich fokussierst und deinem Körper Liebe und Güte zurückgibst.

ATMEN

Hokuspokus-Skala: ▲▲▲▲▲▲▲▲▲▲
Entdeckungs-Skala: ▲▲▲▲▲▲▲▲▲▲

(Zum Mitschreiben: Falls für dich Atmen bereits Hokuspokus ist, sollten wir uns vielleicht um die vier Dinge kümmern, die für uns alle überlebenswichtig sind: schlafen, essen, trinken und atmen. Alle sind unerlässlich, deswegen bekommt Atmen eine Null auf der Hokuspokus-Skala.) Total einfach, oder? Ja, ich rate dir tatsächlich, Sauerstoff ein- und Kohlendioxid auszuatmen. Denke mal drüber nach: Wann hast du zum letzten Mal einfach nur geatmet?

MANTRAS

Hokuspokus-Skala: ▲▲▲▲▲▲▲▲▲▲
Entdeckungs-Skala: ▲▲▲▲▲▲▲▲▲▲

Negative Selbstgespräche können ganz schnell eine Stresskrise auslösen. Wenn unsere Gedanken rasen und wir uns Sorgen machen, kann unser Körper mit zu viel Adrenalin antworten. Bringe diese negativen

PROBIER'S MAL AUS!
≫──────→

Das schnellste, billigste und effektivste Mittel, um deinem Körper mitzuteilen, dass er sich nicht länger in einem Angstzustand befinden muss, ist einfach atmen. Nimm einen tiefen Atemzug durch die Nase, bei dem sich deine Brust hebt, die Schultern aber entspannt unten bleiben. Halte kurz den Atem an und atme dann kräftig durch den Mund wieder aus. Versuche dabei, die Ausatmung länger zu machen als die Einatmung: Einatmen – zähle bis fünf, Atem anhalten – zähle bis fünf, ausatmen – zähle bis sieben. Das klappt bei mir gut. Wiederhole es fünf bis zehn Mal und spüre dabei, wie sich dein Körper beruhigt. Du kannst es überall machen: im Auto, in einem Café, an deinem Computer, überall, wo du gerade bist. Ein Hoch aufs Atmen!

Gespräche mit einem Mantra oder einer Affirmation zum Verstummen, damit du wieder zur Besinnung kommst. Ich spreche mir häufig einfache Mantras vor wie beispielsweise »Lebe einfach«, »Es wird immer gut« und »Zoome mal für eine Minute heraus«. Weiter hinten im Kapitel werden wir mehr über Mantras erfahren.

ZEN

Hokuspokus-Skala: ▲▲▲▲▲▲▲▲▲▲
Entdeckungs-Skala: ▲▲▲▲▲▲▲▲▲▲

Zen gibt es, und du kannst mitmachen. Sieh Zen als Ort deines inneren Friedens, als Heiligtum, an dem kein negatives Gedanken-Pingpong stattfinden
kann und an dem du deine liebevollen, friedlichen, erfüllenden Gedanken und
Handlungen hegen und pflegen kannst. Verändere deine Gedanken und fokussiere deine Energie auf dich selbst. Lade deine Positivität wieder auf und befeu-
ere sie. Nimm dir auch im chaotischen Alltag jeden Tag fünf Minuten Zeit für
Zen, damit du dich mit dir selbst verbinden kannst: Baue sie in deine zehn Minuten Selbstpflege gegen Stress ein oder nimm dir noch fünf Minuten dazu, die
du zu deiner persönlichen Zen-Zeit machst. Bist du angespannt? Hast du Hun-
ger? Bist du müde? Stelle deinem Körper diese Fragen in ruhiger und fürsorglicher Absicht. Er wird dir ehrlich antworten. Höre auf die Bedürfnisse deines
Körpers. Höre darauf, was er zu sagen hat, und denke daran, dass er am besten
funktioniert, wenn er entspannt, gut gefüttert und fokussiert ist.

MEDITATION

Hokuspokus-Skala: ▲▲▲▲▲▲▲▲▲▲
Entdeckungs-Skala: ▲▲▲▲▲▲▲▲▲▲

Halt! Es ist wirklich so einfach. Ganz ehrlich. Denke noch einmal an die zehn
Minuten. Mehr brauchst du wirklich nicht, glaub mir. Wenn du weitergehen
willst und die Zeit dafür findest, dann tue das. Aber fange einfach mit den zehn
Minuten jeden Tag an. Setze dich hin, mache eine Pause, entspanne dich, atme
und erlaube deiner Seele, sich dem Fluss einfach hinzugeben. Lasse deine Gedanken, Gefühle und deinen Atem einfach sein. Falls du merkst, wie deine Gedanken umherwandern, richte deine Aufmerksamkeit wieder auf deine Ein-

und Ausatmung: Du atmest durch die Nase ein und durch den Mund aus. Atme in deinen Bauch und die Lungen, nicht in Schultern und Hals. Nimm dir einige Minuten für einen Zustand natürlicher Leere. Erlaube deinem Körper, sich wieder zu sammeln, indem du die wichtigsten Systeme zurücksetzt: das Nerven-, Herz-Kreislauf- und Verdauungssystem. Du kannst noch einmal von vorne beginnen, wenn dein Tag mit Stressfaktoren und Belastungen vollgestopft ist. Schaue nicht nach deinen Nachrichten oder Mails, nimm dir in einem Wartezimmer keine Zeitschrift. Sitze einfach mit dir selbst in friedlicher Stille und erhole dich: Jede Minute hilft schon. Später in dem Kapitel lernst du mehr über Meditation.

PROBIER'S MAL AUS!

Ein Kollege bei einer früheren Stelle errichtete einen Zufluchtsort im Büro in seiner Arbeitsnische unter dem Tisch. Der Job war von Natur aus sehr stressig. Deswegen benötigten wir alle Bewältigungsmechanismen für besonders schlimme Tage. Seine Technik gefiel mir besonders gut. Er brachte sich eine Yogamatte, ein Kissen, eine Gesichtsmaske, eine Decke, batteriebetriebene Weihnachtslichter und einige Aromatherapie-Öle in winzigen Fläschchen mit – mehr über die wirkungsvolle Aromatherapie gibt's in Kapitel 3 – und baute sich ein kleines Zen-Nest direkt unter seinem Computer, Telefon und seiner Sammlung von Baseballspieler-Figuren mit Wackelköpfen. An den meisten Tagen, vor allem nach einem besonders aufreibenden Telefongespräch oder Meeting, kroch er unter den Tisch, steckte sich die Stöpsel in die Ohren, strich sich ein wenig Öl unter die Nase, setzte die Schlafbrille auf und lag einfach fünf oder zehn Minuten lang ruhig auf dem Boden. Sicher, einige Kollegen fanden ihn völlig durchgeknallt, aber ich würde alles darauf wetten, dass er der entspannteste Mensch in diesem superstressigen Job war, deswegen hatte er schon gewonnen.

YOGA

Hokuspokus-Skala:
Entdeckungs-Skala:

Einige sagen, dass wir, wenn wir uns um unsere Körper kümmern, uns auch um unsere Seele kümmern. Und ich würde aufgrund meiner Erfahrungen mit Yoga fast uneingeschränkt zustimmen.

Yoga wird seit Tausenden von Jahren als Methode zur Stärkung und Vereinigung von Körper, Geist und Seele verwendet, damit alles im Gleichgewicht bleibt. Auf der Reise zu alltäglicher emotionaler, körperlicher und spiritueller Heilung und Erleuchtung bietet Yoga Möglichkeiten an, den Körper zu erden, aber auch zu kräftigen und in Form zu bringen. Die Stellungen können als Bewältigungsstrategien durch Bewegung betrachtet werden, die Angst lindern und uns wieder achtsamer mit uns selbst werden lassen, in einer Welt, in der wir uns stets so fühlen, als würden wir ins Universum katapultiert.

Bevor wir in das Thema eintauchen, fühle ich mich gezwungen, hier einen kleinen Haftungsausschluss einzufügen. Deine erste Yogastunde kann dich ein wenig stressen, weil sie in einer neuen Umgebung mit neuen Menschen stattfindet und dein Körper neuen Anforderungen ausgesetzt ist. Du hast mehr davon, wenn du schon vor der Stunde entspannt bist. Glaube mir. Mache dir keine Sorgen darüber, wie du in deinen Yogahosen aussiehst, wie verschwitzt du sein wirst oder wie lächerlich du dich in deinem ersten »Herabschauenden Hund« fühlst. Jeder fühlt sich beim »Herabschauenden Hund« ein wenig dämlich. Ja, die Stellung heißt »Herabschauender Hund«, jaja, und du streckst deinen Hintern in die Luft. Kannst du noch etwas anderes spüren? Sei einfach stolz auf dich, weil du es ausprobierst. Du darfst auch kichern, kein Problem.

Und noch eine Anmerkung: Menschen pupsen beim Yoga. So, jetzt ist es raus. Es ist peinlich, es ist total komisch und es passiert einfach. Diese ganzen Verdrehungen und Verbiegungen sollen deine Eingeweide in Bewegung bringen. Wenn es dir oder jemand anderem in deinem Kurs passiert: Lache einfach drüber – zumindest im Kopf, denke nicht länger drüber nach und mache weiter. Bleibe dir deines Körpers und deines Atems bewusst, während du Yoga er-lernst, sei mit dir selbst und den anderen nachsichtig, auch wenn jemand einen fahren lässt.

Weiter unten findest du einfache Yogastellungen, die du ganz leicht regel-mäßig im Alltag üben kannst. Versuche, jede Stellung mindestens fünf Atem-züge lang zu halten. Atme vier oder fünf Sekunden lang ein und genauso lang wieder aus. Die Atmung ist bei sämtlichen Yogarichtungen unterschiedlich, bei der grundlegenden Atemtechnik *(Ujjayi)* hält man den Mund geschlossen und atmet hauchend durch die Stimmritze. Eine fortgeschrittene Form ist *Kundalini*. Hier wird tief durch die Nase ein- und durch den Mund wieder ausgeatmet. Bleibe nie in einer Position, wenn du irgendwo Schmerzen verspürst. Je stärker du dich in einer Asana entspannst, desto tiefer ist die Dehnung. Und nun noch ein strenger Ratschlag: Mach dir keinen Kopf, wenn du nicht umgehend zum meisterlichen Yogi mutierst. Diese Dinge brauchen Zeit. Beginne mit den leich-ten Stellungen. Es gibt tatsächlich eine »leichte Stellung«: den Schneidersitz. Arbeite dich dann bis zu tieferen, längeren, komplexeren Stellungen und Rou-tinen vor.

»Leichte Stellung« / Sukhasana

Diese Stellung »Leichte Stellung« zu nennen war eher witzig gemeint, denn: So leicht ist sie gar nicht. Ruhe und Fokus werden benötigt, um diese Position zu halten. Außerdem muss man richtig atmen. Deswegen ist diese Asana sowohl zur Vorbeugung als auch beim akuten Auftreten von Angstzuständen ideal.

Wenn wir uns fehl am Platz oder durcheinander fühlen, kann man sich den Körper wie einen Baum aufmerksam mit dem Boden verwurzelt vorstellen. Für mich ist dieses Bild sehr beruhigend und schön. Es hilft mir dabei, mich nicht nur mit mir, sondern auch mit der Erde unter mir ver-bunden zu fühlen.

Herabschauender Hund / Adho Mukha Svanasana

Der »Herabschauende Hund« mit dem in die Luft gestreckten Hintern hat einen hohen Wiedererkennungswert und ist einfach eine Power-Stellung. Adho Mukha Svanasana bietet starke Dehnung, die gegen Erschöpfung hilft und den Körper stimuliert. Außerdem regt die Stellung einen gesunden Blutkreislauf an und lindert Schmerzen im unteren Rücken. Wenn du die Knie beugst, kannst du die Stellung vertiefen und häufig auch angenehmer machen, weil du den Rücken besser strecken kannst.

In dieser Stellung kannst du nachspüren, wie du dich fühlst.

Pflug / Halasana

Genau, eine weitere Stellung mit dem Hintern in der Luft, aber dieses Mal bist du vor den Blicken der Menschen hinter dir geschützt! Bei dieser Asana wird das Nervensystem beruhigt und das Immunsystem gestärkt. Die Dehnung kommt dank des Gewichts deiner Beine zustande und lockert sanft deinen unteren Rücken und die Wirbelsäule.

Der Pflug hilft auch bei Beschwerden während der Menopause und bei Bauchschmerzen.

Der Baum / Vrksasana

Der »Baum«: stark, solide, stabil. Bist du das? Wenn du diese Stellung perfektionierst, kannst du ebenso verwurzelt sein wie eine alte Eiche. Ich bin meistens eher wie eine schlaffe, vernachlässigte Badezimmerpflanze. Deswegen ist diese Stellung so gut: Sie fordert dich heraus, dein Körpergewicht zum Balancieren zu verwenden, kräftigt die Beine und die Körpermitte und erdet dich. Kleiner Tipp: Dabei sollte der in die Höhe gehobene Fuß beim Baum keinesfalls auf dem Knie des Standbeins abgelegt werden.

Die Betonung auf dem Gleichgewicht hilft dir dabei, im Augenblick zu bleiben und dich auf deinen Körper und Geist zu konzentrieren, während du diese Stellung hältst.

Der Bogen / Dhanurasana

Jedes Mal, wenn ich diese Asana übe, höre ich Missy Elliotts »Get Ur Freak On«. Man muss sich dabei einfach ziemlich verbiegen. Aber keine Angst. Diese Stellung ist nicht so schwer, wie sie aussieht. Der »Bogen« ist eine perfekte Kräftigung für den ganzen Körper, bei dem die Brust angehoben und der Körper von der Brust zu den Schultern und den Leisten bis hin zum Knöchel gekräftigt wird.

Wenn man diese Position hält, werden dein Körper und besonders die Organe in deiner Mitte stimuliert. Außerdem verbessert Dhanurasana die Haltung und fördert dein Selbstbewusstsein.

Das Dreieck / Trikonasana

So, meine Liebe. Falls du dich noch nicht getraut hast, eine Asana herauszusuchen, dann jetzt aber flott ab auf die Matte, das »Dreieck« ist einfach perfekt. Als Grundlage zahlreicher anderer Asanas öffnet das »Dreieck« die Brust und die Schultern. Deine Hand kann sogar bis zum Boden wandern, je nachdem, wie flexibel du bist. Die Dehnung regt die unteren Bauchorgane an, fördert die Verdauung und verleiht dir auch ein Gefühl von mehr Raum, weil deine Beine gestreckt werden und sich deine Arme verlängern.

Das Kamel / Ustrasana

Beim »Kamel« solltest du langsam und vorsichtig vorgehen, weil Kopf und Nacken von deinem stressigen Alltag wahrscheinlich sehr angespannt sind. Diese Position dehnt die gesamte Körpervorderseite, indem der Rücken gebogen wird und man gleichzeitig die Hüften nach vorne drückt, wodurch Oberschenkel,

Brust und der Hals verlängert werden. Bei diesem Stretch wird die Wirbelsäule in die Länge gezogen, das verbessert die Haltung, weil man den Rücken gerade hält. Die Kraft für das Kamel muss aus den Oberschenkeln und dem Bauch kommen. Wenn du die Asana nur halten kannst, indem du dich auf den Fersen abstützt, solltest du zunächst in den entsprechenden Bereichen Muskeln aufbauen.

Die Kobra / Bhujangasana

Für die eher zurückhaltenden Yogis bietet die »Kobra« eine sanfte Dehnung, die man gut zwischen anderen Asanas einbauen kann. Die »Kobra« öffnet die Lungen und das Herz und ist dafür bekannt, dass sie die Atmung verbessert und gegen Müdigkeit wirkt, außerdem wird Asthma bekämpft.

VERSCHIEDENE YOGARICHTUNGEN

Hokuspokus-Skala: ▲▲▲▲▲▲▲▲▲▲
Entdeckungs-Skala: ▲▲▲▲▲▲▲▲▲▲

Hatha-Yoga
Perfekt für Anfänger und fortgeschrittene Yogis

Hatha ist eine langsame, fließende Yogarichtung, bei der der Fokus auf Meditation, Atmung, Stärkeaufbau, Stretching und Balancepositionen liegt.

»——→ **Vorteile:** Bewegung, Beweglichkeit, Stärke, Ausgleich, Stressabbau und verbesserte Blutzirkulation.

Ananda-Yoga
Gut für Anfänger und fortgeschrittene Yogis

Beim Ananda-Yoga werden stille Affirmationen mit verschiedenen Asanas aus dem Hatha-Yoga kombiniert. Diese Posen und Bewegungsabläufe sollen Körper, Geist und Seele auf die Meditation vorbereiten.

»——→ **Vorteile:** Stimulation von Blut- und Energiefluss zum Gehirn.

Vinyasa-Yoga
Gut für Anfänger und fortgeschrittene Yogis, die mehr Stärke aufbauen wollen

Vinyasa-Yoga konzentriert sich auf Sonnengrüße. Google einmal »einfacher Sonnengruß« und baue diesen kurzen Bewegungsablauf in deinen Morgen ein! Finde dann eine Reihe von anderen Stellungen heraus, die dich mit deiner Atmung verbinden. Die Asanas werden einige Atemzüge lang gehalten, deswegen wird Stärke, Geschick und Durchhaltevermögen benötigt.

»——→ **Vorteile:** Beweglichkeit, Stärke, Stressabbau und Minderung von hohem Blutdruck sowie von Herz-Kreislauf-Erkrankungen.

Anusara-Yoga
Geeignet für fortgeschrittene Anfänger, die Ausrichtung und sowohl körperliche als auch spirituelle Fortschritte suchen

Anusara-Yoga konzentriert sich auf Körper, Geist und Seele als Einheit und ist im Grunde eine moderne Form von Hatha-Yoga. Dieser Yogastil kann sehr therapeutisch sein und unsere Aufmerksamkeit auf die Ausrichtung, Haltung und Funktion des Körpers richten.

»——→ **Vorteile:** genauere Ausrichtung der Posen, allgemeine Gesundheit und Wohlbefinden, eine tiefere Integration der Vorteile von Hatha-Yoga.

Ashtanga-Yoga
Gut für fitte, gesunde Yogis, die mit ihrer spirituellen Seite in Berührung treten wollen

»Power Yoga« ist aus dem Ashtanga-Yoga hervorgegangen und ist ebenfalls unter dem Namen »Vinyasa-Yoga« bekannt. Ashtanga-Yoga besteht aus sechs athletischen Bewegungsabfolgen, die auch als »Übungsserien« bekannt sind.

Ashtanga-Yoga verbindet eine Reihe von Asanas, Ausfallschritten und Liegestützen. Die Länge eines ganzen Atemzugs gibt die Länge für den Übergang zwischen zwei Asanas oder Stellungen vor.

⤳ **Vorteile:** verbesserte Koordination, Stärke, gestärkte Rumpfmuskulatur, weniger Rückenprobleme und Gewichtsverlust.

Bikram-Yoga
Geeignet für Anfänger und fortgeschrittene Yogis
Außerdem geeignet für Menschen mit gewissen Verletzungen

Bikram wird manchmal auch »Hot Yoga« genannt, weil es in einem Raum stattfindet, der auf etwa 40 Grad aufgeheizt ist, obwohl auch andere Yogaarten als »Hot« bezeichnet werden können, wenn sie in einem beheizten Raum ausgeübt werden. Falls du gerne eine bestimmte Art von Hot Yoga üben möchtest, solltest du dir die jeweiligen Kursbeschreibungen genau ansehen. Bei Bikram-Yoga übt man dieselben 26 Asanas jedes Mal genau in derselben Reihenfolge. Wegen der Hitze können sich die Muskeln entspannen und besser dehnen. Außerdem konzentriert man sich stärker auf die Atmung. Anfangs mag es noch unangenehm sein, aber man kann schnell süchtig werden.

⤳ **Vorteile:** Beweglichkeit, Entgiftung und Reinigung des Körpers; kann bei gewissen Verletzungen und Zerrungen den Heilungsprozess beschleunigen.

Acro-Yoga
Für fortgeschrittene Anfänger und fortgeschrittene Yogis

Beim Acro-Yoga wird Yoga und Akrobatik kombiniert. Hierbei übt man immer mit einem anderen Yogi.

⤳ **Vorteile:** Stärke, Konzentration, Gleichgewicht, Massage und Fokus.

Rhythm-Yoga
Perfekt für Anfänger und auch den fortgeschrittenen Yogi

Rhythm-Yoga ist eine Mischung aus Vinyasa-Yoga, Meditation, Atmung und Tanz. Dieser Yogastil ist häufig frei fließend und natürlich und konzentriert sich auf die tänzerischen Elemente und die Bewegungsaspekte dieser Praxis.

⟫──→ **Vorteile:** Entspannung, Beweglichkeit, Stressabbau, Stärke, Durchblutung und Gleichgewicht – ganz zu schweigen von Spaß!

Kundalini-Yoga
Perfekt für Anfänger und fortgeschrittene Yogis, die eher an der spirituellen oder entspannenden Seite von Yoga interessiert sind

Kundalini-Yoga – auch als »Laya-Yoga« bekannt – konzentriert sich auf Mitgefühl und Achtsamkeit durch Yoga. Durch Atmung und Bewegung wird Energie am Ende der Wirbelsäule losgelassen, wärmt den Körper auf und fordert dich physisch, mental und emotional dazu heraus, dich mit deiner Seele zu verbinden. Kundalini-Stunden gleichen sich nie, diese Art von Yoga erlebt man am besten mit einem offenen Geist und ohne Erwartungen.

⟫──→ **Vorteile:** körperliche und emotionale Erdung des Körpers, gesteigertes Mitgefühl und Achtsamkeit für sich selbst und andere; allgemein verbesserte spirituelle Gesundheit.

Tibetisches Yoga
Gut für Anfänger und fortgeschrittene Yogis, die nach »Rundum-Zen« suchen

Tibetisches Yoga ist eine Mischung aus sanften Bewegungsabläufen, Atemtechniken und Selbstmassage. Diese Yogarichtung ist bei uns im Westen nicht sonderlich verbreitet, im Internet findest du aber bestimmt weitere Informationen zu dieser Praktik.

⟫──→ **Vorteile:** Zusammenführen von Körper, Geist und Seele und deren gesunde Vereinigung.

Die verschiedenen Yogaschulen bieten unzählige Möglichkeiten. Deswegen lade ich dich auf eine Entdeckungsreise ein. Ich rate dir außerdem ganz eindringlich zum Besuch einer Yogaschule, in der du angeleitet wirst. Dir werden neue Asanas sowie verschiedene Yogastile beigebracht. Außerdem triffst du gleichgesinnte Yogis.

Zuweilen mag es wie eine Modeerscheinung wirken, aber der Nutzen von Yoga ist nicht zu bestreiten, und viele Leute empfinden – nachdem sie diese anfängliche Frustration und den Widerstand durchbrochen haben, der beim Erlernen jeder neuen Fähigkeit auftritt – Yoga als enorm lohnende Praktik, die spirituelles Wachstum auf allen Ebenen fördert.

Eine weitere Methode, die ebenfalls wie eine Modeerscheinung wirken kann, aber in Wahrheit einfach großartig ist, ist Meditation. Einmal richtig abschalten kann total guttun, vor allem, wenn man es tagtäglich mindestens zehn Minuten lang in einer entspannten Haltung macht.

MEDITATIONSFORMEN

Hokuspokus-Skala: ▲▲▲▲▲▲▲▲ ▲▲
Entdeckungs-Skala: ▲▲▲▲▲▲▲▲▲▲

Meditation hörte sich für mich vor dem Ausprobieren absolut furchterregend an. Minuten- oder sogar stundenlang einfach dasitzen und über *nichts* nachdenken? Wirklich? Du kennst doch das alte Sprichwort »Probiere es erst mal aus, bevor du es schlecht machst«? Diese Aussage ist einfach total wahr, vor allem, wenn man meine Erfahrung mit Meditation betrachtet.

Sagen wir einmal so: Spirituelle Menschen meditieren bereits seit über 5000 Jahren. Ich spreche hier von den ältesten, weisesten und am stärksten erleuchteten Seelensuchern im Laufe der Zeit, von den Veden im alten Indien und den Tao in China über die Buddhisten in Japan bis hin zu den Beatles, die in den Sechzigerjahren auf ihren Reisen durch Indien transzendentale Meditation erlernten.[4]

Ebenso wie die spirituellen und kulturellen Koryphäen Deepak Chopra, Autor, und Oprah Winfrey, Moderatorin, wirst du dich auf die meditative Atmosphäre einstellen und dabei auch witzige Zeitgenossen wie beispielsweise Russell Brand, Jim Carrey und Ellen DeGeneres an deiner Seite haben, die alle mit Meditation einige ruhige Minuten in ihren hektischen Tagesablauf einbauen.

Frühere und moderne Seelensucher verstehen, dass Meditation deine Seele täglich reinigen kann. Damit können wir Stress, Angst und emotionale Blockaden aus Geist und Körper entrümpeln. Ich habe häufig von Meditation als »mentaler Dusche« gehört, mit der wir den Geist reinigen und säubern.

Wenn du dieses mächtige Werkzeug entdeckst, denke daran, dass du es als Mittelfinger für deine täglichen Stressfaktoren einsetzen kannst. Wenn du Meditation in deine Routine einbaust, denke daran, dass auch nur ein kurzer Zeitraum genügt – manchmal schon zehn Minuten pro Tag. Deine Stressfaktoren werden zwar nicht weniger, aber du kannst ihnen viel besser entgegentreten und sie bekämpfen, wenn sie ihre fiesen Krallen ausfahren. Adieu, Entspannungspillen, willkommen, natürliches Zen.

Achtsamkeitsmeditation

Hierbei handelt es sich um eine Adaption der buddhistischen Vipassana-Meditation[5]. Dies ist eine beliebte Meditationsform, weil sie so ziemlich überall durchgeführt werden kann. Achtsamkeitsmeditation bedeutet, dass du ein Bewusstsein für alles in deiner Umgebung entwickelst und es nicht bewertest, sondern einfach Geräusche, Gerüche und Gedanken wahrnimmst und sie frei durch dich hindurchfließen lässt.

PROBIER'S MAL AUS!

Setzte dich auf eine Matte, einen Stuhl oder ein flaches Kissen, halte den Rücken gerade und die Augen geschlossen. Konzentriere dich auf deine Atmung, darauf, wie die Luft in und aus deinen Lungen strömt, wie sich deine Brust und der Bauch mit jedem Atemzug heben und wie sich jeder Teil deines Körpers anfühlt, während er mit Sauerstoff durchflutet wird. Falls deine Gedanken von deinem Atem abwandern, nimm es wahr, bewerte es aber nicht und richte deine Aufmerksamkeit langsam wieder auf den Atem. Meditiere jeden Tag etwa zehn Minuten lang und betrachte die Ergebnisse. Fühlst du dich ruhiger, fokussierter und bewusster? Fühlst du dich weniger gestresst, wenn du an deinen harten Alltag denkst? Schläfst du besser?

Spirituelle Meditation

Diese Praktik wird häufig mit Religion in Verbindung gebracht, und damit ist gemeint, dass wir ein Gebet sprechen oder zu einem Gott beten. Dabei hast du Zeit zum Nachdenken und kannst das ergründen, was du wirklich wünschst oder brauchst. Danach kannst du um Beistand bitten oder dich einfach bedanken.

Mantra-Meditation

Mantra-Meditation umfasst einen sich wiederholenden Chant, eine Affirmation oder das Om, das als Mantra bekannt ist und dir dabei hilft, während der Meditation fokussiert und in der Gegenwart zu bleiben. Mehr über Mantras gibt es am Ende des Kapitels.

Angeleitete Meditation

Angeleitete Meditation beinhaltet Musik, Klang oder eine Stimme, die dich während der Meditation begleitet, dir bei der Entspannung des Körpers und bei der Beruhigung des Geistes hilft, bis hin zum Loslassen von vorbeiziehenden Gedanken. Häufig spielen auch Verbindungen mit spirituellen Führern oder Totems eine Rolle. Im zehnten Kapitel lernen wir mehr über spirituelle Führer!

Transzendentale Meditation

Diese vedische Tradition ist eine einfach zu erlernende und natürliche Art, den Geist zu beruhigen. Die Veden sind ein Textkorpus aus dem alten Indien und die ältesten vorhandenen hinduistischen Schriften. Wenn wir dem Gehirn zweimal täglich 20 Minuten lang Entspannung durch Meditation ermöglichen, kann der Geist in diesem meditativen Zustand tiefer und intensiver entspannen als bei tiefem Schlaf.

PROBIER'S MAL AUS!

Tut mir leid, dass ich hier für meine Lieblinge eintrete, aber glaub mir einfach: Deine Seele fleht dich geradezu an, das einmal auszuprobieren. Während ich dieses Buch schrieb, ermutigte mich die CEO des Unternehmens, für das ich arbeite, dazu, Transzendentale Meditation (TM) zu erlernen. Genau, sie ist auch eine absolute Seelen- sucherin, eine von uns. Wir sind einfach überall – muahahaha! Bei dieser Art von Meditation handelt es sich um eine einfache Meditation auf der Grundlage von Mantras, die dir, wenn du sie regelmäßig übst, dabei hilft, dich in einen angenehmen und natürlichen Zustand zu versetzen. Zwei Mal pro Tag 20 Minuten TM machten mich toleranter, agiler und effizienter. Ich schlief besser und gleichzeitig weniger. Außerdem hatte ich viel mehr Energie. Obwohl wir heute in einer Gesellschaft leben, in der niemand mehr Zeit hat, meditierte ich plötzlich zweimal täglich 20 Minuten lang und fühlte mich so, als hätte ich mehr Zeit, und außerdem war ich effizienter und proaktiver.

TM zeigt, dass Meditation nur gute Auswirkungen hat. Es gibt tatsächlich keine einzige schlechte Seite an dieser Praktik. Wenn wir uns ausruhen und in einen tieferen Entspannungszustand eintreten, spülen wir Negativität aus, reinigen den Körper von Stress, Zweifeln, Angst, Sorgen und Krankheiten. Sobald diese toxischen Elemente freigesetzt sind, sind sie für gewöhnlich dauerhaft verschwunden. Ich habe noch nie mit jemandem gesprochen, der TM praktiziert und keine tief greifenden Auswirkungen auf sein Leben verspürte.

Hier habe ich noch eine Aufgabe für dich: Öffne deinen Browser, suche nach »Kurse Transzendentale Medita- tion« und schaue, ob in deiner Nähe eine kostenlose Einführungsstunde stattfindet. Du wirst es nicht bereuen.

MUDRAS

Hokuspokus-Skala: ▲▲▲▲▲▲▲▲▲▲
Entdeckungs-Skala: ▲▲▲▲▲▲▲▲▲▲

Manchmal kann Meditation ganz allgemein herausfordernd sein, besonders für beschäftigte Menschen mit einem anstrengenden Lebenswandel. Meditation auf Grundlage von Mudras kann deiner Meditation mehr Fokus verleihen, indem sie auf ein besonderes Bedürfnis ausgerichtet wird.

Ein Mudra ist eine symbolische Geste, die hauptsächlich in hinduistischen und buddhistischen Kulturen vertreten ist. Ein *Hasta Mudra* ist eine spirituelle Handgeste, das Wort bedeutet ursprünglich »Siegel« oder kann mit den Begriffen *Mud* (Sanskrit für Freude) und *dra* (etwas zu etwas bringen oder hereinziehen) übersetzt werden. Über hundert Mudras werden bei der Meditation verwendet, um eine Absicht auszudrücken. Das Beste an einem Mudra ist, dass du es jederzeit verwenden kannst: an deinem Schreibtisch, wenn du dich konzentrieren musst, wenn du im Stau stehst oder sogar im Bett vor dem Einschlafen. Ich wähle normalerweise ein Mudra aus, das die jeweiligen Bedürfnisse meiner Seele widerspiegelt, um mir bei der Konzentration meiner Energie während der Meditation zu helfen, oder auch nur, um meine Gedanken für einige Augenblicke zu sammeln.

Weiter unten findest du einige Mudras, die du bei deiner nächsten Meditation ausprobieren kannst. Ich kann mich wirklich mit diesen Mudras verbinden, wenn ich ein Pulsieren in meinen Fingerspitzen spüre. Falls du Probleme damit hast, die Aufmerksamkeit auf deinen Atem zu richten, erspüre deinen Puls und wiederhole ein Mantra.

Diese Mudras sind wie Yoga, aber eben mit der Hand! Häufig werden sie während des Yogas verwendet, sind aber auch für sich genommen mächtige Gesten. Auch jemandem den Mittelfinger zu zeigen kann als Mudra angesehen werden, aber wir wollen ja eher Liebe verbreiten, nicht wahr?

Lotus Mudra
Öffne dein Herz – fantastisch für Neuanfänge sowie um Liebe und gute Gelegenheiten anzuziehen

Führe die Hände vor deinem Herzen zusammen, die Handflächen öffnen sich, dabei berühren sich Daumen und kleiner Finger. Deine Handgelenke werden zur Grundlage der Blume, und deine Hände formen einen Lotus. Diese Mudra hilft auch bei der Öffnung des Kronen-Chakras. In Kapitel 4 erfährst du mehr über Chakras.

Anjali Mudra / Namaste
Geste des Friedens, der Dankbarkeit und der Demut: Das Göttliche in mir verbeugt sich vor dem Göttlichen in dir.

Lege deine Handflächen wie zum Gebet aufeinander und führe dann die Daumen auf dein Herz, sodass deine Arme von Ellenbogen zu Ellenbogen gerade vor deiner Brust liegen. Dieses Mudra eignet sich besonders gut dazu, den Menschen, die auf dich aufpassen, zu danken und zu zeigen, wie dankbar du deinem Lehrer oder für die Stunde bist.

Gyan Mudra / Guru-Geste
Geste der Weisheit, des Verständnisses und des Wissens: symbolisiert Fokus und Transformation

Lege die Daumen und Zeigefinger beider Hände aufeinander, die restlichen drei Finger jeder Hand bleiben ausgestreckt. Platziere deine Hände mit den Handflächen nach oben auf den Knien. Dies ist das Mudra für Besinnung, Ruhe und Wissen, perfekt für die Meditation. Dieses Mudra ist auch gut zur Erdung und als Unterstützung des Wurzel-Chakras geeignet.

Mahakranta Mudra / Geste der Macht
Geste für Selbstliebe, Wiederaufladen und das Gleichgewicht deiner Energiezentren

Halte die Hände auf der Höhe deines Gesichts. Die Handflächen zeigen zueinander. Die Hände berühren das Gesicht nicht. Die Ellenbogen zeigen zum Boden. Dies ist ein tolles Mudra, wenn du dich leer, ausgelaugt oder nicht im Gleichgewicht fühlst.

Hakini Mudra / Geste des allessehenden Auges
Geste für Schutz, Kommunikation und Verbindung mit deinen Führern

Die Fingerspitzen beider Hände berühren sich und formen ein Dreieck, das vor deine Brust oder den Bauch gehalten werden kann. Ein gutes Mudra, wenn du um Hilfe bitten willst oder ein Anliegen mit deinem spirituellen Vorbild oder Schutzengel teilen willst.

Shivalinga Mudra / Om-Geste
Geste für Ausgleich und Harmonie

Lege die linke Hand mit nach oben geöffneten Handflächen vor deinen Bauchnabel. Strecke den Daumen deiner rechten Hand nach oben und lege diese Hand auf die linke Hand. Dieses Mudra hilft bei der Neuausrichtung des Körpers und kann sämtliche Blockaden in unseren Energiezentren lösen. Dieses Mudra kann neue Zuversicht und Zufriedenheit bringen.

Anahata Mudra / Liebesgeste
Geste für das Herz, Liebe und Heilung

Mache mit der rechten Hand ein sanftes Okay-Zeichen, bei dem sich der Daumen und der Zeigefinger treffen und auf deinem Herzen / deiner Brust aufliegen. Lege deine linke Hand aufs Knie oder auf den Oberschenkel. Dies ist ein einfaches, aber mächtiges Mudra, das Herzschmerz, Konflikte und Negativität jeglicher Art lindert. Dieses Mudra hilft außerdem bei der Reinigung des Herz-Chakras.

Kundalini Mudra / Energiegeste
Geste zum Wiederaufladen, Aufwecken und zur Revitalisierung des Körpers

Balle deine Hände zu Fäusten und lege die linke
Faust auf die rechte. Hebe beide bis zum Herzen. Deine Ellenbogen zeigen nach außen, und
deine Arme bilden eine gerade Linie. Kundalini-
Mudras werden zumeist mit Feueratmung ver-
wendet. Diese schnelle Atemtechnik fängt mit einer Entspan-

nung deines unteren Bauchs bei der Einatmung an. Danach ziehst du deinen
Nabel zur Wirbelsäule, während du kraftvoll durch die Nase ausatmest. Weil
du deine Bauchmuskeln benutzt, hört sich deine Atmung laut und schnell an.
Aber keine Sorge, das ist normal! Wichtig bei der Feueratmung ist, dass Länge
und Intensität der Ein- und Ausatmung ähnlich sind. Diese Atmung erinnert an
ein Hecheln mit verschlossenem Mund. Außerdem ist zu beachten, dass Frauen
die Feueratmung nicht während ihres Mondzyklus – das ist Yogisprache für die
Menstruation – oder nach dem 120. Tag der Schwangerschaft durchführen sollten. Dies ist ein exzellentes Mudra, wenn wir unsere Seele und unseren Körper
aufwecken wollen.[6]

Buddha Mudra / Meditationsgeste
Geste, um den Geist zu beruhigen, zu entspannen und zu reflektieren; ein einzigartiges Mudra, das für Frauen und Männer unterschiedlich aufgebaut wird

Männer legen die linke Hand mit der Handfläche nach oben in den Schoß und
die rechte Hand in die linke Handfläche. Frauen machen es umgekehrt.

   Lege die linke Hand auf die rechte Hand, erzeuge sanft einen Hohlraum in
deinen Händen und lege die Daumenspitzen aufeinander. Lege deine Hände bei
diesem Mudra sanft in deinen Schoß. Ein beliebtes Mudra für die Meditation
und Kontemplation. Dieses Mudra steht außerdem mit dem Sakral-Chakra in
Verbindung.[7]

KÖRPERLICHE ERKRANKUNGEN MIT SPIRITUELLER SORGFALT BEKÄMPFEN

Hokuspokus-Skala: ▲ ▲ ▲ ▲ ▲ ▲ ▲ ▲ ▲ ▲
Entdeckungs-Skala: ▲ ▲ ▲ ▲ ▲ ▲ ▲ ▲ ▲ ▲

Dein Gehirn ist ein Organ, genau wie dein Herz und deine Haut. Wenn schlechte Gedanken in das Hirn gelangen – die von einigen als Gift für den Geist angesehen werden – können sie deine guten Schwingungen auf viele unerfreuliche Arten negativ beeinflussen, ebenso wie schlechte Lebensmittel giftig für den Körper sind.

Auf der nächsten Seite findest du eine Tabelle, die häufige Krankheiten und Leiden aufführt, die den Körper während einer Seelensuche[8] angreifen können. Wenn du sie dir anschaust, kannst du vielleicht Verbindungen zum Zustand deines Körpers, Kopfs und Geistes sehen. Begleitend zu diesen Informationen sind Affirmationen angegeben, die zur Reinigung und zum Ausgleich der negativen Energien verwendet werden können, die womöglich zu diesen Zuständen beigetragen haben.

Mit der Zeit wirst du – falls du die spirituelle Selbstfürsorge zu einem Teil deiner Selbstpflege machst – immer empfänglicher für die Anzeichen deines Körpers werden. Damit will dir deine Seele zeigen, dass etwas nicht funktioniert. Außerdem wirst du zahlreiche verschiedene Symptome besser deuten. Zudem wirst du mithilfe der in diesem Kapitel vorgestellten Ratschläge Anzeichen für Krankheiten einordnen und überwinden können. Vorher konntest du solche Anzeichen weder erkennen noch einordnen. Egal, ob durch Meditation, Yoga, Sport, einer Art von ganzheitlicher Heilung oder einfach allem zusammen, sei doch einfach dein eigener spiritueller, fürsorglicher Arzt. Du kommst stets an erster Stelle. Du wirst mit deiner positiven Energie durch die Decke gehen, versprochen!

Ich möchte nur einmal kurz darauf hinweisen, dass sich einige Affirmationen kitschig, wenn nicht sogar völlig nutzlos anfühlen. Mein Rat: Gib dem Ganzen trotzdem eine Chance. Probiere es aus, sei mit dem Herzen bei der Sache. Mache etwas draus, setze die Ratschläge um. Feiere sie geradezu. Diese Affirmationen dienen dazu, die zugrunde liegenden Emotionen zu erkennen, welche deine körperlichen Beschwerden verursachen, und sie folglich anzuerkennen und loszulassen. Dies bereitet deinen Körper auf Selbstheilung vor.

Lass uns also diesen »Quatsch« feiern und auf unsere Affirmationen stürzen.

Eine der schnellsten, leichtesten und unkompliziertesten Arten, mit der Seele im Einklang zu bleiben, ist, viel Wasser zu trinken: Es heißt, dass wir etwa sechs bis acht Gläser Wasser pro Tag trinken sollten, damit der Körper von Giften gereinigt wird und sie ausscheiden kann. In nahezu jeder spirituellen Schrift wird Wasser als die reine Essenz der Sauberkeit bezeichnet, die uns reinigt und uns zu neuem Leben erweckt, nicht bloß durch Trinken oder Rituale wie etwa die Taufe, sondern auch aufgrund der Symbolik von Ozeanen und Stürmen als Weg, durch Widrigkeiten zu ruhigeren Gefilden zu reisen.

> »Wenn du Lebensmittel als Nahrung betrachtest, verändert sich deine ganze Welt, und du greifst ganz unbewusst zu besserem Essen.«
>
> Dr. Libby Weaver

Wir sollten unseren Körper nicht nur mit Wasser durchspülen. Wir sollten ihm außerdem natürliche Nährstoffe zuführen, indem wir so gesund wie möglich essen. Kaufe – wenn möglich – biologisch angebaute Produkte. Nimm, sooft es geht, vollwertige und nicht verarbeitete Nahrung zu dir. In der heutigen Welt ist das nicht immer möglich. Klar, manchmal braucht deine Seele einfach Pizza oder Lasagne, aber jetzt mal ganz ehrlich: Je gesünder dein Essen, desto besser fühlt sich dein Körper an und desto glücklicher ist deine Seele.

Die drei Fragen, die sich bei der Erstellung eines neuen Wohlfühl-Mantras stellen, lauten: Hilft es mir bei einem guten Leben? Unterstützt es mich beim Wachstum? Wie beeinflusst es mich und die Welt um mich herum?

Mantras sollten dir dabei helfen, dich selbst als Ganzes zu sehen – Körper, Geist und Seele im Einklang – und dir deine alltäglichen Entscheidungen und deren Einfluss auf dein Wohlbefinden bewusster machen. Wenn deine Mantras diese Funktionen für dich nicht erfüllen, solltest du sie austauschen oder dir eine andere Methode aus dem Kapitel »Körper« genauer anschauen.

Wenn du auf eine ungesunde Blockade triffst, solltest du darauf hören, was dein Körper dir mitteilen will: Beschwerden und Schmerzen, Krankheiten, Stress und Gelüste haben eine Bedeutung. Fühle dich wohl, indem du auf deinen Körper hörst. Mache dich besser damit vertraut, was dich ausgeglichen werden lässt und deinen Akku wieder auflädt. Dein Körper ist dein bester Lehrer und Freund, sei also ein guter Schüler und höre auf ihn, anstatt ihn zu bekämpfen. Er wird dir deine Energie nicht mehr vorenthalten. Wir sollten alle von nun an gut mit uns umgehen – unsere Körper werden es uns danken.

Krankheit / Problembereich	Spirituelle Bedeutung	Heilende Affirmation
Akne	Abneigung gegen das eigene Selbstbild, man sieht seine eigene Schönheit nicht.	*Ich liebe und akzeptiere mich so, wie ich bin.*
Angst	Misstrauen und Kontrolle der natürlichen Ordnung des Lebens.	*Ich vertraue dem Prozess. Ich bin in Sicherheit.*
Atembeschwerden	Keine Akzeptanz. Angst vor Wachstum und Hingabe.	*Es ist mein Geburtsrecht, ein vollständiges und freies Leben zu führen.*
Darmprobleme	Angst vor dem Loslassen.	*Ich lasse das Alte ganz leicht los und heiße Neues willkommen.*
Depressionen	Wut, Gefühl von Hilflosigkeit.	*Ich lasse meine Ängste los und glaube nicht an Einschränkungen. Ich gestalte mein eigenes Leben.*
Durchfall	Antwort auf enorme Negativität, zu starker Glaube an Statistiken und Einfluss.	*Ich muss mich nicht an Überzeugungen einer Gruppe halten. Ich bin frei von Überbelastungen und Beeinflussung.*
Geschwüre	Furcht und negative Selbstgespräche.	*Ich liebe und akzeptiere mein Leben, meinen Erfolg und mich selbst.*
Gewichtsprobleme	Mangelnder emotionaler Schutz, Unsicherheit, Weglaufen vor wahren Gefühlen.	*Ich erschaffe meine eigene Sicherheit. Ich akzeptiere mich.*

Halsschmerzen	Wütende Worte zurückhalten, man hat das Gefühl, man könne sich nicht ausdrücken.	*Ich lasse alle Einschränkungen los und kann ich selbst sein.*
Kopfschmerzen	Selbstkritik, man kann seine gegenwärtige Lage nicht hinnehmen.	*Ich liebe mich, akzeptiere mich und sehe die Dinge mit Liebe.*
Krebs	Tiefe Verletzungen, Geheimnisse und Kummer.	*Ich vergebe und lasse die Vergangenheit los. Ich entscheide mich dafür, mein Leben mit Freude und Liebe zu füllen. Das Leben fließt durch mich hindurch.*
Lippenbläschen	Ätzende, böse Worte und die Angst, deine wahren Gefühle vollständig auszudrücken.	*Ich kann ganz frei alles aussprechen und gehen lassen, was mich nicht erfüllt.*
Magenprobleme	Grauen, Angst vor Neuem oder das Gefühl, nicht gut genährt zu werden.	*Ich verdaue mein Leben mit Leichtigkeit.*
Nackenprobleme	Weigerung, eine andere Perspektive anzuerkennen, Sturheit.	*Ich lebe friedlich. Ich akzeptiere sämtliche Lebensauffassungen.*
Ohrprobleme	Man kann nicht zuhören, will nichts hören, zu viel Zorn.	*Ich höre mit Liebe zu. Ich akzeptiere, was ich höre.*
Probleme mit dem Knöchel	Steifheit, Unbeweglichkeit, Schuld, im Trott sein.	*Ich verdiene es, das Leben und dessen Freuden zu genießen.*
Tumore	Schwelgen in alten seelischen Qualen und Traumata.	*Liebevoll löse ich mich von meiner Vergangenheit und konzentriere meine Energien auf meine Zukunft.*
Unterer Rücken	Schuld, Gefühl von Überlastung, Stress, Geldsorgen.	*Ich tue alles, was ich kann. Um alles, was ich brauche, wird sich gekümmert. Ich kann mich entspannen.*
Urologische Probleme	Man fühlt sich angepisst, normalerweise von einem Partner oder bei romantischem / sexuellem Interesse.	*Ich löse mich von dem Muster, die diese Energie in meinen Beziehungen erzeugt. Ich liebe und akzeptiere mich.*
Zahnprobleme	Unentschlossen, nicht in der Lage, klar und entschieden zu denken.	*Ich lebe meine Wahrheit und folge den Entscheidungen meiner Seele. Ich vertraue meinen Entscheidungen.*

DEINE KRISTALLE UND EDELSTEINE

Bereits seit Urzeiten faszinieren Kristalle und Edelsteine aufgrund ihrer wunderschön schimmernden Farben und den vielen verschiedenen Formen und Größen die Menschen. Falls du beim ersten Anblick eines Kristalls den Impuls hast, »DAS GLITZERT!!!« zu rufen und flott zu ihm zu flitzen, verstehe ich das absolut. Bei mir ist es genauso, ich will sie alle haben! Wir sind ein Schwarm neugieriger, spiritueller kleiner Elstern.

Seit jeher werden Kristalle und Steine von Königinnen und Königen als Machtsymbole verwendet, als Schmuck getragen, als Verzierungen im Wohnbereich verwendet, in heiligen Zeremonien gelobpreist, bei Gebeten und während der Meditation in der Hand gehalten sowie wegen ihrer heilenden Eigenschaften beim Reiki, einer japanischen Praxis zur Stressminderung, Heilung und Entspannung, bei Massagen und bei Reinigungen benutzt. Heutzutage sind Edelsteine und Kristalle geläufiger als jemals zuvor. Sie sind Boho-Modeaccessoires auf Ringen und in Form von langen Ketten. Komm schon, jetzt mal ganz ehrlich: Wer kann Glitter schon widerstehen?

Aber diese hübschen Steinchen haben mehr in petto als bloß schickes Aussehen. Die ersten Edelsteine, die ich gekauft habe, waren ein Bergkristall, ein Rosenquarz und ein blauer Anhydrit. Um ehrlich zu sein, wusste ich noch nicht einmal, wofür sie sind. Ich fand sie einfach schön.

Ich wiederhole mich, aber: Wenn wir uns einfach ganz natürlich für etwas entscheiden, was mit uns im Einklang ist, wenn wir auf unsere Seelen hören, werden wir von den Dingen angezogen, die wir am stärksten brauchen und die uns am besten auf unserer Reise unterstützen. Wie es sich herausstellte,

brauchte ich damals genau die Energien ebendieser Edelsteine in meinem Leben. Damals hatte ich zahlreiche turbulente Beziehungen und erfuhr ziemlich
viel Negativität. Ich suchte außerdem nach Antworten, indem ich etwas über
die Verbindung zu meinen spirituellen Führern lernte (mehr über Guides gibt
es in Kapitel 10.)

Du kannst dir meine Überraschung gut vorstellen, als ich die Bedeutung der
Steine nachschlug, die ich spontan ausgewählt hatte: Ich erfuhr von ihrer
Wirkung bei Herzschmerz und Negativität. Zudem konnten sie mich bei meiner Kommunikation mit Engeln unterstützen. Seit diesem Augenblick lasse ich
mich von intuitiven Entscheidungen leiten. Immer,
wenn ich über etwas stolpere, das mich geradezu an-
springt und mir entgegenruft: »Hey, nimm mich
mit!«, höre ich zu. Wegen meiner soeben erwähnten
Erfahrungen mit Edelsteinen und dem Nutzen, den
ich aus der Arbeit mit Kristallen ziehe, empfehle ich
sie euch sehr. Ich glaube fest daran, dass jeder Seelensucher der Arbeit mit ihnen eine Chance geben
oder auch einfach nur eine Handvoll Edelsteine oder
Kristalle irgendwo in der Wohnung aufbewahren
sollte.

Häufig ist die Farbe das Erste, was wir bei einem
Edelstein und Kristall anziehend finden. Wenn du
dir jetzt einmal deine Garderobe anschaust: Welche
Farbe siehst du am häufigsten? Zu welcher Farbe
greifst du am meisten? Kannst du gewisse Stile oder
Farben erkennen, zu denen es dich häufiger in

> **PROBIER'S MAL AUS!**
> »———→
>
> Denke an eine Farbe, die dir gefällt. Stell
> sie dir vor. Stell dir vor, du trägst Kleidung
> in diesem Ton. Stell dir vor, du hieltest sie
> als leuchtende Kugel oder gefärbtes Licht
> in den Händen. Wie fühlst du dich? Wir
> entdecken gleich, wofür diese Farbe steht
> und warum dein Unterbewusstsein dein
> Gehirn dazu gebracht hat, gerade diese
> Farbe auszuwählen.

schwierigen Zeiten zieht? Ich spreche hier übrigens nicht von deiner Grufti-
Phase oder deiner Alles-ist-so-super-Neonfarben-Phase. Wenn ich dir einen
Snapchat von meiner Garderobe schicken könnte, damit du deine nicht so
schlimm findest, würde ich das machen! Sagen wir einmal so: Du kannst in meiner spirituellen Entwicklung sehen, wie sich mein Stil von braun, kalt und
spießig zum farbenfrohen, extrovertierten Hipster und Hippie entwickelte.

Denke an deine Lieblingsfarbe als Kind. Wenn wir klein sind, sind wir meistens stärker mit unserem höheren Selbst im Einklang und in Verbindung, also weniger von ihm abgelenkt. Sogar die eine Farbe für Buntstifte, die wir uns immer wieder aussuchten und damit vielleicht die Wände bekritzelten, kann zeigen, wer wir als Mensch waren, und darauf hinweisen, was unsere Bestimmung im Leben ist. Jede Farbe hat einen tieferen Sinn, der uns etwas über uns selbst sagen kann. Ich habe auf den folgenden Seiten einige Farben samt deren Bedeutungen aufgeführt.[9]

Jetzt, wo du deine Farbe und deren Bedeutung kennst, schauen wir uns einmal an, was sie in verschiedenen Kontexten widerspiegelt, zum Beispiel in Bezug auf deine Karriere. Menschen, die Rot, Gold und Orange lieben, sind häufig Unternehmer und Anführer, die in allen Positionen, die sie einnehmen, neue Ideen und Entwicklungen vorantreiben. Anhänger der Farben Gelb, Lila und Weiß sind für gewöhnlich eher fürsorglich: Heiler und kreative Menschen, die häufig im Gesundheitswesen, Kunstbereich oder bei der Lebenshilfe arbeiten. Braun, Grau und Pink mögen häufig Menschen, die durch Herausforderungen wachsen, die auch ihre Lebensperspektive beeinflusst. Diese Menschen treten sowohl bei der Arbeit als auch zu Hause für Stabilität und einen verwurzelten Lebensstil ein.

Farben haben nicht nur einen starken Einfluss auf unsere Stimmung und Energie. Sie spielen auch eine wichtige Rolle bei der Fokussierung von Energien, besonders bei der Meditation. In Kapitel 5, in dem es um Feng-Shui geht, sprechen wir noch genauer darüber. Wenn wir uns zu einem Edelstein oder Kristall hingezogen fühlen, liegt das sowohl an der Farbe als auch an der Energie, die er ausstrahlt und die unser höheres Selbst gerade benötigt. Aber warum jammert deine Seele? Braucht sie Heilung, Klarheit, Kommunikation oder Reichtum? Der Schlüssel liegt darin, dass wir unserer Seele Aufmerksamkeit schenken und wissen, wie wir ihr das geben, was sie verlangt.

Kristalle und Edelsteine können deine Gedanken, Wünsche, Emotionen und Träume sichtbar machen. Sie sind im Grunde Mutter Erdes Lupe. Auf den folgenden Seiten sind Kristalle und Edelsteine aufgeführt, die dich bei den meisten deiner Herausforderungen und Wünsche unterstützen. Sie sind mir bei meiner Seelensuche begegnet. Und ich denke, dass sie auch auf viele von euch tagtäglich treffen.[10]

Allein schon die Anwesenheit von Kristallen kann zu Ruhe und Gelassenheit führen. Wir tragen Kristallschmuck, halten Kristalle in den Händen, stecken sie in unsere Taschen, BHs oder Socken, wo sie halt hineinpassen … Tzs, nein, *da* nicht … obwohl man auch dort Kristalle hineinstecken kann. Nimm dir ein Glas Biowein und google »Jade-Eier«. Wir dekorieren unsere Wohnung mit ihnen, hängen sie in unsere Autos oder legen sie neben unseren Computer oder unters Kopfkissen. Nach einer gewissen Zeit können Kristalle in deinem Leben eine ebenso natürliche wie auch tröstende Präsenz sein, genau wie dieses Paar ausgelatschter Sneaker, das du einfach nicht wegwerfen kannst, oder auch deine liebste Kaffeetasse.

PROBIER'S MAL AUS!

»»——→

Meine erste Erfahrung mit Heilung durch Kristalle machte ich während einer Reiki-Sitzung in der Karibik. Ich war nervös, ahnungslos und musste mich zusammenreißen, um nicht zu kichern, weil die Steinchen so verdammt kalt waren. Ich kann sagen: Ich habe mich wie eine Anfängerin verhalten. Aber dann passierte etwas Atemberaubendes. Mitten in der Sitzung brach ich in Tränen aus. Der Reiki-Lehrer sagte mir, dass er gerade über meinen Hüften arbeitete, als mir plötzlich Tränen in die Augen schossen. Er erklärte, dass viele Frauen in den Hüften emotionalen Ballast speichern und dass meine Reaktion nicht ungewöhnlich sei. Ich hatte so viel Ballast dort gespeichert, dass meine emotionale Gesundheit wahrscheinlich einem fetten Murmeltier ähnelte, das in seiner Höhle feststeckt. In meinem Leben war einfach nicht mehr genug Platz für irgendetwas oder irgendjemanden, weil ich vor lauter negativem emotionalem Gewicht aus allen Nähten platzte. Da ich den Tränen freien Lauf ließ und danach an einer Reinigungssitzung teilnahm, hatte ich den ganzen Raum und die ganze Flexibilität wieder in meinen Hüften, war wieder auf der Höhe und funktionierte emotional und auch körperlich. Ich empfehle dir eine Reiki-Sitzung, in der du schaust, was diese Methode für dich zu bieten hat … auch wenn es in Tränen endet.

HEILSTEINE UND -KRISTALLE

Hokuspokus-Skala: ▲▲▲▲▲▲▲▲▲▲
Entdeckungs-Skala: ▲▲▲▲▲▲▲▲▲▲

MONDSTEIN

Dieser Stein wird zur Vorhersage der Zukunft und für die Verbindung mit deiner Intuition verwendet. Ein tiiiiefer Blick in die Kristallkuuugeeel …

ROSENQUARZ

Rosenquarz ist das Mittel der Wahl, wenn es um Liebe, Romantik oder auch ein gebrochenes Herz geht. Sieh Rosenquarz als kristallenen Berater, der deine Seele tröstet, wenn du ihn trägst oder in der Hand hältst.

AMETHYST

Unter den Kristallen ist der Amethyst für mich der Boss schlechthin, die Bienenkönigin: Träumen/Schlaf, Heilung und Fokus.

HOWLITH

Der »karmische Stein« befasst sich mit Verbindungen aus früheren Leben, verbindet dich mit deinen karmischen Lektionen und absorbiert Ärger: Er ist in Zeiten von Konflikten und Herausforderungen der perfekte Stein.

JADE

Jade wird als Glücksbringer betrachtet. Vielleicht wirst du also flachgelegt. Jade ist ein guter Stein für Geldangelegenheiten, Gesundheit und Entscheidungsfindung.

AMETRIN

Dieser Stein ist besonders geeignet für die Kommunikation mit Engeln, weil er freißigt. Verbindungen mit ...

BERGKRISTALL

Ein wunderbarer Kristall für den Umgang mit negativen Menschen, weil er bei der Reinigung und Klärung von Energie hilft. Wie dein persönlicher Staubsauger für schlechte Schwingungen.

TIGERAUGE

Der Kristall für Erkenntnis, Glück und Schutz – besonders passend, wenn du einen echten Tiger triffst.

Besonders bereichernd und interessant finde ich aber, dass Kristalle so hübsch sind. Spaß beiseite. Die Heilmöglichkeiten haben es mir angetan. Falls du dich einmal aus dem Gleichgewicht, verloren, zermürbt, krank oder einfach nur zickig fühlst und eine Pause brauchst, empfehle ich dir, Kristalle und Edelsteine bei der Heilmeditation und beim Reiki auszuprobieren und zu schauen, ob sie dich unterstützen.

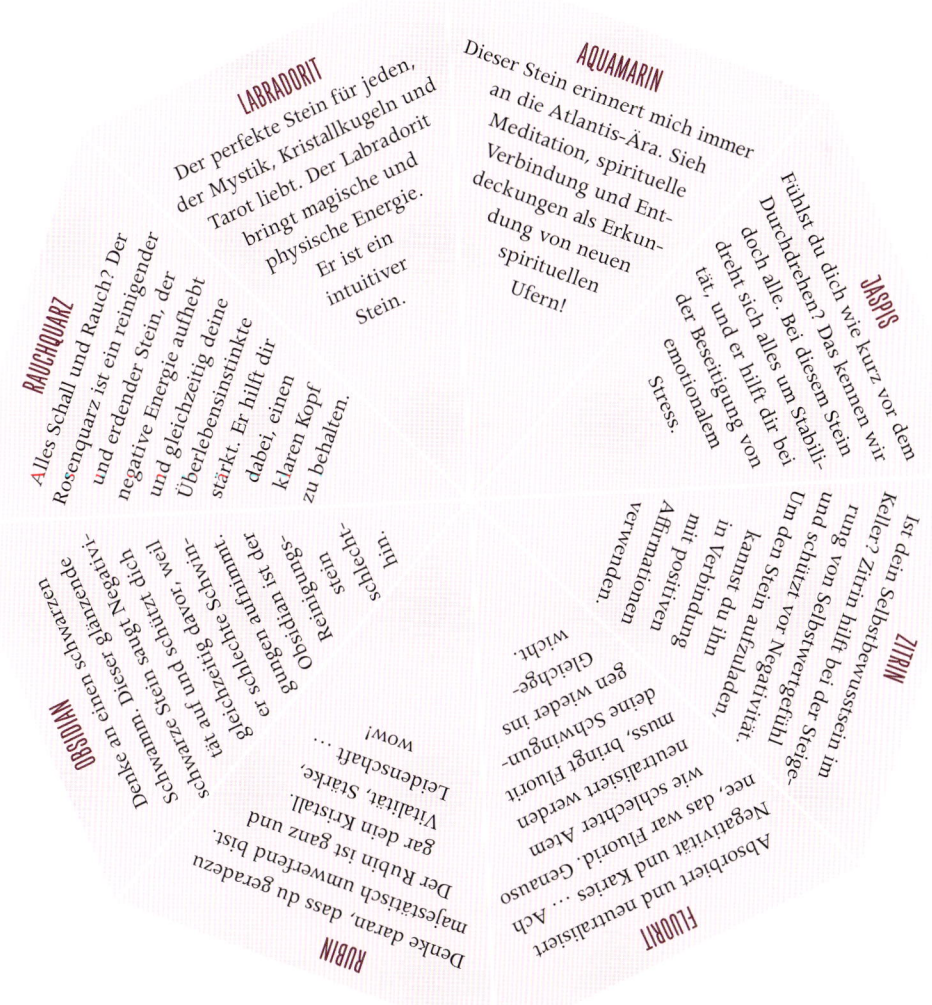

LABRADORIT
Der perfekte Stein für jeden, der Mystik, Kristallkugeln und Tarot liebt. Der Labradorit bringt magische und physische Energie. Er ist ein intuitiver Stein.

AQUAMARIN
Dieser Stein erinnert mich immer an die Atlantis-Ära. Sieh Meditation, spirituelle Verbindung und Entdeckungen als Erkundung von neuen spirituellen Ufern!

JASPIS
Fühlst du dich wie kurz vor dem Durchdrehen? Das kennen wir doch alle. Bei diesem Stein dreht sich alles um Stabilität, und er hilft dir bei der Beseitigung von emotionalem Stress.

RAUCHQUARZ
Alles Schall und Rauch? Der Rosenquarz ist ein reinigender und erdender Stein, der negative Energie aufhebt und gleichzeitig deine Überlebensinstinkte stärkt. Er hilft dir dabei, einen klaren Kopf zu behalten.

ZITRIN
Ist dein Selbstbewusstsein im Keller? Zitrin hilft bei der Steigerung von Selbstwertgefühl und schützt vor Negativität. Um den Stein aufzuladen, kannst du ihn in Verbindung mit positiven Affirmationen verwenden.

OBSIDIAN
Denke an einen schwarzen, glänzende Naturschwamm. Dieser saugt dich auf schlechte Schwingungen auf und schützt dich davor, weil der Obsidian ist ein Reinigungsstein.

FLUORIT
Absorbiert und neutralisiert Negativität und Karies ... Ach nee, das war Fluorid. Genauso wie schlechter Atem neutralisiert werden muss, bringt Fluorit deine Schwingungen wieder ins Gleichgewicht.

RUBIN
Denke daran, dass du geradezu majestätisch umwerfend bist. Der Rubin ist ganz und gar dein Kristall. Vitalität, Stärke, Leidenschaft ... wow!

Im Folgenden erhältst du eine Übersicht über einige gängige Krankheiten und Leiden sowie die passenden Kristalle, Edelsteine und Anweisungen zu den Körperstellen, auf die sie gelegt werden müssen. Dann kannst du direkt loslegen.

Falls du beim Gedanken, dass jede Menge Steine auf dir rumliegen, kichern oder stöhnen musst, keine Angst: Wenn wir neue Sachen ausprobieren, ist es normal, dass sie sich zunächst ungewohnt oder sogar albern anfühlen. Aber mal ganz im Ernst: Was gibt es denn zu verlieren? Einfach mal ausprobieren, nimm einen Stein und lass dafür den anderen weg. Probiere intuitiv aus, was für dich funktioniert!

PROBIER'S MAL AUS!

»»———›

Mixe dir einen Konzentrations-Cocktail für die Prüfungswoche, wenn du einen Vortrag halten musst oder wenn Abgabetermine drohen. Stecke Fluorit, Bergkristall, Bernstein und einen anderen Kristall, der dich besonders stark anspricht, in einen kleinen Stoffbeutel. Behalte die Steine beim Lernen, Arbeiten und Schlafen stets in deiner Nähe und nimm sie an dem Tag mit, an dem du sie am meisten brauchst. Du wirst dich so fühlen, als hättest du einen winzigen Kristallguru in der Tasche, der dich schützt und anfeuert. Außerdem wirst du auch nicht rausgeworfen, weil du schummelst. Du hast ja nur Kristalle dabei, kein Crystal Meth.

Haftungsausschuss: Ich kann gar nicht glauben, dass ich dies wirklich zu dir sage, und ich weiß, dass es eigentlich klar ist. Aber … ich habe mal erlebt, dass jemand Kristalle und Steine runterschluckt, damit sie ihn heilen. Aber so funktioniert es leider nicht. Eher erhält der Ausdruck »verstopfte Seele« damit eine ganz neue Bedeutung! Bitte iss sie nicht. Echt jetzt: Bitte nicht runterschlucken. Schmeckt eh nicht.

Suchterkrankung

Es gibt viele verschiedene Ausprägungen von Sucht: Nikotin-, Alkohol-, Drogen-, Sex- oder Fresssucht, um nur einige aufzuzählen. Hände hoch, wenn du isst, weil du gefühlsmäßig unausgeglichen bist oder auch wenn du Verpackungen von Schokoladenriegeln versteckst: Wäre ein bisschen fies, wenn nur ich die Hand in die Luft strecke, oder? Aber hier die gute Nachricht: Rauchquarz oder Sugilith können bei der Linderung von Suchtsymptomen wie beispielsweise Gelüsten helfen, vor allem, wenn ihr sie als Armbänder oder Halsketten trägt oder sie in einer leicht zugänglichen Tasche mitnehmt. Auf diese Weise könnt ihr den Stein bei Stress, Langeweile, sozialem Druck oder anderen Auslösern schnell in die Hand nehmen und euch dabei daran erinnern, stark zu bleiben.

Allergien

Ich hab bei Allergien wirklich den Jackpot gewonnen! Im Frühling habe ich eine Eins-a-Schnupfnase, dazu verquollene Augen und spreche wie Udo Lindenberg, also höre mir Schniefkönigin einmal zu: Denke an Heuschnupfen, Stauballergien, Haustierallergien und Nahrungsmittelunverträglichkeiten. Pfui. Wenn du einen Karneol nimmst, kann er Jucken, Kratzen, Ausschlag und Schnupfen lindern, die Allergien fast immer im Schlepptau haben. Falls die Allergie deine Haut angreift, versuche einmal, den Stein an dieser Stelle auf der Haut zu tragen, entweder in Form von Schmuck oder du hältst ihn auf die entsprechende Stelle. Wenn du beispielsweise eine juckende Nase hast oder gereizte Augen, trage Ohrringe oder einen Karneol-Anhänger oder eine Karneol-Kette.

Furunkel

Furunkel – genau, die Dinger sind ungefähr so angenehm, wie sie sich anhören – sind häufig ein Signal des Körpers für ein blockiertes Energiezentrum. Die meisten Furunkel sagen, dass das Energiezentrum sogar stark blockiert ist. Wenn du einen Saphir in die Hand nimmst und dir vorstellst, wie die Blockaden in deinem Körper aufbrechen und sich auflösen, werden deine Furunkel höchstwahrscheinlich ihr Zeug packen und abhauen. Kurz vor dem Schlafengehen ist dies eine perfekte Übung dafür.

Geburt

Bei Schwangerschaft, Geburt und Heilung nach der Geburt arbeiten Steine wie beispielsweise Achat, Blutstein, Perlen, Mondstein und Jade mit dem Sakral-Chakra. Es heißt, dass diese Steine die Fruchtbarkeit und somit die Chancen einer Schwangerschaft steigern, Wehenschmerzen lindern und den Körper

PROBIER'S MAL AUS!

»————→

Jade-Eier sollen von den Chinesen schon seit Jahrhunderten zur Steigerung der sexuellen Gesundheit und zur Stärkung des Vaginal- und Beckenbodenmuskels verwendet werden. Die alten Chinesen glaubten sogar, dass das weibliche Chi – Schöpfungsenergie – gestärkt und erhöht wird, wenn Frauen regelmäßig Jade-Eier verwendeten.[11] Falls du mit deinen Kristallen ein wenig herumexperimentieren willst, kannst du die Dinger als besonderes Göttinnen-Workout betrachten.

nach der Geburt beruhigen, heilen und unterstützen. Diese Steine trägt man am besten in den Hosentaschen oder sogar in der Unterhose!

Konzentration

Ich glaube nicht, dass ich jemanden kenne, der heutzutage keine Konzentrationsprobleme hat. Oh, Entschuldigung, wie bitte? Wovon hast du gesprochen … oh, genau … Wenn sich unsere Aufmerksamkeit in sämtliche Richtungen verstreut – wie diese Dogwalker aus dem Central Park, an deren Leinen Millionen winselnder Köter hängen –, ist es doch kein Wunder, dass wir uns nicht konzentrieren können. Um unsere Konzentration zu unterstützen, kannst du deine Hände auf einen einfachen Quarz legen, der für mentale Klarheit und Fokus sorgt, oder auf einen Karneol, der den wandernden Geist reinigt und im Zaum hält.

Bernstein wird zur Stärkung des Gedächtnisses verwendet, und Lapislazuli ist ein mächtiger Gedankenverstärker, der Kreativitätsschübe verleihen kann. Wie ein Amethyst beruhigt Lapislazuli – der manchmal auch einfach bloß Lapis genannt wird – den Geist und wirkt gegen Kopfschmerzen. Außerdem kann er für mentale Klarheit sorgen, dir bei der Visualisierung von und dem Fokus auf realistische Ziele helfen. Dieser Stein eignet sich auch hervorragend zur Meditation, weil er das Nervensystem beruhigt und bei der Kommunikation zwischen Nervenzellen hilft.

Fluorit ist eine exzellente Hilfe für die Fokussierung auf und das Abrufen von Fakten beim Lernen, weil angenommen wird, dass er die Funktion der Hirnhälften ausbalanciert. Tiefblaue Steine wie beispielsweise Sodalith können bei der Kommunikation helfen und den Weg zum Verständnis von schwierigen Konzepten und Ideen ebnen.

Verdauung

Dieser Bereich umfasst Darmreizungen, Bauchschmerzen, Krämpfe, Blähungen und Lebensmittelallergien. Wenn man Steine wie beispielsweise Obsidian, Perlen oder Labradorite auf den Magen oder den Solarplexus legt und den Fokus auf gleichmäßige, fließende und ausbalancierte Energie richtet, kannst du neue Kraft kanalisieren, um das Ungleichgewicht in deinem Verdauungssystem zu heilen.

Ohrprobleme

Ohren sind meine Schwachstelle. Im Allgemeinen mucken sie gerne einmal auf, deswegen hier einige gute Tipps für Menschen mit Gehör- oder Ohrproblemen. Ohren können nicht nur unser Gehör beeinflussen, sondern auch unsere Balance und unseren Fokus. Bernstein und Onyx beispielsweise sind für die Heilung von Ohren besonders gut zu gebrauchen, wenn sie als Ohrringe getragen werden. Ich finde, dass jemand Kopfhörer mit Kristallen und Edelsteinen erfinden sollte. Ich sage nur: zwei Fliegen, eine Klappe.

Sehvermögen

Augenprobleme können darauf hinweisen, dass du dich deiner Zukunft nicht stellen willst oder eine unbefriedigende Situation nicht annehmen kannst. Um dir bei der Heilung deiner Augen und deiner inneren Vision zu helfen, solltest du Steine wie beispielsweise Aquamarin und Katzenaugen ausprobieren. Tigeraugen, Opale und Smaragde können bei nachlassendem Sehvermögen oder Altersweit- bzw. Kurzsichtigkeit helfen. Das Katzenauge ist außerdem super für Menschen, die nachts beim Autofahren schlecht sehen.

Kopfschmerzen

Vielleicht solltest du deinen Kopf einmal durchchecken lassen? Kopfschmerzen können viele verschiedene Ursachen haben. Der jeweilige passende Kristall oder Edelstein hängt immer vom Auslöser ab. Die meisten Kopfschmerzen werden von Problemen mit der Ernährung, Stress oder zu wenig Schlaf ausgelöst.

Bei Spannungskopfschmerzen – du kennst diesen Druckschmerz, der sich um deinen Schädel legt – willst du dich nur noch unter deine Decke verkriechen und dich vor- und zurückwiegen. Spannungskopfschmerzen können durch Amethyst, Bernstein oder Türkis als Ohrringe vermieden bzw. gelindert werden. Eine Kette tut es auch. Oder lege die Steine einfach beim Schlafen auf dein Kopfkissen. Lapislazuli wird schon seit Jahrhunderten zur Behandlung von Migräne verwendet.

Ein weiterer häufiger Grund für Kopfschmerzen ist ein Ungleichgewicht zwischen Kopfenergie und dem Solarplexus-Chakra, das normalerweise durch aufgestauten Stress oder negative Auswirkungen eines durch und durch hektischen Lebensstils ausgelöst wird, dazu noch schlechte Ernährung und zu wenig Schlaf. Manchmal sind aber auch einfach zu viele Idioten in deiner Umgebung die Ursache. Falls du Stress als Verursacher deiner Kopfschmerzen unter Verdacht hast und vor allem wenn du Kopfschmerzen und gleichzeitig einen gereizten Magen hast, nimm einen Stein, der dir bei der Ausbalancierung des Solarplexus-Chakras hilft, wie beispielsweise Zitrin, Mondstein oder Amethyst. Alle drei zusammen sind ein großartiger Cocktail gegen Kopf- und Magenschmerzen. Besser als ein schmutziger Martini. Oder auch nicht.

Entzündungen

Diese Kategorie umfasst beispielsweise Sportverletzungen, Verstauchungen, Rückenschmerzen und sogar Gelenkschmerzen bei Grippe. Steine gegen Entzündung wirken am besten, wenn sie in einen Verband oder einen Kompressionswickel gesteckt werden, damit sie mit dem Bereich in Berührung sind, der Heilung benötigt. Steine wie beispielsweise Blutstein, Smaragd, Granat und Eisenkies wirken wunderbar gegen Entzündung.

Leberprobleme

Falls du an Lebererkrankungen leidest oder einfach am Wochenende zu tief ins Glas geschaut hast, kannst du dir folgende Kristalle ins Wasser legen, um die Leber zu reinigen: Jaspis, Topas, Aquamarin und Beryll. Aber aufgepasst: Nicht die Steine trinken, nur das Wasser, okay?

Schlaflosigkeit

Wieder einmal hängt die Wahl des Kristalls von der Ursache ab. Warum liegst du nachts wach? Genau wie Kopfschmerzen sind Schlafprobleme häufig auf Stressfaktoren tagsüber zurückzuführen. Wenn du denkst, dass dies Grund für deinen Schlafmangel ist, solltest du einen Kristall wie beispielsweise einen Chrysopras, Rosenquarz, Zitrin oder Amethyst neben dein Bett oder unter dein Kissen legen, das beruhigt und entspannt. Vielleicht musst du ein wenig experimentieren, weil ein Stein bei einem Menschen Wirkung zeigt, bei einem anderen aber nicht.

Einige Menschen schwören auf einen Snack vor dem Schlafengehen, wohingegen andere nach Sonnenuntergang keinen Bissen mehr essen. Egal, ob du gerne abends noch eine Kleinigkeit verdrückst oder eher fastest, wenn du denkst, dass deine Unruhe an zu viel Essen liegen könnte oder auch an ungesunder Ernährung in der Vergangenheit, können Schwefelkies oder Mondstein zur Beruhigung des Magens verwendet werden. Wie bei den Kristallen gegen Stress weiter oben, sollten auch diese Steine neben das Bett oder ins Bett gelegt werden, bevor du dich ins Traumland verabschiedest.

Falls dir Albträume Kummer bereiten, verschaffen dir vielleicht Turmalin oder Rauchquarz nachts Schutz und friedlichen Schlaf. Diese Steine sollten am Fußende des Bettes liegen. Labradorit ist auch ein exzellenter Stein, der Albträumen in den Hintern tritt, weil er dafür bekannt ist, nicht willkommene Gefühle und Gedanken zu verscheuchen.

Zahnschmerzen

Diese Steine können in einem Wasserglas oder beim Schlafen unter deinem Kopfkissen liegen. Malachit und Aquamarin, so heißt es, mindern Zahnschmerzen und helfen bei der Heilung von Zahnfleisch, Zähnen und Kieferschmerzen.

Und das war's noch lange nicht, Freunde. Oh nein, Kristalle haben so viel mehr in petto, du musst dich nur darauf einlassen. Denke einfach daran, dass du womöglich plötzlich für andere zur »Kristalllady« mutierst, wenn du Freunden Kristalle zur Heilung empfiehlst. Da solltest du ein wenig aufpassen.

KRISTALLE IN DER WOHNUNG

Hokuspokus-Skala: ▲▲▲▲▲▲▲▲▲▲
Entdeckungs-Skala: ▲▲▲▲▲▲▲▲▲▲

Mein Haus ist vollgestopft mit Kristallen: Unter meinen Kissen, auf dem Couch-tisch, in meiner Unterwäscheschublade – ich habe sogar einen Bergkristall am Ostfenster meines Wohnzimmers, der mein Schlafzimmer bei jedem Sonnenauf-gang mit Regenbogenprismen und Positivität verschönert. Ich habe Freunden hängende Kristalle geschenkt, bei so unterschiedlichen Anlässen wie beispiels-weise einer Baby-Party bis hin zum Junggesellinnenabschied. Ich mogele sie sogar in kleine Gewächshäuser, damit die Kristalle den Pflanzen Gesellschaft leisten. Schließlich sind Pflanzen und Kristalle Produkte von Mutter Erde. Des-wegen ist es doch nur natürlich, wenn ein Kristall von der Gardinenstange im Schlafzimmer baumelt. Ein Blumentopf auf einem Tisch im Wohnzimmer ist auch nichts anderes. Wenn du bei deiner Wohnung die Eingangstür als Orien-tierungspunkt nimmst, kannst du Orte für deine Kristalle auswählen, die fol-gende Bereiche in deinem Leben erwecken und positiv beeinflussen:

- ▶ Wohlstand und Fülle: die Ecke ganz links
- ▶ Beziehungen: die Ecke ganz rechts
- ▶ Weisheit: die Ecke vorne links
- ▶ Freunde und Reisen: die Ecke vorne rechts
- ▶ Ruhm: die linke Wand in der Mitte
- ▶ Kinder: die rechte Wand in der Mitte
- ▶ Karriere: die Wand in der Nähe der Mitte

Nichts ist so schön wie das subtile Glitzern von Kristallen, die das Morgenlicht auffangen, wenn es in deinen Wohnbereich fällt, es dich umgibt, schützt und dich auf den Tag einstimmt.

KRISTALLE UND EDELSTEINE AM KÖRPER TRAGEN

Hokuspokus-Skala:
Entdeckungs-Skala:

Kristalle kann man auf tausend verschiedene Arten tragen. Sie verstärken die heilenden und schützenden Eigenschaften und verwandeln dich gleichzeitig in einen stylishen Boho. Ringe, Armbänder und Ketten mit Kristallen oder Edelsteinen werden immer moderner: Die Steine sind nicht nur hübsch. Wenn wir sie tragen, können wir auf einfache und effektive Art ihre mächtigen Heilungsenergien nutzen, so wie wir das schon vor einigen Kapiteln angeschnitten haben.

Ich trage auch gerne Chakra-Schmuck, um die Energiezentren des Körpers zu stimulieren und meine Energielevel auszurichten und aufzuladen. Bei der Auswahl der Länge einer Kristallkette oder einer Kette mit beispielsweise einem Kristallanhänger solltet ihr beachten, welches Chakra unterstützt werden soll, damit es durch den Schmuck optimal harmonisiert werden kann. Wenn wir beispielsweise Kristallohrringe tragen, kann dies die Energien des Halses, des Nackens und des Kopfes ins Gleichgewicht bringen, wohingegen ein Fußkettchen bei der Erdung helfen kann. In Kapitel 4 lernen wir noch viel mehr über Chakras.

HEILEN MIT KRISTALLPENDELN

Hokuspokus-Skala:
Entdeckungs-Skala:

Dies ist eine alte Technik, die zur Aufhebung von energetischem Ungleichgewicht und Blockaden der Chakras und Auren des Körpers verwendet werden kann. Ein Pendel mit Bergkristall oder Amethyst ist eine Rundum-Arznei, weil beide Steine zahlreiche Heilkräfte enthalten. Bei anderen Kristallpendeln richtet sich die ausgleichende Wirkung auf die Schlüssel-Chakras für Energie, Stimmung oder Krankheit, denen heilende Wirkungen zugeschrieben werden.

So funktioniert es: Der Patient – das bist du, Schätzchen – legt sich hin, der Heiler steht oder sitzt neben dem Patienten. Das Pendel wird nicht verkrampft und dennoch fest zwischen Daumen und Zeigefinger gehalten. Der Heiler entspannt dann das Handgelenk. Das Pendel wird einige Zentimeter über dem Körper geschwungen bis knapp unterhalb der Füße. Dabei ist es auf die Mittelachse des Körpers ausgerichtet. Das Pendel schwingt auf einer Geraden ausgerichtet vor und zurück. Das wird neutrales Schwingen genannt. Lass den Heiler das schwingende Pendel langsam auf der Mittelachse in Richtung Kopf bewegen und achte dabei genau auf die Chakra-Zentren.

Wenn das Pendel seine Hin-und-her-Bewegungen verändert, hält der Heiler einfach an diesem Punkt an, bis die neutrale Schwingung wiederkehrt. Sobald der Heiler den Punkt über dem Kopf erreicht, kehrt er wieder zu den Füßen zurück und wiederholt das Ganze auf der Vorder- und Rückseite des Körpers.

AUF STEINEN LIEGEN

Hokuspokus-Skala:　▲▲▲▲▲▲▲▲▲▲
Entdeckungs-Skala:　▲▲▲▲▲▲▲▲▲▲

Diese Art der Reinigung oder Heilung wird am häufigsten beim Reiki oder einem Ausgleichprozess für die Chakras durch Kristalle praktiziert, indem Kristalle und Edelsteine entlang der Chakras des Körpers platziert werden. Der Heiler nimmt sich die Chakras nacheinander vor, arbeitet dabei von den Füßen bis hin zum Kopf und legt den Edelstein mit der entsprechenden Farbe auf das passende Energiezentrum.

Heiler wählen für gewöhnlich eine von zwei Optionen. Sie entscheiden sich für den Kopf, an dem sie durch Handauflegen – Reiki oder Energieheilung – arbeiten. Dabei bedeckt der Heiler die Steine vorsichtig mit den Händen, damit sie nicht verstreut werden. Während jeder Chakra-Stein abgedeckt wird, visualisiert der Heiler, wie die leuchtende Farbe des Edelsteins in das Chakra eindringt. Er stellt es sich als ausgeglichen, zentriert und gesund vor. Normalerweise fluten diese Farben auch deine Gedanken, während du geheilt wirst. Der Heiler wird diese Visualisierungen vornehmen, bis er dann zum nächsten Chakra wechselt. Häufig schnipsen Heiler mit den Fingern, waschen, reiben oder wischen sich die Hände ab, um etwaige negative Energie freizusetzen, bevor sie sich das nächste Energiezentrum vornehmen.

Bei der zweiten Alternative sitzt der Heiler neben dem Patienten und wartet einfach, ermöglicht dabei den Edelsteinen und den Energien in der Umgebung wie beispielsweise deinen spirituellen Führern – mehr darüber in Kapitel 10 –, den Patienten in einer für ihn angemessenen Geschwindigkeit zu heilen. Während die Chakras des Patienten – deine Chakras! - und dessen Aura von den Energien der Kristalle und Edelsteine ins Gleichgewicht gebracht und absorbiert werden, rollen die Steine herunter, einer nach dem anderen. Wenn alle Steine weg sind oder wenn du mit den übrig gebliebenen fertig bist, ist die Heilung beendet.

Jeder Heiler arbeitet anders und intuitiv, sei also offen und versuche nicht zu werten, damit du sämtliche Vorteile der Reinigung erfahren kannst.

Diese Form der Heilung kann für den Patienten ziemlich intensiv sein, wirklich äußerst intensiv. Und solch eine Sitzung ist eine einzigartige Erfahrung für jeden Menschen, glaube mir. Häufig findet während einer Chakra-Reinigung mit Kristallen ein großer Energiewandel bei den Energien des Behandelten statt. Oft erlebt man Gefühlsausbrüche, Traumata aus diesem und den früheren Leben kommen an die Oberfläche, und andere Ereignisse können ausgelöst, transformiert und durch den Reinigungsprozess geheilt werden. Nach der Heilsitzung kann auch ein körperlicher Entgiftungsprozess stattfinden, der bis zu einer Woche lang andauern kann. Damit du von der Reinigung richtig profitierst, solltest du anschließend viel Wasser trinken. Sei dir bewusst, was geschieht, und respektiere und akzeptiere alles, was bei dir hochkommt, und lasse es los. Veränderung kann eine Herausforderung sein, aber im Fall der Reinigung durch Kristalle ist es eine Veränderung zum Besseren.

SICH DURCH KRISTALLE MIT ENERGIE VERBINDEN

Hokuspokus-Skala: ▲ ▲ ▲ ▲ ▲ ▲ ▲ ▲ ▲ ▲
Entdeckungs-Skala: ▲ ▲ ▲ ▲ ▲ ▲ ▲ ▲ ▲ ▲

Kristalle und Edelsteine verfügen über einzigartige Klänge, Schwingungen und Energien. Wenn sich diese Eigenschaften mit deiner Energie verbinden, indem du sie auf deine Chakras legst, bei der Meditation in der Hand hältst oder auch wenn sie in deiner Aura platziert werden, kann sich deine Energie verändern und harmonisieren. Wenn ich Kristalle oder Edelsteine halte, während ich mich entspanne, tief atme und mir vorstelle, was bei mir durch Luft und Licht geheilt werden soll, kann ich in der Hand, in der der Stein liegt, meinen Puls spüren.

Wir haben sieben große Energiezentren oder Chakras, die uns bei der Verbindung mit der Energie deiner Steine helfen können. Deine Chakras können offen oder verschlossen sein. Das hängt von deinem mentalen, emotionalen und spirituellen Zustand ab. Häufig werden wir aus dem Gleichgewicht geworfen und arbeiten nicht mehr mit voller Leistung, wenn ein oder mehrere Chakras blockiert sind. Oft fühlen wir Seelensucher uns zerbrechlich, sensibel, überemotional oder seltsam leer, wenn wir uns nicht im Gleichgewicht mit uns selbst befinden. Wichtig ist, dass du dir bei solchen Gefühlen vor Augen hältst, dass wir alle ab und zu aus der Bahn geworfen werden, manchmal alle paar Jahre, manchmal sogar jeden Tag, wenn alles besonders schwierig ist. Wenn wir aber wissen, wie wir uns ins Gleichgewicht bringen und unsere Energien wieder verbinden können, gerät das Leben erstaunlich einfach wieder in die richtigen Bahnen.

Chakra ist Sanskrit und bedeutet *Rad*, der Begriff versinnbildlicht, wie sich unsere Chakras bewegen sollen: flüssig und gleichmäßig. Um deine Chakras wieder ins Gleichgewicht zu bringen, kannst du

PROBIER'S MAL AUS!
≫——→

Eine tolle Übung, um deine Chakras auszubalancieren: Lege deine Hände auf einen blauen Kyanit. Dieser Kristall ist bekannt dafür, dass er die Chakras automatisch und umgehend wieder ausrichtet.

einen ausgebildeten Reiki-Meister besuchen, der deinen Körper, deinen Geist und deine Seele wieder ausrichtet und alles in dir löst, was du loslassen solltest. Noch mal, in Kapitel 4 lernen wir mehr über Chakras. Eigentlich solltest du diese Wiederausrichtung als grundlegende Übung für die Gesundheit deiner Seele betrachten und sie immer wieder, wenn es nötig ist, durchführen.

Alleine kannst du deine Chakras pflegen und wiederaufladen, indem du Kristalle oder Edelsteine verwendest, um deine Energien auf das jeweilige Chakra und Problem zu richten.

Verwende die Tabelle auf der Umschlaginnenseite vorne/hinten, experimentiere mit ihr herum und entdecke die vielen heilenden und ausgleichenden Eigenschaften deiner Kristalle.[12]

GEBURTSSTEINE

Hokuspokus-Skala: ▲▲▲▲▲▲▲▲▲▲
Entdeckungs-Skala: ▲▲▲▲▲▲▲▲▲▲

Unsere Astrologie, Numerologie, unser Name und sogar die Feng-Shui-Entscheidungen in unserer Wohnung und im Büro können alle mit unseren Geburtssteinen zusammenhängen. Bei den Steinen und Farben, die dir gefallen, kann es sich gut um die Steine und Farben handeln, auf die du von Geburt an programmiert bist.

Denk einmal an den Anfang des Kapitels, wo ich dich darum bat, dir eine Farbe vorzustellen. Nun denke an den Edelstein, der dich am stärksten anzieht. Dann überprüfe die Verbindungen zu deinen Geburtssteinen in der Tabelle auf Seite 92.[13]

Sobald ich die intensive, fast schon instinktive Anziehungskraft für meinen Stein bemerkt habe, wurde mir klar, dass ich mich unbewusst schon mein ganzes Leben lang mit dieser Farbe umgeben habe. Sei es durch das intensive Rot von Rubinen oder die beruhigende Tiefe von Aquamarinen. Deine Steine werden den Weg zu dir finden.

Januar	Februar	März	April
GRANAT	**AMETHYST**	**AQUAMARIN + BLUTSTEIN**	**DIAMANT**
Unbeschwert, loyal, liebevoll	Macht, Königtum, ein Anführer	Friedlich, gelassen, ein Beschützer	Liebevoll, beständig, geduldig

Dezember		Mai
TÜRKIS + ZIRKON		**SMARAGD**
Sensibel, intuitiv, spirituell		Hoffnungsvoll, weise, durchdacht

MONAT
GEBURTSSTEIN
BEDEUTUNG

November		Juni
TOPAS		**PERLE + MONDSTEIN**
Zuversichtlich, stark, charismatisch		Rein, intuitiv, verbunden

Oktober	September	August	Juli
OPAL + TURMALIN	**SAPHIR**	**PERIDOT + SARDONYX**	**RUBIN**
Glücklich, vom Glück begünstigt, verbunden	Fröhlich, hingebungsvoll, engagiert	Unbeschwert, leicht, stabil	Beliebt, liebevoll, leidenschaftlich

PFLEGE DEINE KRISTALLE

Hokuspokus-Skala: ▲▲▲▲▲▲▲▲▲▲
Entdeckungs-Skala: ▲▲▲▲▲▲▲▲▲▲

Einige grundlegende Dinge solltest du über die Pflege deiner Kristalle und Edelsteine wissen, weil sie als Survival Kit für jeden Seelensucher unerlässlich sind. Glaube mir, ich fand bei meiner ersten Begegnung mit diesen »Kristallzeigern« die ganze Sache mehr als abgefahren. Wenn aber Kristalle dein Ding sind, wirst du dich um deine Babys auch kümmern wollen.

Zunächst einmal können Kristalle sowohl gute als auch schlechte Energien speichern und übertragen. Deswegen ist es so wichtig, sie bei Bedarf zu reinigen und wieder aufzuladen. Woher weißt du, dass deine Kristalle besondere Zuwendung benötigen? Vertraue auf deine Intuition oder dein Bauchgefühl.

Oder noch einfacher: Wenn jemand anderes deine Kristalle oder Steine berührt, solltest du sie als beschmutzt betrachten. Okay, vielleicht ist »beschmutzt« ein wenig hart. Es sei denn, deine Freunde waschen sich nach der Toilette nicht die Hände oder so. Aber es ergibt dennoch Sinn. »Schmutzig« bedeutet in diesem Zusammenhang, dass die Energie eines anderen Menschen auf sie übergegangen ist und sie verändert hat, deswegen brauchen sie ein spirituelles Schaumbad, damit sie wieder die Alten werden.

Seitdem ich weiß, dass Kristalle verunreinigt werden und wir sie regelmäßig reinigen müssen, wenn sie mit der Energie eines anderen Menschen in Kontakt gekommen sind, werde ich ziemlich säuerlich, wenn Freunde, flüchtige Bekannte oder sogar Fremde auf der Straße meinen Schmuck antatschen und mir dafür Komplimente machen. Für mich ist das inzwischen so, als würde mir jemand an die Brüste greifen – genau, Leute, anschauen ist erlaubt, berühren aber nicht! Aber ich war sofort viel weniger sauer, als ich mir vor Augen führte, dass mir diese Menschen nur Komplimente machen wollten und es einfach nicht besser wussten. Wenn so etwas passiert, nimm es als positive Geste wahr. Reinige deine Kristalle aber gründlich, nachdem sie von Herrn oder Frau Ich-kann-meine-Hände-nicht-bei-mir-behalten begrabbelt wurden.

Zur Reinigung hältst du den Edelstein oder die Kristalle einfach einige Minuten lang unter fließendes Wasser oder – wenn du Zeit sparen willst – nimm sie mit unter die Dusche. Außerdem kannst du deine Steine oder Kristalle in der Sonne oder im Vollmondlicht aufladen. Bei Sonnenlicht solltest du vorsichtig sein, weil Steine bei großer Hitze spröde oder rissig werden. Alternativ kannst du die Steine auch in deiner rechten Hand halten und dir dabei ein helles weißes Licht vorstellen, das erst durch deinen Kopf, dann deinen Körper hinab in deinen Arm strahlt und anschließend in deine Hand wandert. Danach lädst du

PROBIER'S MAL AUS!

Hänge deine Edelsteinketten in einen Baum, wo der Mondschein sie reinigen kann. Wenn das Wetter gut ist, schmückst du damit sogar noch den Garten. Ich persönlich empfehle nicht, die Kristalle und Edelsteine ins Sonnenlicht zu legen. Viele Steine bleichen in der Sonne aus. Außerdem können innere Risse deinen Stein springen oder zerbrechen lassen, wenn du ihn in die Sonne legst.

deinen Kristall auf, indem du einfach folgenden Satz laut aussprichst, während du ihn in der Hand hältst: »Dieser Kristall verbindet sich mit mir und befähigt mich. (Setze hier ein, wobei dir dein Kristall helfen soll.)« Ja, das ist schon viel Hokuspokus, aber wer nicht wagt, der nicht gewinnt, stimmt's?

Hier sind noch ein paar weitere Möglichkeiten für die Reinigung deiner Kristalle und Edelsteine.

Traditionelle Rauchzeremonie – ein wenig anders als perfekt rauchig geschminkte Augen

Du kannst deine Heilsteine ganz flink reinigen, indem du Zedernholz oder Salbei verbrennst. Rauchzeremonien eignen sich zur Säuberung ganz hervorragend. Nimm einfach das brennende Zedernholz oder den Salbei und bewege die Steine durch den Rauch. Ich wiederhole das für gewöhnlich einige Male, damit sie wirklich gereinigt werden. Ich säubere meine Steine besonders gerne mit Räucherung, wenn ich sie zur Heilung verwendet habe.

Mondlicht – im Mondschein ist direkt alles hundertmal besser, das wissen sowohl Romantiker als auch Werwölfe

Auch mit Mondlicht kannst du deine Edelsteine reinigen. Lege sie einfach draußen an einen sicheren Ort, an dem der Voll- oder Neumond auf sie scheint. Der abnehmende Mond eignet sich gut zur Reinigung von Kristallen und zur Auflösung alter Energien, aber auch zunehmender Mond funktioniert. Die benötigte Zeit hängt von der Sensibilität des Heilers und der Intensität der Verschmutzung ab.

Vergraben – normalerweise vergraben wir Dinge, Emotionen, Leichen und so weiter aus nicht sonderlich positiven Gründen, aber bei dieser Art von Vergraben ist das genau andersherum!

Wenn du deine Kristalle in einem kleinen Blumentopf mit getrockneten Kräutern vergräbst, werden sie dadurch auch gereinigt. Rosenblüten, Salbei, Weihrauch, Myrrhe und Sandelholz sind dafür gut geeignet. Du findest sie normalerweise günstig in Supermärkten oder Kräutergeschäften. Dies ist eine behutsame, angenehme und für gewöhnlich gut riechende Methode zur Säuberung von Kristallen.

Kristalle können auch in der Erde vergraben werden. Ich persönlich säubere meine funkelnden Freunde am liebsten so, besonders wenn ich denke, dass sie eine besonders gründliche Reinigung benötigen. Grabe draußen einfach ein Loch in Größe deines Kristalls in die Erde, lege ihn mit der Spitze nach unten hinein und bedecke ihn mit Erde. Du entscheidest, wie lange er dort drinbleibt.

Reinigung durch Atem – wie sanfte Küsse für deine Kristalle

Einige verwenden diese Methode, um Negativität von dem Stein »wegzublasen«, indem sie den Stein einfach in der Hand halten und auf ihn pusten. Dabei bittest du dein höheres Selbst, den Kristall zu säubern. Stelle dir bildlich vor, wie alles mit deinem Atem weggeblasen wird.

PROBIER'S MAL AUS!

≫———→

Damit du deinen Stein wiederfindest, verrate ich dir einen Trick: Stecke einen Holzstiel von einem Wassereis oder eine andere Markierung in den Boden! Bei mir auf der Wiese wächst wahrscheinlich irgendwann einmal ein Kristallgarten, weil ich so viele Kristalle vergraben und verloren habe. Ich bin wie ein Eichhörnchen: verstecke Nüsse für den Winter und vergesse sie dann. Eines Tages wird ein Hund einen Riesenschatz ausgraben, ganz bestimmt. Wenn du in einer Wohnung lebst, kannst du deinen Stein in einem Blumentopf vergraben.

PROBIER'S MAL AUS!

Halte einen Engelsstein in der Hand und lege ihn während der Meditation auf dein drittes Auge, die Stelle zwischen deinen Augenbrauen. Benutze einfach eine Meditationsart oder einen Stil, mit dem du dich wohlfühlst, und versuche, dich zu entspannen und den Geist zu öffnen. Heiße deine Engel oder Führer willkommen und stelle sicher, dass du in einem dankbaren Geisteszustand bist. Begrüße sie, danke ihnen und spüre dann Freude. Bleibe ruhig, besonnen und geduldig, wenn deine Führer mit dir in Worten, durch Bilder in deinem Geist, mit Sinneseindrücken und Gefühlen kommunizieren. Verwende den Engelsstein bei deiner Meditation als Anker.

ENGELSSTEINE

Hokuspokus-Skala: ▲▲▲▲▲▲▲▲▲▲
Entdeckungs-Skala: ▲▲▲▲▲▲▲▲▲▲

Verschiedene Kristalle und Edelsteine können uns die Kommunikation mit dem Reich der Engel erleichtern. Stichwort: singende Engelschöre. Es hört sich ein wenig verrückt an, aber einige Steine wie beispielsweise Serafinit, Selenit, Zölestin, Charoit, blauer Anhydrit und Danburit werden Schwingungen zugeschrieben, die denen von Engeln sehr ähnlich sind. Engel werden häufig auch als »spirituelle Führer« bezeichnet und können als Tor oder Brücke zwischen unserer und ihrer Existenz gesehen werden. Engelssteine helfen uns bei der Öffnung unserer inneren Sicht, damit wir unsere eigenen persönlichen Engel wahrnehmen können. Mehr zu diesen hilfreichen Gestalten findet ihr in Kapitel 10.

Deine Kristalle und Edelsteine können sogar Engel in dein Leben anlocken, nicht weil wir Engel lautstark auf uns aufmerksam machen müssen. Es heißt, dass Engel und Führer immer bei uns sind, ob wir es wissen oder nicht, sondern eher, weil wir für sie wahrscheinlich nicht empfänglich und präsent sind. Die meisten unserer Engel warten einfach nur auf eine Einladung. Wenn du diese Steine um dich herum oder auf deinen Körper legst, bilden sie eine Brücke zwischen unserer Welt und der Engelwelt und fungieren als Art »Auf Sendung«-Licht, das über deinem Kopf leuchtet und den Engeln und spirituellen Führern mitteilt, dass du ganz Ohr bist.

Du kennst doch diesen Begriff »Schwingung« aus der New-Age-Bewegung. Darüber sprechen wir! Kristalle und Edelsteine schwingen hauptsächlich, weil sie ein Produkt von Mutter Natur höchstpersönlich sind und Tausende oder sogar Millionen Jahre in der Erdkruste gewachsen sind und dort reichlich Energie, Weisheit, Stärke und die eigenen, einzigartigen Persönlichkeiten angesammelt haben.

Für einen Seelensucher können Kristalle und Edelsteine ein fantastischer Einstieg in die Kommunikation mit deinem höheren Selbst sein und dir Hinweise darauf geben, was du im Leben wirklich brauchst. Wenn du dein Wissen und Verständnis von Edelsteinen und Kristallen vertiefst, kannst du dir schnell unterschiedliche Kristall-Cocktails zusammenmischen, für die du eine Auswahl an Steinen verwendest, die alle miteinander harmonieren, um alles, was aus dem Lot geraten ist, wieder aufzuladen, wieder zu verbinden und neu auszurichten.

Du wirst Ringe, Ketten oder auch die Farbauswahl der Garderobe anderer Menschen nie wieder mit denselben Augen sehen. Sobald du diese Weisheit erlangt hast, kannst du nicht mehr zurück. Warum solltest du das auch überhaupt wollen? Du wirst zur Quarz-Ärztin vom Dienst, bietest Freunden verschiedene Edelsteine oder Kristalle zur Lösung ihrer Probleme an, legst heimlich Edelsteine unter Kopfkissen oder verschenkst sie bei Geburtstagsfeiern und Familientreffen an Feiertagen. Umarme deine neu entdeckte Weisheit, lenke deine Energien zu einer höheren Macht und teile diese Fülle mit anderen.

Ich wollte unbedingt mein Wissen über Kristalle und Edelsteine mit den Menschen teilen, die mir über den Weg liefen und an Krankheiten, Stress oder Negativität litten, aber obwohl ich immer die richtigen Vorschläge machte, glaubten trotzdem nicht alle an die mögliche Heilkraft von Kristallen und Edelsteinen. Häufig waren die Gesichter meiner Liebsten völlig verwirrt à la: Verdammte-Axt-sie-ist-jetzt-völlig-durchgedreht, das hat mich auf jeden Fall ein wenig verletzt.

In dieser Beziehung lautet mein einziger Ratschlag: Behalte einen offenen Geist und ein offenes Herz, und denke daran, dass Skepsis normal und zu erwarten ist. Schließlich gibt es keine medizinischen Beweise für die heilende

Wirkung von Edelsteinen und Kristallen. Außerdem tun Mediziner, Wissenschaftler und Skeptiker Heilung durch Kristalle und Edelsteintherapie als »Pseudowissenschaften« ab. Die heilenden Effekte von Kristallen und Edelsteinen gelten häufig als Placebo, Wunschdenken oder kognitive Voreingenommenheit.

Meine Antwort darauf: Was soll's? Ganz im Ernst. Die Verbindung zwischen unserem Denken, unseren Gefühlen und dem Einfluss dieser Dinge auf unsere Gesundheit ist unstrittig. Und wenn etwas Körper und Geist glücklich macht, wird die Seele auch glücklich sein. Das ist im Grunde das einzig Wichtige, liebe Freunde. Wir alle fahren miteinander auf verbundenen Energieaustausch-Achterbahnen. Deswegen sollten wir uns nicht gegenseitig wegen anderer Ansichten oder unterschiedlicher Methoden zur Stillung unseres spirituellen Appetits abwerten. Macht doch eh keinen Spaß.

Ein Stein ist nur ein Stein … oder etwa nicht? Wir haben jetzt Grundwissen über die Verwendung von Kristallen und Edelsteinen auf unserer Seelensuche, egal, ob der Schwerpunkt dieser Reise Heilung, Wachstum, Abenteuer, Schutz, Reinigung, Liebe oder ein anderes Thema ist. Du weißt, dass es Kristalle gibt, die jeden Wunsch deiner Seele erfüllen. Wenn du das nächste Mal auf einen hübschen Stein aus Rosenquarz oder auf einen schimmernden runden Mondstein triffst, höre auf deine Intuition, wähle die eine Sache aus, die zu dir passt, informiere dich darüber und wachse damit. Eines Tages wirst du deine Kristalle anschauen und bemerken, dass du dir ganz unbemerkt eine Sammlung aufgebaut hast. Also mache dich auf den Weg und suche deinen ersten Stein!

DEINE AROMATHERAPIE

Aromatherapie ist eins meiner Lieblingselemente der Spiritualität. Was ihr über mich wissen solltet, was gleichzeitig ein weiterer Eintrag ist auf meiner Hm-dieses-Mädchen-ist-ein-wenig-abgefahren-aber-ich-mag-ihre-Ehrlichkeit-Liste: Ich rieche an Menschen, wenn ich ihnen begegne. Und nur fürs Protokoll: Ich benehme mich dabei nicht wie ein Hund, der einem anderen Hund am Hintern riecht. Ich habe mehr Stil. Also so viel Stil, wie man eben haben kann, denke ich. Oh, Anmerkung: Wenn du an jemandem beim ersten Treffen schnüffeln willst, solltest du am besten den seltsamen Augenblick danach einfach überspielen. Der Körpergeruch sagt viel über eine Person aus. Besonders bei der Partnerwahl mache ich das. Wenn mich der Geruch von jemandem anzieht, hält die Beziehung länger, als wenn ich davon abgestoßen werde. Glaube mir. Das funktioniert …

Ich liebe es, dass Gerüche aus zahlreichen Gründen so viele verschiedene Reaktionen hervorrufen: Ein Mensch riecht wie frisch gebackene Muffins und denkt an den Wochenendbrunch bei seiner Oma während seiner Kindheit, und jemand anders hat ein Bild von der Bäckerei vor Augen, die in der Nähe seiner ersten Wohnung war – jeder einzelne Mensch hat eine einzigartige Beziehung zu den Gerüchen, die er liebt und die er hasst! Ich persönlich kann Patschuli nicht leiden – für mich riecht es nach schlechtem Körpergeruch, obwohl es zu den am häufigsten benutzten Düften auf der ganzen Welt gehört, was ich nie verstehen werde. Wenn wir uns aber mit den Düften verbinden, die wir mögen, können sie uns auffangen, uns beruhigen oder uns an fremde Orte verfrachten – so ähnlich wie Drogen direkt von Mutter Erde, aber ohne die unangenehmen Nebenwirkungen. Ich denke auch, dass Aromatherapie einer der schnellsten, einfachsten Wege ist, etwas Spiritualität in dein Leben zu bringen – wie ein spiritueller Lifehack.

Denke mal an Unkraut. Wir nennen es so, weil es an Orten wächst, an denen wir es nicht haben wollen. Aber das Unkraut des einen ist die Wildblume des anderen. Nimm mal den gemeinen Löwenzahn, ein Graus für viele Gärtner, für andere aber eine wichtige Heilpflanze und Naturmedizin, die in Tees, Salaten und als ätherisches Öl verwendet wird, das bei der Linderung von verspannten und schmerzenden Muskeln hilft. Als ich das erste Mal von Löwenzahl hörte, habe ich angefangen, über viele unkrautähnliche Dinge nachzudenken, sowohl metaphorisch als auch ganz wörtlich. Während ich diese Dinge genauer erkundete, änderte sich mein Bild von der Welt um mich herum. Ich sah Unkraut nicht mehr als Unkraut, das war für mich ein spiritueller Wandel.

Wenn Menschen außerhalb der spirituellen Welt von Aromatherapie hören, realisieren viele nicht, dass sie in ihren Alltag bereits grundlegende Elemente der Aromatherapie eingebaut haben. Kerzen, Weihrauch und sogar Parfüm sind allesamt moderne Aromatherapien. Ein heutiger Seelensucher muss nicht nach Weihrauch oder Myrrhe riechen oder aus seinem Haus dicke Rauchschwaden aufsteigen lassen, um sich als eingetragener Aromatherapiefanatiker zu qualifizieren. Du kannst einfach genau wie bei den Kristallen ohne Skepsis experimentieren und die wohltuenden Eigenschaften erfahren (übrigens: Dafür bekommst du Anerkennung). Ich lade dich nun dazu ein, deiner Nase zu persönlichem spirituellen Wachstum durch Aromatherapie zu folgen.

Menschen haben schon immer natürliche Kräuter, Blumen, Weihrauch, Öle und Parfüms verwendet, um Körper, Geist und Seele in einer süß duftenden Wolke spirituellen Wohlgefühls zu verbinden. Heutzutage kann Aromatherapie so einfach sein wie ein Spritzer von deinem Lieblingsparfüm oder so heiß wie eine Duftlampe mit ätherischen Ölen.

Wenn du dich ans Ausprobieren machst, wirst du bemerken, dass wir in einer Welt voller Deos und Sprays leben, die von Hunderttausenden versprüht werden. Deswegen ist es wichtig, Gerüche zu bestimmen, die dich auf einer persönlichen Ebene ansprechen und durch diese eigenen Erfahrungen Möglichkeiten zu finden, wie Aromatherapie Teil deiner täglichen Rituale werden kann.

Wenn wir jetzt in die Welt der Aromen eintauchen, nehmen wir uns als Erstes Parfüms vor. Das Wort stammt aus dem Lateinischen und bedeutet »durch Rauch«, weil früher Weihrauch bei spirituellen Ritualen verbrannt wurde. Die alten Ägypter galten lange als hervorragende Parfümeure, die ätherische Öle aus allem – von Blumen, Gras, Blättern, Obst, Bäumen, Zedernholz bis hin zu Zimt – gewannen. Sie verbanden Parfüms mit Göttern, Spiritualität im Allgemeinen und körperlicher und geistiger Gesundheit, die wie so viele Elemente der Spiritualität, Körper, Geist und Seele eins werden lassen sollen.

Die alten Chinesen, Hindus, Israeliten, Araber, Griechen und Römer haben ebenfalls allesamt Aromatherapie in der einen oder anderen Form angewendet. Obwohl in Ägypten etwa 1000 v. Chr. die ersten Parfümflaschen benutzt wurden, glaubt man, dass die Kunst der Aromatherapie selbst zuerst von den Griechen und den Chinesen angewandt wurde. Die griechische Mythologie behauptet, über das Wissen von Duftstoffen und Parfüm verfügten nur Götter. Die Fähigkeit, Gesundheit und Stimmungen zu beeinflussen, sei ein Zeichen von Status.[14]

Bis heute wird Duft mit Berühmtheit in Verbindung gebracht. Ich glaube, das können wir auf die einfache Tatsache zurückführen, dass ein Parfüm unsere Laune verbessert und wir uns manchmal fast schon königlich fühlen. Parfüm, Schönheit und Selbstvertrauen hängen miteinander zusammen, und viele von uns Seelensuchern werden von Schönheit in sämtlichen Formen angezogen, auch vom Duft. Jeder Seelensucher sollte die Kraft und die Vorzüge von verschiedenen Düften und Ölen kennen. Aromatherapie wird deinen Geist beflügeln, deinen Verstand und Körper beruhigen, dich offener für andere spirituelle Lektionen auf deinem Weg machen. Du wirst sie ausprobieren und durch sie wachsen.

»Glücklich sein verbreitet sich wie der Duft einer Blume
und zieht alle guten Dinge an.«
Maharishi Mahesh Yogi

Falls Aromatherapie die spirituelle Methode deiner Wahl ist, aber auch, wenn du sie nur ab und zu einmal anwendest, das Wissen, welche Gerüche mit entsprechenden Launen verbunden sind und welche Düfte die Gefühle deiner Umgebung verändern, ermöglichen dir, verschiedene Energieebenen mit nur einigen Tröpfchen des mächtigen Elixiers positiv zu verändern.

AROMATHERAPIE: EINE EINFÜHRUNG

Hokuspokus-Skala: ▲▲▲▲▲▲▲▲▲▲
Entdeckungs-Skala: ▲▲▲▲▲▲▲▲▲▲

Einmal, auf einer Reise durch Ägypten, habe ich mir ein Fläschchen mit einem ätherischen Öl ausgesucht. Die Geschichten der alten medizinischen Genies hatten mich ebenso in ihren Bann gezogen wie die Altäre, die selbst Hunderte oder sogar Tausende Jahre später noch mit den alten Parfüms bedeckt waren. Meine Seele wurde von einem Geschäft für Parfüms und ätherische Öle angezogen. Beim Eintreten betrachtete ich mit leuchtenden Augen den großen Raum voller Glasfläschchen, in dem eine riesige Auswahl gelber und durchsichtiger Öle stand. Auf keiner Flasche klebte ein Etikett. Deswegen konnte ich einfach meiner Nase vertrauen und wurde nicht von dem ganzen Marketingglitzer, hübschen Flaschen oder Verpackungen bombardiert. Klar, Gwyneth Paltrow sieht toll aus, wie sie im Ballkleid durch das Blumenmeer hüpft, während sie von einem Wurf Golden-Retriever-Welpen gejagt wird, aber will ich wirklich so riechen? Ich suchte mir den Duft aus, der am besten zu mir passte, und rieb ihn mit kreisförmigen Bewegungen dort auf mein Handgelenk, wo ich meinen Puls spüren konnte, damit sich die Flüssigkeit erwärmte. Als ich die nicht beschriftete Flasche mit zur Kasse nahm, wurde mir eine Flasche mit Etikett gezeigt, auf dem aufgeführt wurde, um welches ätherische Öl es sich handelte. Ich lächelte, als ich die handgeschriebene Beschriftung las: »Blütenessenz der Lotusblume«. Unter dem Etikett las ich: »Öffnet und vertieft Spiritualität und meditative Einblicke«. Seiner Nase zu folgen zahlt sich wirklich aus!

Im Folgenden habe ich für dich für den Anfang einige natürliche Ölmischungen aufgeführt, die Stimmungen erschaffen und verändern können.[15] Diese Öle werden einfach verdampft oder auf deinen Tempel oder Schrein gestellt, falls du einen hast. Du kannst sie auch aufs Handgelenk auf die Stelle auftragen, wo du deinen Puls spürst, auf einen Wattebausch getröpfelt in deinen Kissenüberzug stecken oder mit Wasser verdünnen und als Spray auf Haar und Kleidung sprühen. Der Trick bei deiner Arbeit mit der Aromatherapie lautet: Hör auf dein Bauchgefühl und auch auf deine Nase, klar, und verwende Düfte, die dir angenehm sind. Bei diesem Schritt auf deiner Suche geht es fast nur um Vergnügen. Deswegen genieße es! Atme alles ganz tief ein.

Falls du Aromatherapie zu einem Teil deines Alltags machen willst, können die Öle dich stärken, und du kannst zu mehr Verbundenheit, Mitgefühl und Liebe inspiriert werden.

Ebenso wie Duftmischungen unsere Stimmungen verändern, können uns Duftfamilien viel über die Düfte selbst sagen und warum sie wirken. Auf den nächsten Seiten erfährst du, zu welchen Duftfamilien dein Duft gehört und was das bedeutet.

Stimmung	Mischungen und Wirkungen
Ermüdet, unmotiviert, unkonzentriert, verwirrt und verloren	Orange, Jasmin, Grapefruit, Rosmarin, Sandelholz, Pfefferminze, Zitrone, Ingwer, Basilikum, Weihrauch
Gestresst, überarbeitet und schlapp	Vanille, Ylang-Ylang, Zitrone, Orange, Kamille, Bergamotte
Dein Selbstwertgefühl muss gestärkt werden, Liebe und Selbstfürsorge brauchen einen Schubs	Jasmin, Orange, Rosmarin, Zypresse, Bergamotte
Umgang mit Trauer, Kummer, Verlust und Veränderung	Weihrauch, Rose, Orange, Lavendel, Jasmin, Muskatellersalbei, Sandelholz, Ylang-Ylang, Bergamotte
Wütend, aufgewühlt, gemein, Vergebung ist schwer	Kamille, Lavendel, Mandarine, Sandelholz

WELCHE DUFTFAMILIE PASST ZU DIR?

Hokuspokus-Skala: ▲▲▲▲▲▲▲▲▲▲
Entdeckungs-Skala: ▲▲▲▲▲▲▲▲▲▲

> »Das Parfüm einer Frau verrät mehr über sie
> als ihre Handschrift.«
> Christian Dior

Mist, Dior hat recht! Der Grundton deines Parfüms ist genauso wichtig wie dein ätherisches Lieblingsöl.

Das Duftrad teilt Duftklassen in Schwestergruppen ein und gruppiert so ähnliche Düfte und Mischungen zusammen. Die Duftfamilie, mit der du dich verbindest, kann Hinweise zu den Persönlichkeitstypen deiner Seele, früheren Leben, Werdegängen und den besten Auflademöglichkeiten für dich enthalten. Wenn jemand beispielsweise frische Düfte wie Miyakes *L'Eau d'Issey* oder Davidoffs *Cool Water* mag, ist sein früheres Leben womöglich stark mit Wasser verbunden. In Kapitel 11 findest du mehr über frühere Leben. Diese Menschen haben das Gefühl, dass sie sich sammeln und wieder mit sich selbst verbinden können, indem sie baden, duschen, schwimmen oder surfen.

Blumig

Die größte und beliebteste Kategorie besteht hauptsächlich aus Blumen wie beispielsweise Rosen, Orangenblüten, Gardenien, Jasmin und Nelken. Diese Düfte werden häufig vermischt, um ein unverwechselbares florales Bouquet herzustellen.

Orientalisch

Eine berauschende Mischung aus Gewürzen, Bernstein, Balsaminengewächsen und Harzen kennzeichnet diese Sorten. Vermittelt eine warme und exotische Sinnlichkeit. Orientalische Düfte liebt oder hasst man.

Frisch

Frische Düfte werden aus Zitrusfrüchten wie beispielsweise Limone, Zitrone, Tangerine und Mandarine gewonnen; diese Duftart hat ein scharfes und würziges Aroma. Zitrusmischungen sind gut für Menschen geeignet, die leichte Düfte mögen. Sie sind natürlich erfrischend und heben die Laune.

Holzig

Scharfe, grasartige, erdige Noten, die mit Pinie, Wacholder, Blättern und Kräutern vermischt werden, um unvergessliche Parfums herzustellen. Holzige Düfte sind sportlich und lebhaft, aber auch tief und würzig.

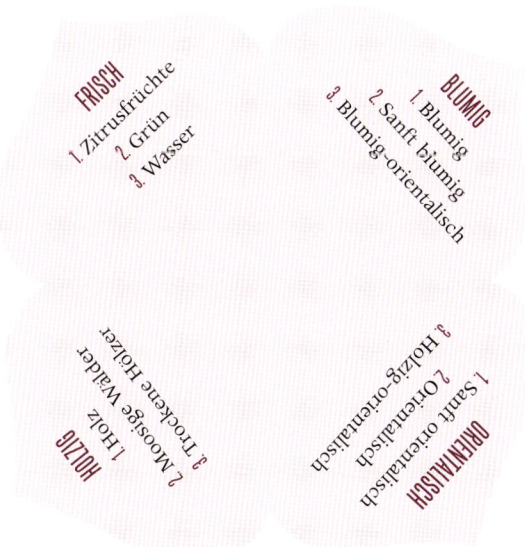

Grundton	Parfüms	Wirkung
Blumig: Lilie, Rose, Jasmin, Vanille	Chanel *Chance*, DKNY *Be Delicious*, Givenchy *Amarige Mariage*	**Für den Erdenengel:** Romantisch, hebt die Laune, beruhigt, tröstet und gleicht aus.
Fruchtig: Ylang-Ylang, Zitrone, Orange, Kamille	Chanel *Coco Mademoiselle*, Guerlain *Mitsouko* und Dior *Miss Dior Cherie*	**Früchte der Göttin:** Erwachen, erfrischen, alarmieren, motivierend, hebt die Laune, stärkend.
Aquatisch: Jasmin, Orange, Rosmarin, Zypresse, Bergamotte	Aramis *New West for Her*, Davidoff *Cool Water Woman*, Issey Miyake *L'Eau d'Issey for Women*, Davidoff *Cool Water Game Woman*	**Atlantische Aromen:** Reinigend, klärend, hebt die Laune, euphorisiert und erfrischt.
Würzig: Weihrauch, Orange, Lavendel, Muskatellersalbei, Sandelholz	Chanel *Coco*, Sonia Rykiel *Belle en Rykiel*, Estée Lauder *Youth Dew* und Yves Saint Laurent *Opium*	**Spirituelle Sinnlichkeit:** Sinnlich, energiespendend, leidenschaftlich, stärkend und zentrierend.
Moschusartig: Kamille, Vanille, Mandarine, Sandelholz	Aramis *Always for Her*, Calvin Klein *CK be*, Jette Joop *Jette*, Lanvin *Rumeur*, Bulgari *Blv*, Donna Karan *Gold*, Kenzo *Amour*, Sarah Jessica Parker *Lovely* und Stella McCartney *Stella in Two Peony*	**Mystischer Motivator:** Belebend, ankernd, stärkend und reinigend.

Jede Duftfamilie hat unterschiedliche Grundtöne und verschiedene Wirkungen, wie in der Tabelle auf Seite 106 aufgeführt wird.[16] Schau einmal, ob du die Grundtöne in deinem Lieblingsduft herausfinden kannst.

Du wirst erstaunt sein, welche Verbindung zwischen deinem Lieblingsduft und deinen früheren Leben, deiner Persönlichkeit oder Stimmung, deinem Sternzeichen und deiner numerologischen Persönlichkeit bestehen. Sie alle lassen sich auf ein Grundthema zurückführen. Zum Beispiel – jetzt wird es total

PROBIER'S MAL AUS!

≫———→

Besuche einfach mal ein Parfüm-, Naturheilkunde- oder Aromatherapiegeschäft in deiner Nähe und probiere einige Öle und Parfüms aus. Hier die Herausforderung: Schau dir die Etiketten nicht an! Oder noch besser: Mache den Ausflug gemeinsam mit einem anderen Seelensucher und sprüht euch die Düfte gegenseitig auf, damit das Parfüm keine Verbindung mit der Flasche hat, es geht nur um den Geruch. Stöbere so lange, bis dir etwas genau richtig vorkommt, dann kauf es und verlasse das Geschäft. Dann erst solltest du dir das Fläschchen anschauen und sehen, zu welchem Duft deine Seele dich geführt hat.

esoterisch … – spiegeln sich meine Verbindungen aus den früheren Leben in Atlantis und meine Liebe zum Surfen, Tauchen und allgemein zum Wasser in meinen Parfüms wider: Alle haben einen aquatischen Grundton.

Als ich die Welt der Düfte und der Spiritualität erforschte, erkannte ich, dass Gerüche – vom selbst zusammengestellten Parfüm bis hin zu dieser besonderen Note von Stinkefüßen nach dem Joggen – einem das Wesen eines Menschen darlegen. Einige Gerüche sind unangenehm, andere herrlich, aber sie sind alle von dir. Ebenso wie die Gerüche, die wir uns zur Ergänzung unseres natürlichen Dufts aussuchen.

Ich finde, dass ein Seelensucher ohne Parfüm oder ätherisches Öl nicht vollständig angezogen ist. Sieh deine persönlichen Duftmischung als kleines Schwarzes für deine Seele an: Ohne geht nicht. Man glaubt schon lange, dass ein Duft für einen Menschen so charakteristisch ist wie seine Unterschrift. Füge dieser betörenden Idee eine Prise Spiritualität hinzu, dann siehst du, wie Düfte auch zum Ausdruck der Seele verwendet werden können.

≫Der Duft von Blumen verteilt sich nur in der Richtung des Windes.
Aber die Güte eines Menschen verteilt sich in alle Richtungen.≪

Chanakya

PROBIER'S MAL AUS!

≫———→

Verwende ein passendes Öl als Badezusatz oder als Umschlag zur Muskellockerung, um den Geist zu entspannen und um nach einem langen Tag herunterzukommen. Füge etwas Bittersalz oder Meersalz hinzu und du wirst dich wie neugeboren fühlen, wenn du aus dem Wasser steigst.

Stelle dir mal vor, das Erste, was Menschen von dir wahrnehmen würden, wäre dein unverwechselbarer Duft. Lass diesen Geruch einer von vielen Wegen sein, mit dem du Schönheit überall dort hinterlässt, wo du hingehst, und verwende ihn dazu, dich wieder aufzuladen, wieder mit dir zu verbinden und dich auszudrücken. Spiritueller Ausdruck durch einen Duft ist der Grund dafür, dass aromatische Kräuter und Öle seit Urzeiten in Religionen verschiedener Kulturen eine Rolle spielen. Viele verschiedene aromatische Pflanzen und pflanzliche Extrakte werden im Alten und Neuen Testament wegen ihres breiten Anwendungsspektrums erwähnt, das Salbungsöle, Parfüms, Düfte und medizinische Öle sowie Haar- und Schönheitsöle umfasst.[17] Zahlreiche erwähnte Öle und Duftstoffe werden heute noch traditionell verwendet.

Auf der nicht säkularen Seite ist Aromatherapie eine schnelle und unterhaltsame Art, deine Sinne zur erleuchten und kokette Anspielungen auf den Charakter, die Wünsche und Bestimmungen deiner Seele zu erhalten. In der kleinen Tabelle findest du einige gängige Düfte und deren spirituellen Bedeutungen und Verwendungen.[18] Ich persönlich stehe total auf Weihrauch und Ylang-Ylang und habe einen biologischen Parfümbalsam, in dem beide Duftstoffe vereint sind, den ich mir jeden Morgen auftrage.

AROMATHERAPIE UND HEILUNG

Hokuspokus-Skala: ▲▲▲▲▲▲▲▲▲▲
Entdeckungs-Skala: ▲▲▲▲▲▲▲▲▲▲

Und noch eine Beichte: Während ich dieses Buch schrieb, trug ich mir immer Lavendelöl auf mein drittes Auge auf, damit ich mich fokussieren und mit den zukünftigen Inhalten in Verbindung treten konnte. Einmal vergaß ich, dass ich mich mit der Lavendelgöttin gesalbt hatte, und besuchte meine liebe Großmutter, die ihren Daumen mit Spucke befeuchtete, das Öl abwischte und sagte: »Mein liebes Kind, deine Hormone müssen völlig durcheinander sein, wenn du an dieser seltsamen Stelle so glänzt.« Danke auch, Omi!

Ätherische Öle können ebenso wie Kristalle bei der Heilung helfen. Das ätherische Lavendelöl kann beispielsweise ebenso wie der Kyanit direkt und automatisch Chakras neu ausrichten. Auf den nächsten Seiten sind gängige Krankheiten und emotionale Herausforderungen samt der Öle oder Mischungen aufgeführt, die beim Heilungs- und Pflegeprozess helfen.

Spirituelle Düfte	Verwendung
Adlerholz	Meditation, beruhigend, bezaubernd
Wacholder	Klärend, reinigend, entfernend
Jasmin, Ylang-Ylang, Bergamotte, Zitrusgewächs	Dankbarkeit ausdrückend
Zypresse, Weihrauch, Sandelholz, Rosmarin	Erleuchtung
Echter Lorbeer, Zimt, Lavendel	Hilft der Spiritualität, Glauben

Angst, Depression, Stress, Furcht

Brauchst du was zur Rettung? Kamillenöl wird zur Linderung von ängstlichen, überaktiven Gemütern verwendet, die zu Schlafproblemen führen oder Depressionen verstärken können. Baldrian, Sandelholz und Lavendel sind andere entspannende Öle. Außerdem gibt es eine Handvoll Öle, die nicht nur eine negative Gemütsverfassung ausgleichen, sondern auch die Laune heben: Dazu gehören Bergamotte-, Orangen- und Jasminöle.

Entspannung und Schlaf

Es gibt viele Elemente, die zusammenkommen müssen, damit wir uns entspannt fühlen und gut schlafen. Ebenso funktionieren Ölmischungen am besten, wenn wir das vielschichtige Problem der Schlaflosigkeit lösen wollen: Mischungen mit Rosenholzöl eignen sich gut, weil es erdend und entspannend wirkt und über antivirale Eigenschaften verfügt. Ich empfehle eine Mischung aus Rosenholz mit Weihrauch, der Stimmungen ausgleicht und gegen Stress wirkt. Ylang-Ylang ist fantastisch dazu geeignet, deine Energien auszugleichen und die Energiezentren aufzuladen.

Muskeln und Entzündungen

Wenn du stärkere Muskelschmerzen hast als ein Triathlet nach einem großen Rennen oder so aufgedunsen bist wie ein genervter Kugelfisch, empfehle ich dir Öle, welche die Durchblutung verbessern und Entzündungen hemmen. Diese Öle können Kokosöl hinzugefügt und auf Problembereiche aufgetragen werden. Basilikum ist ein wichtiges ätherisches Öl zur Heilung von Muskelentzündungen, genau, dasselbe Basilikum, das du auch zu deinen Nudeln gibst! Basilikumöl kann direkt auf Problembereiche aufgetragen oder verdampft werden. Eukalyptusöl ist ein perfektes »Anti«-Öl, das antiviral, antibakteriell, antimykotisch, gegen Alterserscheinungen und gegen Entzündungen wirkt. Falls du es zu gleichen Teilen mit Wasser vermischst und es dann verdampfst, kann es sogar gegen luftgetragene Bakterien helfen. Auch hier können einige Tropfen direkt auf die Problembereiche aufgetragen werden. Schon beim kleinsten Tropfen Eukalyptus fühle ich mich, als wäre ich im luxuriösesten Spa und würde von vorne bis hinten bedient. *Ahhhh.*

Allgemeine Knochenschmerzen, Frakturen und Brüche

Einige ätherische Öle wirken fantastisch gegen Knochenschmerzen. Diese Öle können miteinander vermischt werden, oder aber man verwendet seinen Lieblingsduft. Pfefferminze, Wintergrün, Fichte, Palo Santo und Eukalyptus sind allesamt Öle, die zur Linderung der meisten Knochenschmerzen verwendet werden können.

Verbrennungen und Sonnenbrand

Bei allen Verbrennungen – kleiner Hinweis: Wir sprechen hier von Sonnenbrand und Verbrennungen von deinem Bügeleisen, nicht von Verbrennungen dritten Grades – möchtest du wahrscheinlich Öle verwenden, die entzündungshemmende und schmerzstillende Eigenschaften haben. Dazu gehören beispielsweise Lavendel, Rose, Römische Kamille, Eukalyptus, Rosenholz, Zitrone, Strohblume und Idaho-Balsam Fir.

Eine großartige Mischung gegen Verbrennungen, von der ich völlig überzeugt bin, besteht aus Lavendel-, Rosenholz- und Ylang-Ylang-Öl. Zusammen helfen diese Pflanzen gegen Entzündungen und Schmerzen, wirken außerdem beruhigend auf das Nervensystem und heilen die Haut. Wenn du es das nächste Mal am Strand übertreibst, empfehle ich dir diesen Cocktail.

Desinfektionsmittel

Ätherische Öle eignen sich nicht nur für den Körper, sie lassen sich auch wunderbar in der Wohnung verwenden. Wenn du auf Chemiekeulen verzichten möchtest, solltest du auf natürliche Desinfektionsmittel zurückgreifen. Hier sind einige Öle, die desinfizierende Eigenschaften haben: Teebaum, Grapefruit, Zitrone, Melrose (Mischung aus Teebaum-, Niaouli-, Rosmarin- und Nelkenöl), Eukalyptus, Lemongras und Zitronengras. Stelle ganz einfach deine eigenen Reinigungsprodukte her, indem du Wasser und Öle in einer Sprühflasche vermengst. Du solltest deine Mischungen öfter mal verändern, das verwirrt die Bakterien in der Wohnung. Pluspunkt: Ameisen hassen Zitrone. Einige Spitzer Zitrone genügen schon, dann rennen die kleinen Plagegeister auf und davon.

Übergeben und Magen- / Darmprobleme

Verschiedene Öle beruhigen den Magen und lindern Erbrechen. Pfefferminz- und Lavendelöl sind großartige Extrakte, die man bei Übelkeit einatmen oder verdampfen kann. Öle wie beispielsweise Muskat oder Fenchel werden häufig bei Magenproblemen verwendet, weil sie auf natürliche Weise den Magen schützen, abführend wirken, und so den Körper von viel Ballast befreien können, der innen drin Mist macht.

Missbrauch oder Verlassenwerden

Diese Öle eignen sich gut dafür, wenn du von Ereignissen wie beispielsweise einer Scheidung oder dem Tod eines Familienmitglieds emotional beeinflusst wirst oder wenn du dich aus einer von Missbrauch geprägten Beziehung befreist. Diese Mischungen lösen negative Emotionen und helfen dir bei der Reinigung deiner Energien. Ich empfehle gegen emotionale Traumata eine Mischung aus Weihrauch, Lavendel, Fichte und Sandelholz. Kombiniere Ylang-Ylang-, blaue Rainfarn- und Sandelholzöle, um negative Erfahrungen und Energien aus dem Körper zu lösen. Mische Lemongras-, Zitronengras- und Rosmarinöl, um Orte von Negativität zu befreien.

Wut oder Hass

Diese Öle eignen sich hervorragend dazu, Feindseligkeit, Spannung oder Konflikte aus einem Büro oder einer Wohnung zu vertreiben. Mische Bergamotte-, Ylang-Ylang-, Jasmin-, Mandarin- und Korianderöl und verdampfe sie dort, wo schlechte Stimmungen einen Tritt in den Hintern benötigen. Diese Öle sind außerdem großartige Badezusätze oder können zu Pflanzenölen für eine entspannende und stresslindernde Massage hinzugefügt werden.

PROBIER'S MAL AUS!

Vermische verschiedene Öle, die hier erwähnt werden, und fülle sie in eine Sprühflasche. Verteile die Mischung auf deinem Kopfkissen und im Schlafzimmer, bevor du ins Bett gehst, oder auch einfach im Haus, wenn du einen stressigen Tag hattest. Dein Haustier, deine bessere Hälfte und den Briefträger solltest du vielleicht besser nicht einsprühen. Bei allem anderen musst du dir keinen Zwang antun!

Konzentration, Fokus

Um uns zu fokussieren, müssen wir den Geist ausbalancieren und zentrieren, deswegen brauchen wir hier ein fein ausgleichendes Öl. Jedes einzelne Öl hat einen einzigartigen Einfluss auf die Mischung, zum Beispiel Weihrauchöl, das die Stimmung hebt und Stress mindert; Strohblumenöl, das die Durchblutung fördert sowie freie Gedanken und Ideen unterstützt; Sandelholzöl, das als Antidepressivum und Stimmungsausgleicher wirkt; Zedernholzöl zur Reinigung, Lavendelöl, das Spannungen im ganzen Körper löst und schließlich Blaues Zypressenöl, das den Körper anregt und den Geist weckt. Sämtliche Zitrusöle eignen sich auch prima für einen Frühjahrsputz für den Kopf, der manchmal nötig ist, damit du deinen Fokus wieder auf die richtigen Dinge richten kannst.[19]

AROMATHERAPIE UND CHAKRA-HEILUNG

Wie du im nächsten Kapitel lernen wirst, ist Aromatherapie eng mit Chakra-Heilung verbunden. Wenn du die beiden kombinierst, kannst du große Erfolge erzielen.

Wie immer solltest du experimentieren, herumspielen und auch mal Mist bauen und die Methode anwenden, die dir am meisten liegt. Einmal habe ich mich aus Versehen mit Basilikum- statt Sandelholzöl eingerieben und den ganzen Tag wie eine Pizza gerochen. Viele ätherische Öle können für verschiedene Chakras verwendet werden. Deswegen solltest du dir Notizen machen, welche Öle oder Ölmischungen du persönlich für die einzelnen Chakras benutzt.

Denke dran, dass Menschen unterschiedlich auf ätherische Öle reagieren. Deswegen solltest du unbedingt deiner Intuition vertrauen und verschiedene Mischungen ausprobieren. Die Tabelle auf der nächsten Seite gibt dir in Sachen Chakra-Energie und Aromatherapie erste Impulse.[20]

Aber warum haben ätherische Öle so enorme Auswirkungen auf uns, wenn wir sie auf unsere Energiezentren auftragen? Weil die Augen das Fenster zur Seele sind und die Nase die Haustür? Ehrlich gesagt weiß ich es nicht, aber es könnte sein. Ätherische Öle sind nicht bloß eine Mischung aus Alkoholen, Phenolen und Terpenen. Jedem Öl wird auch noch eine eigene pranische – oder Chi- – Energie zugeschrieben sowie eine Frequenz, und diese lautlosen Klänge oder Schwingungen bringen unsere Chakras wieder zum »Singen«, wenn sie andernfalls still oder stumm bleiben würden. Sich die ätherischen Öle als Stimmgabeln für deine Chakras an.

Ätherische Öle verändern unser emotionales Profil und können beim Aufladen unserer Energiezentren helfen, nicht nur weil die süßen Düfte unseren

CHAKRAS		ÄTHERISCHE ÖLE
Kronen-Chakra: Ganz oben auf dem Kopf		Weihrauch, Rosenholz, Jasmin, Rose, Neroli
Drittes-Auge-Chakra: Stirn zwischen den Augen		Rosmarin, Wacholder, Zitrone, Kiefer, Strohblume, Thymian, Muskateller-Salbei
Hals-Chakra: Direkt am Hals		Echte Kamille, Myrrhe, Zypresse, Basilikum, Ysop, Pfefferminze, Rosmarin, Sandelholz – eine weitere fantastische Mischung und ich benutze sie, wenn ich Halsweh habe, meistens von zu viel reden, lachen oder singen.
Herz-Chakra: Mitte der Brust, genau über dem Herzen		Geranie, Rose, Bergamotte, Ylang-Ylang, Jasmin, Lavendel
Solarplexus-Chakra: Oberer Bauch im Bereich des Magens		Wachholder, Zedernholz, Schwarzer Pfeffer, Ysop, Majoran, Kardamom, Zitrone, Grapefruit, Vetiver – wenn ich das zusammenmische, bekomme ich immer Hunger! Ich denke, es passt, dass all diese Öle mit dem Magen zusammenhängen.
Sakral-Chakra: Unterer Bauch, etwa fünf Zentimeter unter dem Nabel und fünf Zentimeter nach innen		Jasmin, Rose, Sandelholz, Ingwer, Muskateller-Salbei, Fenchel, Kardamom
Wurzel-Chakra: Ende der Wirbelsäule im Bereich des Steißbeins		Myrrhe, Patschuli, Vetiver, Rosenholz, Thymian, Weihrauch, Ylang-Ylang

Sinnen schmeicheln, sondern auch, weil ihre winzigen Moleküle unsere Blut-Hirn-Schranke durchdringen – die sonst fast alles am Kontakt mit unseren Neuronen hindert –, um unser Hirn ganz einfach auf biochemischer Ebene anzuvisieren. Fast wie Schokolade für die Nase. Indem wir unsere Gefühle durch Aromatherapie beeinflussen, bringen wir Balance und Ganzheit zurück zu den Energiezentren unseres Körpers, lösen versteckte Blockaden, beeinflussen ganz zielgerichtet unseren emotionalen und körperlichen Einklang und verbinden uns mit den Düften,

PROBIER'S MAL AUS!

»——→

Baue Aromatherapie in eine Chakra-ausgleichende Massage ein und verdopple die energiebefreienden Auswirkungen, außerdem riechst du nach der Massage grandios.

die unsere Seele auf einer tiefen, spirituellen Ebene verlangt. Also, ran ans Öl, Seelensucher!

Ich hoffe, dass du beim Experimentieren in der Welt der Düfte Spaß hast und dass du aus diesem Kapitel über die Grundlagen der Aromatherapie etwas mitnehmen kannst. Vergiss nie, dass du einfach deiner Nase folgen sollst. Genauso, wie wir uns zu gewissen Blumen, Farben und sogar Tieren hingezogen fühlen, sind wir auch untrennbar mit gewissen Gerüchen verbunden. Je stärker du in die Düfte eintauchst, die dich anziehen, desto mehr Hinweise bekommst du von deiner Seele, was ihr fehlt, was ihr guttut und was nicht und wovon du mehr brauchst, um in Einklang mit deinen Bestimmungen zu leben. Also, vertrau deiner Nase und stürze dich ins Vergnügen!

DEINE SEELE, CHAKRAS UND AUREN

Wir haben schon ziemlich viel über die Seele gesprochen, nicht wahr? Ich kann nur vernünftig über die Seele sprechen, wenn ich erkläre, wie sich ihre Kraft durch unseren Körper und den Geist manifestiert. Ich glaube daran, dass deine Seele die Lebensquelle deines Körpers ist und dass sie in deinem Körper geerdet ist. Deine Emotionen und dein Bauchgefühl sind die Sprache deiner Seele, und die Gefühle wiederum kontrollieren deine Stimmungen, Einstellungen und deine Gesundheit.

Jede einzelne Seele spricht eine etwas andere Sprache. Bei meiner Suche war es sowohl interessant als auch aufschlussreich, sich all die religiösen Ansichten im Laufe der Zeit in verschiedenen Kulturen und an unterschiedlichen Orten der Erde anzuschauen, um schließlich herauszufinden, was das Wort Seele für mich bedeutet.

Wie sieht's bei dir aus? Glaubst du – wie viele Buddhisten und Hindus – an Wiedergeburt und dass wir in jedem Leben unsere Lektionen lernen? Gehst du davon aus, dass die Summe der Handlungen eines Menschen im jetzigen sowie in den vorherigen Leben ebenso wie das Schicksal in zukünftigen Existenzen durch Karma bestimmt wird? Und was ist mit dem Christentum? Die meisten Christen glauben nicht an Wiedergeburt, aber viele denken, dass sich nach dem Tod die Seele vom Körper löst und sie anschließend an den Himmelspforten gerichtet wird. Ich verstehe es so, dass man im modernen Judentum der Ansicht ist, der Körper und die Seele seien eins und dass die Qualität der eigenen Seele davon abhängt, dass man höhere Verständnisebenen erreicht und dadurch näher und näher an Gott herankommt. Im Islam hat man zwei verschiedene Namen für die Seele, *nafs* (Seele) und *ruh* (Geist), und in der chinesischen Philosophie sind Yin und Yang, die Symbole für Gleichgewicht, ganz grundlegend mit dem Konzept der Seele verbunden.[21]

Egal, an welches Religionssystem du auch glaubst, auf deiner Seelensuche ist es ganz grundlegend, dass wir uns um unsere eigene Seele kümmern, indem wir uns um unseren Körper kümmern. Auf zwei Arten kannst du deine Seele erreichen und besser kennenlernen: durch deine Chakras und deine Aura. Wir haben uns im vorherigen Kapitel bereits ein bisschen mit den Chakras beschäftigt. Jetzt tauchen wir ganz tief hinein. Wir werden sowohl Chakras als auch Auren in diesem Kapitel erkunden, damit du dich mithilfe dieser alten Methoden zur Seelensuche ein wenig besser von innen her kennenlernst.

CHAKRAS

Die alten Ägypter glaubten daran, dass im Körper sieben Seelen namens *Hathor* wohnen, benannt nach der ägyptischen Schicksalsgöttin. Der Glaube an die sieben Seelen breitete sich in ganz Ägypten und Indien aus. Heutzutage interessieren sich mehr und mehr Menschen im Rahmen ihres spirituellen Erwachens für das Glaubenssystem der sieben Chakras.[22] Zur Beginn meiner Seelensuche war ich sehr neugierig auf Chakras und nahm damals alle zwei Monate an einer Chakra-Reinigung teil.

Deine Energiesysteme oder Chakras sind mit verschiedenen Bereichen des Körpers verbunden. Wenn du jedes Chakra verstehst, kannst du auch die Gründe hinter allen Erkrankungen erkennen, die dich vielleicht erdrücken. Die Grundlage der Chakra-Heilung liegt, ganz einfach gesagt, in der Heilung der wichtigsten Energiezentren deines Körpers.

Jedes Chakra:

- ist mit einem bestimmten Bereich des Körpers verbunden, dazu zählen auch Knochen, Organe und Gewebe.
- wird von einer bestimmten Farbe und Schwingung dargestellt.
- bildet ein Thema, eine Veränderung oder Herausforderung auf deiner Seelenreise ab.

Bevor wir die Chakras als miteinander verbundene Energiezentren erklären, müssen wir verstehen, wie Körper, Geist und Seele Energie als Kraft verwenden. Wenn ich dich frage, woraus du bestehst, was würdest du mir antworten? Würdest du dich an den Biounterricht in der Schule erinnern und mir antworten, dass du aus Zellen oder Materie bestehst, oder würdest du sagen, dass du aus Energie bestehst? Die Wissenschaft wiederholt zum größten Teil die Aussagen von Denkern wie beispielsweise Sokrates und den alten indischen Philosophen von vor vielen Hunderten Jahren: Alle lebendigen Dinge sind Energie. Zellen geben elektrische Energie, Schwingungen oder Vibrationen ab. Dafür gibt es viele Namen. Dass wir »gute« und »schlechte Schwingungen« wahrnehmen, liegt an unserem Verständnis von der Energie eines Menschen. Du kannst spüren, ob sich jemand energetisch in einer guten oder schlechten Lage befindet und ob du ihm nahe kommen oder dich von ihm fernhalten solltest. Diese Lebensenergie, die durch die Chakras fließt, wird manchmal *Prana* genannt, der Lebensfunke in unserem Inneren.

Wenn du jedes einzelne Chakra genau betrachtest, wirst du entdecken, wie dein familiäres Erbe, zusammen mit deinen derzeitigen Gedanken, Gefühlen und Überzeugungen, direkt die Gesundheit deines Gewebes und deiner Organe beeinflusst. Egal, ob du Chakras als wirkliche Orte im Körper oder als metaphorisch betrachtest, sie können dir bei der Aktivierung der Geist-Körper-Seele-Verbindung helfen, die wiederum heilend wirkt. *Chakra* ist Sanskrit und bedeutet »Energiescheiben« oder »-räder«. Wenn ich mich auf die Symptome meines Körpers einlasse, visualisiere ich meine Chakras gerne als sich drehende Farbräder. Seltsam, oder?

Für den Anfang schauen wir uns einmal die Tabelle an, damit du deine Energiezentren bestimmen kannst.[23]

Chakra	Verbindung mit dem Körper
Kronen-Chakra oder Siebtes Chakra Stellt deine Spiritualität und die Verbindung zu deiner Lebensaufgabe dar. **Farbe:** Violett oder Weiß **Ort:** Ganz oben auf dem Kopf 	Dieses Chakra ist mit jedem Organ im Chakra-System verbunden und es beeinflusst das Gehirn und das Nervensystem. Menschen, die zu skeptisch oder intolerant sind, haben häufig Blockaden im siebten Chakra. Wenn es nicht ausgeglichen ist, ist man häufig engstirnig und stur.
Drittes-Auge-Chakra oder Sechstes Chakra Repräsentiert deine Kreativität, Intuition und Intelligenz. Dieses Chakra wird häufig als »Drittes Auge« bezeichnet. **Farbe:** Indigo **Ort:** Stirn, zwischen den Augen 	Dieses Chakra steht in Verbindung mit unserem Gehör, den Augen, der Nase, den Ohren und dem Gehirn. Wenn es blockiert ist, kann es zu Erblindung, Taubheit, Schlaganfällen und Lernschwierigkeiten kommen. Menschen, die Schwierigkeiten haben, auf ihre Wirklichkeit zu hören oder sich ihr zu stellen, haben häufig Probleme mit dem sechsten Chakra. Wenn es nicht ausgeglichen ist, strahlt man eine Ich-weiß-einfach-alles-Haltung aus.
Hals-Chakra oder Fünftes Chakra Steht für den Ausdruck und die Kommunikation deines inneren Willens. **Farbe:** Blau oder Türkis **Ort:** Hals 	Dieses Chakra ist mit deiner Stimme, deinem Hals, deiner Ausdrucksweise und allem im und um den Mund verbunden. Menschen, die nicht die Wahrheit sagen oder wichtige Gedanken unterdrücken, anstatt ihre Meinung frei zu äußern, haben häufig Probleme mit dem fünften Chakra, ebenso wie Menschen, die sich schwer damit tun, ihre Worte zu mäßigen. Wenn dieses Chakra nicht ausgeglichen ist, lästert der Mensch viel oder dominiert Unterhaltungen.
Herz-Chakra oder Viertes Chakra Repräsentiert dein spirituelles Herz, Intuition und Selbstliebe. **Farbe:** Grün **Ort:** Mitte der Brust direkt über dem Herzen	Dieses Chakra ist mit dem Herzen, der Brust, den Lungen, Schultern, Rippen und Brüsten verbunden. Menschen, die anderen den Vorrang geben und sich selbst zurückstellen, haben häufig Blockaden im vierten Chakra. Dies manifestiert sich oft in Gewichtsproblemen, Herzproblemen, Allergien oder Asthma. Wenn dieses Chakra nicht ausgeglichen ist, fühlt man sich häufig unsicher oder isoliert.

Chakra	Verbindung mit dem Körper
Solarplexus-Chakra oder Drittes Chakra Repräsentiert deine Identität, Persönlichkeit und dein Selbstwertgefühl. **Farbe:** Gelb **Ort:** Oberer Bauch im Bereich des Magens 	Dieses Chakra ist mit unseren Verdauungsorganen verbunden und kann das gesamte Verdauungssystem beeinflussen. Blockaden können sich wie folgt zeigen: Geschwüre, Reizdarm, Sodbrennen, Diabetes, Durchfall, Magenverstimmung, Anorexie, Bulimie und Hepatitis. Wenn dieses Chakra nicht ausgeglichen ist, ist man unentschlossen und hat Probleme damit, Dinge durchzuziehen.
Sakral-Chakra oder Zweites Chakra Repräsentiert deine Sexualität, persönliche Kraft und Beziehungen. **Farbe:** Orange **Ort:** Unterer Bauch, etwa fünf Zentimeter unter dem Nabel und fünf Zentimeter nach innen 	Dieses Chakra ist eng mit unserem Fortpflanzungssystem und den Genitalien verbunden. Blockaden zeigen sich in Rückenschmerzen, Blasenentzündungen, Harnwegsinfektionen und Impotenz. Dieses Chakra ist mit unserem Selbstwertgefühl verbunden. Wenn es im Ungleichgewicht ist, fühlen wir uns häufig instabil und deprimiert und sind in komplizierte Beziehungen verstrickt oder leiden unter Alkohol-, Drogen- oder Sexsucht.
Wurzel-Chakra oder Erstes Chakra Repräsentiert deine Familienverbindung und die Grundlagen deiner emotionalen und mentalen Zentren. **Farbe:** Rot **Ort:** Ende der Wirbelsäule und Bereich des Steißbeins	Dieses Chakra ist mit Muskeln, Knochen, Gelenken und Blut verbunden und auch mit den ersten Jahren im Leben eines Menschen und deren Position in der Familie. Blockaden äußern sich häufig durch Steifheit, Arthritis, Verstopfung, Gewichtsprobleme und Hämorrhoiden. Wenn dieses Chakra nicht ausgeglichen ist, haben wir häufig ein Gefühl von Unsicherheit und Gier und verspüren dabei kein Zugehörigkeitsgefühl.

»Trauer bringt Tiefe. Freude bringt Höhe. Trauer bringt Wurzeln. Freude bringt Äste. Freude ist wie ein Baum, der sich dem Himmel entgegenstreckt, und Trauer ist wie die Wurzeln, die in das Erdinnere hineinwachsen. Beides wird benötigt – je höher ein Baum wächst, desto tiefer verwurzelt er sich in der Erde. So wird die Balance aufrechterhalten.«

Osho

Wie oben erwähnt strahlt jedes einzelne Chakra Schwingungen aus und hat eine einzigartige Energie. Wenn ein oder mehrere Chakras blockiert sind, können wir das häufig in der Energie spüren, die unser Körper abgibt. Hast du dich jemals ohne ersichtlichen Grund träge und reizbar gefühlt oder einfach nur total platt, als wäre deine Seele ganz leer und schlaff? Ich glaube, das kennen wir alle. Manch einer hat es sogar schon häufiger erlebt. Sobald wir lernen, diese anscheinend zufälligen Symptome und die Auslöser des Ungleichgewichts unserer Chakras miteinander in Verbindung zu bringen, werden wir vorausschauender und achten darauf, dass wir unsere Energiezentren von Zeit zu Zeit ausgleichen.

Erlaube mir jetzt eine Frage: Hört sich Chakra-Ausgleich für dich zeitfressend, komisch und auch sonst nicht wie etwas an, das du einfach in dein Leben einbauen kannst? Falls ja, keine Sorge, das habe ich anfangs auch gedacht. Glücklicherweise gibt es viele verschiedene Wege, wie wir unsere Energiezentren wieder ins Gleichgewicht bringen können. Zahlreiche davon sind ganz einfach. Die gute Nachricht lautet, dass deine Seele dir sagt, wenn sie einen Ausgleich benötigt. Sie wird läuten wie ein spiritueller Wecker. Wie immer gilt auch hier: Probiere unterschiedliche Dinge einfach aus und lerne mit Freude etwas über diese lebendige spirituelle Methode.

CHAKRA-REINIGUNG

Hokuspokus-Skala: ▲▲▲▲▲▲▲▲▲▲
Entdeckungs-Skala: ▲▲▲▲▲▲▲▲▲▲

Ganzheitliche Heiler und viele Massagetherapeuten bieten Sitzungen zur Chakra-Reinigung an. Um die Chakras zu reinigen, müssen wir uns zunächst von den negativen Erfahrungen, Emotionen und Energien befreien, die in unseren Körpern stecken, und uns dadurch bewusst entscheiden, loszulassen, uns zu entspannen und zu heilen. Damit eine Chakra-Reinigung eine anhaltende Wirkung hat, solltest du auch in mentale Arbeit investieren, um deinen Geist von negativen Gedanken zu befreien, damit das Problem nicht wieder auftritt. Frage deinen Masseur, ob er Chakra-Reinigungen anbietet oder ob er dir jemanden empfehlen kann.

CHAKRA-REINIGUNGSBAD

Hokuspokus-Skala: ▲▲▲▲▲▲▲▲▲▲
Entdeckungs-Skala: ▲▲▲▲▲▲▲▲▲▲

PROBIER'S MAL AUS!
»——→

Mache dir dein Wissen aus dem Kapitel über Aromatherapie für ein reinigendes und ausgleichendes Chakra-Bad zunutze. Zwei großartige spirituelle Stärkungsmittel in einem!

Der schnellste Weg, deine Chakras auszugleichen, ist ein Bad in Salzwasser. Gehe einfach im Meer surfen oder schwimmen, wenn du eine Energie wieder ins Gleichgewicht bringen willst. Alternativ kannst du in Bittersalz baden: Deine Haut absorbiert das Salz, danach fühlst du dich gereinigt und wieder im Gleichgewicht. Du solltest dich aber an etwas festhalten, wenn du aus der Badewanne steigst. Die Salze machen die Wanne ganz schön rutschig!

TENSION AND TRAUMA RELEASE EXERCISE (TRE)

Hokuspokus-Skala: ▲▲▲▲▲▲▲▲▲▲
Entdeckungs-Skala: ▲▲▲▲▲▲▲▲▲▲

Diese heilende Methode lernte ich kennen, als eine Freundin von mir zu einer TRE-Sitzung ging und ihr Arm dabei stark zitterte. Sie erklärte dem Lehrer, dass sie noch nie ein Trauma im Arm hatte, fühlte sich anschließend unwohl und vereinbarte einen Vorsorgetermin. Bei ihr wurde Brustkrebs direkt neben dem bebenden Arm diagnostiziert. Damit war ich von der Methode überzeugt.

TRE wurde von Dr. David Berceli erfunden. Die Übungen aktivieren gefahrlos einen natürlichen Reflexmechanismus, der sich in Beben oder Vibrieren äußert, bei dem Muskelspannung freigegeben wird, was wiederum das Nervensystem beruhigt. Wenn dieser muskuläre Schüttel-/Vibrationsmechanismus in einer sicheren und kontrollierten Umgebung aktiviert wird, wird der Körper ermutigt, wieder in einen Gleichgewichtszustand zurückzufinden. Spannung und Traumata werden aus dem Körper entfernt.[24]

YOGA

Hokuspokus-Skala: ▲▲▲▲▲▲▲▲▲▲
Entdeckungs-Skala: ▲▲▲▲▲▲▲▲▲▲

Yoga bedeutet »Vereinigung« oder »Integration«. Yoga hilft uns beim Ausrichten unseres Körpers, Geists und der Seele und setzt Energien frei. Durch Bewegung und Innehalten wird Energie durch die Energiezentren des Körpers geleitet, also weg von den Stellen, an denen sich die Energie konzentriert. Wenn diese Blockaden aufgebrochen werden, haben wir häufig einen negativen Gedanken vor Augen. Die Seele pflanzt ihn in deinen Geist, damit du weißt, woher die Blockade kommt, und erlaubt dir, mental loszulassen und zu erkennen, was dir nicht guttut. Falls du es noch nicht gemacht hast, solltest du in Kapitel 1 mehr über Yoga nachlesen. Im Zweifelsfall und besonders, wenn du wenig Zeit hast, denke daran: Einfache Sonnengrüße, die Kindeshaltung und Shavasana, die Totenstellung, sind deine Freunde! Selbst wenn du jeden Tag nur zehn Minuten Yoga machst, werden dir deine Chakras dafür danken.

PROBIER'S MAL AUS!

»———→

Stelle dich auf ein Fleckchen Gras, den Strand oder was auch immer in deiner Reichweite liegt und sich gut anfühlt, halte die Arme neben dem Körper und die Augen geschlossen. Falls du Yoga praktizierst, wirst du die Stellung unter dem Namen Bergposition kennen. Atme langsam und tief, stelle dir Wurzeln unter den Füßen vor, die dich verankern und zentrieren. Bleibe hier, stelle dir vor, wie deine Wurzeln weiter und weiter in die Erde wachsen, bleib etwa fünf bis zehn Minuten in der Position. Wenn du fertig bist, öffne die Augen und aale dich in der positiven Energie, die aus der Erde in deine Chakras strömt. Dies ist eine tolle Erdungsübung, die dir hilft, wenn dein Leben gefühlt außer Kontrolle gerät. Du weißt schon, dieses OMG-ich-drifte-in-ferne-Galaxien-ab-wie-Sandra-Bullock-in-Gravity-Gefühl!

SPAZIERGANG IN DER NATUR

Hokuspokus-Skala: ▲▲▲▲▲▲▲▲▲ ▲
Entdeckungs-Skala: ▲▲▲▲▲▲▲▲▲▲

Laufband mit iPad-Stöpseln in den Ohren lassen wir heute mal bleiben, statt-dessen ab mit dir in die Natur, am besten barfuß! Selbst wenn du nur ein Fleck-chen Gras findest und dich fünf Minuten lang draufstellst, lass dir die Gelegen-heit nicht entgehen. Erlaube dir eine Verbindung zu Mutter Erde auf jede dir mögliche Art und Weise. Indem du dich mit der Erde verwurzelst, kannst du dich wieder neu ausrichten.

PROBIER'S MAL AUS!

≫——→

Untersuchungen zu diesem Thema haben ergeben, dass die Schlafdauer für ein opti-males Nickerchen zwischen zehn und dreißig Minuten am Nachmittag liegt – am besten zwischen zwei und drei.[25] Bist du in dieser Zeit bei der Arbeit? Iss an deinem Schreibtisch und mache dann eine späte Mittagspause, um in einem leeren Büro kurz die Augen zu schließen, lege dich draußen auf eine Parkbank oder unter deinen Schreibtisch. Erinnerst du dich noch an meinen alten Kollegen, der sich an seinem Arbeitsplatz ein kleines Refugium errichtet hat? Probiere es doch einmal aus. Bei ihm hat es funktioniert.

SCHLAF

Hokuspokus-Skala: ▲▲▲▲▲▲▲▲▲ ▲
Entdeckungs-Skala: ▲▲▲▲▲▲▲▲▲ ▲

Das hier versteht sich eigentlich von selbst, aber trotzdem, fast niemand bekommt genug Schlaf. Im-mer wenn es dir irgendwie möglich ist, solltest du die Füße hochlegen, meditieren, ein Nickerchen ma-chen. Lass deinen Körper den Pausenknopf drücken und halte so lange inne, wie du es brauchst. Du wirst munter, entspannter und am wichtigsten: Du wirst voller positiver, neuer Energie wieder erwachen!

WÄRME

Hokuspokus-Skala:
Entdeckungs-Skala:

Im Urlaub fahren wir nicht grundlos in warme Gefilde. Wärme verringert Stress auf natürliche Art und Weise und hilft den Muskeln bei der Entspannung und beim Loslassen von Negativität. Eine Auszeit in den Tropen ist zwar grandios, allerdings können die meisten von uns im Leben nicht einfach auf Pause drücken, wenn uns gerade danach ist. Du kannst dir aber ein wenig Wärme gönnen, indem du eine Sauna, ein Spa oder ein Badehaus besuchst oder Bikram- oder eine andere Hot-Yoga-Stunde besuchst.

DETOX

Hokuspokus-Skala:
Entdeckungs-Skala:

Zitronensaft-Kur? Muss nicht sein, Freunde. Entgiftung ist der Prozess, mit dem die Zellen im Körper sowie das Blut, das durch den Körper zirkuliert, gereinigt wird. Zu den wichtigsten Zielen beim Detox gehört, Unreinheiten aus dem Blut in der Leber zu entfernen, wo Giftstoffe zur Ausscheidung verarbeitet werden. Der Körper scheidet Toxine außerdem durch Nieren, den Darm, die Lungen, das Lymphsystem und die Haut aus. Ist dieses System allerdings beeinträchtigt – wenn du viel schlechtes Essen in dich hineingestopft, nicht genug Pausen gemacht hast oder eine Zeit lang krank warst – werden die Verunreinigungen nicht vernünftig gefiltert, und jede Zelle im Körper wird nachteilig beeinflusst.

Es gibt viele verschiedene Möglichkeiten zum Entgiften, wie beispielsweise mit Säften, grünem Gemüse und roher Nahrung. Bei sämtlichen Entgiftungen solltest du viel Wasser trinken, damit dein Körper alle Toxine ausspülen kann, und entweder während der Entgiftung oder danach viel Vollwertkost zu dir nehmen, wie beispielsweise Brokkoli, Grünkohl, Spinat, Rote Beete, Zwiebeln, Weißkohl, Gerste, Weizengras, Spinat, Spirulina, Alfalfa, Mangold, Rucola und sonstige Blattgemüse. Versuche außerdem, Knoblauch und grünen Tee zu dir zu nehmen, beides sind natürliche Antioxidanzien. Antioxidanzien verlangsamen oder verhindern den Zerfall oder die Schädigung von Körperzellen. Ich rate dir außerdem eindringlich zu einem Gespräch mit einem Ernährungsberater oder Arzt, bevor du mit einer Diät oder einer Entgiftung beginnst, um sicherzugehen, dass sie deinem Körper nicht schadet.

VIBRATIONSMEDITATION

Hokuspokus-Skala: ▲▲▲▲▲▲▲▲▲▲
Entdeckungs-Skala: ▲▲▲▲▲▲▲▲▲▲

Wenn man davon ausgeht, dass unsere Chakras Energiezentren sind, die auf einer Schwingungsfrequenz arbeiten, kann Summen und Singen bei der Meditation dabei helfen, sie durch Vibration des Körpers wieder auszurichten. Wenn du es ausprobieren möchtest, solltest du dich gemütlich hinsetzen, die Beine kreuzen, den Rücken aufrichten und deine Augen schließen, damit du dich auf die Geräusche konzentrieren kannst und darauf, dass du deinem Körper Energie zuführst. Jedes Chakra verfügt über eine eigene Frequenz. Deswegen braucht auch jedes einzelne seinen eigenen Chant.

PROBIER'S MAL AUS!

Experimentiere bei der Meditation mit diesen Geräuschen, um jedes Chakra zielgerichtet zu heilen.

- ▶ Der Laut »UU« wie das ›u‹ in »gut« ausgesprochen: Dieses Geräusch wird mit dem Wurzel- und dem Sakral-Chakra verbunden.
- ▶ Der Laut »OH« wie das ›o‹ in »Floh« ausgesprochen. Dieses Geräusch wird mit dem Solarplexus- (innere Sonne) und dem Sakra-Chakra verbunden.
- ▶ Der Laut »AH« wird wie das ›a‹ in »Vater« ausgesprochen: Dieses Geräusch ist mit dem Herz-Chakra verbunden.
- ▶ Der Laut »EH« wird wie das ›e‹ in »beten« ausgesprochen. Dieses Geräusch ist mit dem Hals-Chakra verbunden.
- ▶ Der Laut »II« wird wie das ›i‹ in »Maschine« ausgesprochen: Dieser Laut ist mit dem Dritten Auge und dem Kronen-Chakra verbunden.
- ▶ Der Laut »SSS« wie eine Biene und »MM« wird wie das ›m‹ in »Mama« ausgesprochen: Diese Geräusche sind mit dem Drittes-Auge-Chakra und dem Kronen-Chakra verbunden.[26]

Wenn du die Chants einfach mit normaler Stimme aufsagst, sind die viel weniger effektiv. Ich habe herausgefunden, dass man am besten mit einer monotonen Stimme chantet. Mache deine Stimme so tief wie möglich, damit du sie ganz weit im Inneren in deinem Körper spüren kannst. Wenn du diese Laute chantest, solltest du die Vibration in deinem Körper fühlen. Keine Angst, wenn es sich anfangs doof anfühlt! Und das wird es wohl. Du solltest darüber lachen und immer wieder anfangen, bis du den Dreh raus hast.

MUSIK

Hokuspokus-Skala:
Entdeckungs-Skala:

Lust auf eine Tanzparty? Die therapeutischen Eigenschaften von Musik werden schon seit Langem mit Entspannung, Meditation und Heilung in Verbindung gebracht, weil sie unsere Stimmungen beeinflussen. Die Frequenz eines Liedes kann uns in eine glücklichere Stimmung versetzen oder uns beruhigen, je nach Takt. Warst du schon einmal schlecht drauf, und dann kam dein Lieblingslied im Radio? Da kann man fast nicht mürrisch bleiben. Musik erreicht uns auf einer emotionalen und mentalen Ebene. Bei einem Festival oder Konzert kann deine Energie durch den Takt der Musik und durch die Stimmungen der Menschen um dich herum durch Tanzen, Klatschen und Singen verbessert werden. Es werden sogar mit jedem Chakra Instrumente verbunden!

▶ Wurzel-Chakra: Die Trommel der traditionellen ostindischen Musik wird als Stimme der Seele angesehen. Trommeln sind mit dem Rhythmus der Seele und dem Om-Mantra verbunden.
▶ Sakral-Chakra: Holzbläser rufen die Seele zur Mutter, weil Mutter Erde uns zum Takt der Trommeln mit der Erde verbinden kann.
▶ Solarplexus-Chakra: Orgelpfeifen beeinflussen die Bedürfnisse der Seele und helfen uns dabei, auf unsere inneren Wünsche zu hören.
▶ Herz-Chakra: Die große Harfe und das Glockenspiel können unseren Einklang mit dem Universum symbolisieren und für unsere Seelen singen.
▶ Hals-Chakra: Blechblasinstrumente und Singen stehen für unseren Einklang mit dem Universum, unsere Wortwahl und unser Ausdrucksbedürfnis.
▶ Drittes-Auge-Chakra: Das Klavier steht für die Sicht mit dem dritten Auge und unsere Verbindung zur Spiritualität.
▶ Kronen-Chakra: Saiteninstrumente stellen die Erleuchtung des Geistes dar und helfen beim intuitiven Zuhören und der Kommunikation mit der Seele.[27]

>>Es ist eine Pflicht, den Körper gesund zu erhalten.
Sonst können wir unseren Geist nicht stark und klar halten.<<
Buddha

AUREN

Hokuspokus-Skala: ▲▲▲▲▲▲▲▲▲▲
Entdeckungs-Skala: ▲▲▲▲▲▲▲▲▲▲

Öffne deinen Geist und dein Herz. Lasst die Skepsis einmal beiseite, liebe Freunde, wir sprechen jetzt nämlich über Auren.

Aura wurde lange Zeit über als eiförmiges elektromagnetisches Energiefeld beschrieben, das alle Menschen umgibt. Die Aura besteht aus sieben Ebenen/Schichten/Energiekörpern, die auch als physische, astrale, niedrigere, höhere, spirituelle, intuitive und absolute Ebenen bzw. Körper bezeichnet werden. Jeder dieser feinstofflichen Körper, die den physischen Körper umgeben, verfügt über seine eigene Frequenz. Sie sind miteinander verbunden und beeinflussen sich gegenseitig und gleichzeitig die Gefühle, Emotionen, Gedankenmuster, das Verhalten und die Gesundheit eines Menschen im Allgemeinen.[28] Genau wie bei den Chakras führt ein Ungleichgewicht in einem dieser Körper auch zu Unausgewogenheit in den anderen.

Im Folgenden besprechen wir jede einzelne Ebene und deren Auswirkungen auf den Körper.

Ätherkörper

Diese Schicht ist am nächsten an uns dran, wird während der wachen Zeit schwächer und verstärkt sich wieder, wenn wir schlafen oder uns ausruhen. Damit diese Ebene ausgeglichen bleibt, benötigen wir körperliches Wohlbefinden, Vergnügen und Gesundheit. Falls sich andere Auren generell in einem schlechten Zustand befinden, ist diese Ebene beschmutzt. Außerdem haben

Menschen, die negative Gefühle in sich tragen oder die sich an einem negativen Ort aufhalten, einen dunkleren Ätherkörper.

Emotionalkörper

In dieser Ebene werden unsere emotionalen Geschichten und die Erfahrungen mit Freunden und der Familie abgespeichert. Man kann ganz einfach erkennen, wenn deine emotionale Aura aus dem Gleichgewicht ist, weil du dann ausgesprochen empfindlich, labil und häufig auch vernunftwidrig fühlst, als hätte deine Aura PMS. Deine Astral-Aura spricht am besten darauf an, wenn du deine Umgebung nach ihr ausrichtest. Um negative Gefühle zu heilen, visualisiere die Farbe Grün. Lege dich auf eine Wiese oder verbringe einige Zeit unter einem Baum. Dies hilft dir, die Farbe zu deiner Aura hinzuzufügen.

Mentalkörper

Dieser Körper steht mit Vernunft, Gedanken und wie wir uns unsere eigene individuelle Wirklichkeit gestalten, in Verbindung. Die meisten Menschen verbringen ihre wachen Stunden in dieser Ebene. Sie weitet sich aus, wenn unser Geist arbeitet, wenn wir lernen, und auch, wenn wir uns auf etwas besonders Schwieriges fokussieren. In diesem Körper werden außerdem die Glaubenssysteme, Werte und Ideen eines Menschen gespeichert. Wenn der Mentalkörper verdreht und nicht richtig ausgerichtet ist, sind wir voreingenommen, fühlen uns schlecht und sind häufig aufgewühlt.

Astralkörper

Dieser Körper ist mit unserem Mentalkörper verbunden, fügt aber auch ein tieferes spirituelles Element hinzu. Dort speichern wir unsere höheren Überzeugungen wie beispielsweise Selbstliebe, Dankbarkeit, Selbstlosigkeit und bedingungslose Liebe. Ja, deine Selbstgespräche können alle deine Schwingungen beeinflussen, nicht nur dein Selbstbewusstsein, sondern auch die Energie, die du in die Welt hinaus projizierst. Stelle sicher, dass dein spiritueller Körper auf Schönheit, Güte und Liebe ausgerichtet ist, denn auch wenn du denkst, es handele sich nur um eine interne Konversation mit dir, kann jeder in deinem Umfeld deine Unterhaltung spüren. Ich lade dich ein, dies als ganz offizielle Einladung zu einem riesigen Aura-Ego zu betrachten, es wird nur beim Nähren und Füttern der Energie und der Umgebung in deinem Inneren und um dich herum helfen.

Ätherische Blaupause

Dieser Körper hat nur mit unserer Spiritualität zu tun und verbindet uns sowohl mit unserer direkten Umgebung als auch mit dem umfassenderen Universum. Wenn wir uns dieser Ebene bewusst sind und uns mit den spirituellen Aura-Körpern anderer Menschen verbinden, können wir besser ähnliche Seelen aufspüren. Wenn du eine klare spirituelle Aura hast, wirst du dich mit anderen Menschen, die denselben Weg eingeschlagen haben wie du, verbinden und dort dieselben Dinge entdecken. Dabei wird es sich im Grunde um Menschen handeln, die du unterrichtest, mit denen du dein Wissen teilst und von denen du lernen kannst. Menschen, die den Energiekörper des anderen anzapfen müssen, sind häufig zynisch, negativ, wertend und fühlen sich von deinem spirituellen Wachstum sogar bedroht. Mache dir keine Sorgen. Sie sind nur neidisch auf das strahlende Leuchten deiner Aura. Wenn Menschen so auf dich reagieren, weißt du, dass deine spirituelle Aura super ist! Die anderen machen sich in ihrem eigenen Tempo auf den Weg zu ihrem Glück. Und wenn sie das nicht tun, ist es ihr Problem, nicht deins.

Himmlischer Körper

Auf dieser Ebene speichern wir unsere Träume, Intuitionen und allgemeines spirituelles Bewusstsein. Dort bewahren wir auch Vergebung und Akzeptanz auf. Wenn du an einen erleuchteten Menschen denkst, welche Eigenschaften fallen dir ein? Ich denke direkt an friedlich, ruhig, gütig und geduldig. Du

---

PROBIER'S MAL AUS!

»———→

Unsere Auren verändern sich, wenn sich unsere Launen verändern. Genauso wie Lachen, wenn wir eigentlich gar nicht fröhlich sind, unsere Laune heben kann, kann ähnliches Verhalten uns auch dabei helfen, unsere Aura zu verändern. Wenn du dich nicht richtig ausgerichtet oder melancholisch fühlst oder wenn die negativen Energien anderer Menschen dich beeinflussen, kannst du dir ganz einfach selbst gesunde, positive, liebende Gedanken schenken, um diese Launen deiner Aura zu reinigen. Probiere es aus, indem du dir ein Lächeln schenkst und nachspürst, ob du dich besser fühlst.

kannst einen gesunden kosmischen Aura-Körper spüren, der sich im völligen Nirwana befindet, wenn du dich in der Nähe von solchen Menschen aufhältst. Du fühlst dich außerdem viel zentrierter in ihrer Umgebung. Erleuchtete Seelen, die manchmal auch als »Indigo-Persönlichkeiten« bezeichnet werden, leben in ihrem kosmischen Aura-Körper. Sie sind sensible, häufig exzentrische Seelen, die kreativ, intuitiv und begabt sind. Wenn du einen solchen Aha-Moment hast oder eine absolut zündende Idee, nachdem du dich jahrelang blockiert gefühlt hast, ist dies dein kosmischer Aura-Körper, der den Weg für enormes spirituelles Wachstum frei macht.

Kausaler Körper

Der Kausale Körper gleicht die anderen Ebenen aus und harmonisiert sie miteinander. Er beherbergt alle Entscheidungen einer Seelenreise und ist der Entwurf der spirituellen Reise eines Menschen. Betrachte ihn als großen roten Bogen deiner Aura, die Abrundung deines Energiefeldes.[29]

Bist du schon einmal in ein Zimmer gegangen und hast direkt Gänsehaut bekommen, ein Bauchgefühl, das dir sagte, etwas wird passieren, oder du hast einfach gespürt, ob die Stimmung im Raum entspannt oder angespannt ist? Hier geht's um deine Aura. Sie schirmt dich auf gewisse Weise ab. Du kannst aber auch andere Auren berühren, um intuitiv die Stimmung verschiedener Individuen zu spüren und deren Verhalten vorauszusagen. Wenn wir Menschen gut lesen können und uns mühelos an verschiedene Situationen anpassen können oder schnell innere Unruhe bei anderen erspüren, sind wir für gewöhnlich im Einklang mit den eigenen Energiesystemen des Körpers: Seele, Chakras und Aura. Einige sind sogar so sehr auf die Aura anderer Menschen eingestimmt, dass sie sämtliche Lagen und Farben sehen können.

> »Manchmal frage ich Menschen: ›Kannst du dir deiner eigenen Präsenz bewusst sein?
> Nicht der Gedanken, die du hast, nicht der Gefühle, die du hast, sondern der Präsenz deines
> eigentlichen Seins‹? Du wirst dir deiner eigenen Präsenz bewusst, indem du das ganze Energiefeld
> in deinem Körper spürst, das lebendig ist. Das ist die Gesamtheit deiner Präsenz.«
> Eckhart Tolle

AURA – GEWUSST WIE

Seelensucher, die noch die tiefere Bedeutung der Aura entschlüsseln müssen, denken für gewöhnlich direkt an Aura-Farben und deren Verbindung zur Seele. Ich denke immer an das bekiffte Groupie-Girl in Cameron Crowes *Almost Famous – Fast berühmt*,[30] das sich Patrick Fugit schnappt und fröhlich ruft: »Deine Aura ist lila!« Aber Auren sind vielschichtiger. Deswegen lüften wir jetzt ein weiteres Geheimnis der Aura, bist du bereit? Auf den folgenden Seiten findest du eine Auflistung von Aura-Farben und den damit verbundenen Bedeutungen.[31]

PROBIER'S MAL AUS!

»————→

Durchforste YouTube nach Clips über die Bedeutung deiner Aura-Farben und nach Tipps, wie du deine Aura-Farbe herausfinden kannst.

Genauso, wie wir unsere Chakras ausgleichen und reinigen, können wir auch unsere Auren ausgleichen und wieder ausrichten. Es gibt zahlreiche Ähnlichkeiten zwischen der Reinigung von Energie und der von Auren. Allerdings reagieren Auren am besten auf Folgendes: Nimm Tageslicht in dich auf, setze dich seltener elektrischer Strahlung aus und vermeide unausgeglichene Stimmungen.

Gehe an die frische Luft

Verbringe, wenn möglich, mindestens eine Stunde am Tag draußen im Tageslicht. Stelle dich draußen hin, wenn die Sonne scheint, dreh dich zu ihr – klar, mit geschlossenen Augen natürlich – und lass das Sonnenlicht auf dich herunterscheinen. Du bist ein Solarpanel, das die Strahlen für die Zukunft speichert.

Setze dich weniger häufig elektrischer Strahlung aus

Wenn wir uns den ganzen Tag über in der Nähe von Smartphones, Fernsehern und Radiofrequenzen aufhalten, kann das unsere natürlichen Frequenzen stören. Dies merken wir, wenn wir nicht schlafen können. Dabei ist die Nachtruhe doch eine der besten Möglichkeiten, unsere Chakras und unsere Aura zu reinigen. Immer wenn du etwas Zeit abseits von Elektrogeräten verbringen kannst, solltest du das tun. Schalte alles aus, ziehe die Stecker raus und lege deine kleinen elektrischen Spielzeuge jeden Tag für eine gewisse Zeit weg oder – wenn das unter der Woche nicht geht – versuche es für einige Stunden am Wochenende.

PROBIER'S MAL AUS!

»——————→

Du brauchst dein iPhone im Schlaf? Nee. Schalte vor dem Ins-Bett-Gehen sämtliche Elektrogeräte aus und ziehe die Stecker, wenn dir das möglich ist. Nimm dein Telefon nicht nur vom Ladegerät, zieh das Ladegerät ganz aus der Steckdose! Gönne deinen Auren eine dringend benötigte Pause vom Elektro-Smog.

Vermeide Stimmungsschwankungen

Das ist höflich für: »Keine Drinks oder Drogen für dich, Freundchen.« Alles, was deine Stimmung künstlich verändert, wirkt sich negativ auf die natürliche Ausrichtung deiner Energiezentren und Auren aus. Meine schlechte Angewohnheit ist Schokolade. Aber keine Sorge: Ein Martini oder ein KitKat dann und wann wird deine Aura nicht in Millionen kleine Stücke zerschmettern, aber übertreib's nicht.

Wenn ich ehrlich bin, war die ganze Aura- und Chakra-Sache das Schwierigste auf meiner spirituellen Seelensuche. Manchmal hab ich mir gesagt, ich sei doch völlig durchgeknallt, weil ich meine Fingerspitzen anstarrte und darauf wartete, Farben zu sehen oder mir vorzustellen, wie sieben farbig leuchtende Räder in meinem Körper herumwirbeln. Doch wenn wir uns entspannen und den Dingen einfach eine Chance geben, geschieht etwas Magisches.

Bei dir passiert aber rein gar nichts? Kann ich gut nachvollziehen. Ich hatte auch eine Blockade und konnte meine Aura nicht sehen. Das war total frustrierend. Ich würde dir vorschlagen, einmal deine Aura lesen zu lassen und einen Aura-Experten zu konsultieren, der dir deine Farben erläutert oder dir sogar Schritt für Schritt beibringt, wonach du suchen musst. Falls das ganze Chakra-Dings aber immer noch seltsam oder abschreckend ist, solltest du einen Massage-Therapeuten oder einen ganzheitlichen Heiler in deiner Umgebung aufsuchen. Ich wette mein schönstes Kristallpendel darauf, dass sie dir helfen werden, und ja, wahrscheinlich macht das Ganze auch noch Spaß. Versprich dir nur eins, wenn du dich mit deinen Auren und Chakras befasst: Bleibe positiv, offen und lass die göttliche Energie fließen.

ROTE AURA

Hängt mit dem physischen Körper im Allgemeinen, dem Herzen und der Durchblutung zusammen. Je stärker die rote Farbe leuchtet, desto mehr Reibung findet innerhalb der Aura statt. Rote Auren hängen für gewöhnlich mit finanziellen Sorgen, Besessenheit, Wut, Angst oder Nervosität zusammen. Allerdings kann ausgeglichene rote Energie auf ein gesundes Ego und eine gute Dosis gesunder Selbstliebe hindeuten.

Tiefes Rot: Geerdet, realistisch, aktiv, starke Willenskraft oder stur und egoistisch
Schmutziges Rot: Wut
Klares Rot: Mächtig, leidenschaftlich, energetisch, sexuell
Trübes Rot: Unreif, unehrlich oder manipulative Persönlichkeit
Orange-Rot: Kreativ, überzeugende Ideen

ORANGE AURA

Steht mit Geschlechtsorganen und Emotionen in Verbindung. Die Farbe der Vitalität, Gesundheit und Spannung. Viel Energie und Ausdauer, Kreativität, Produktivität, Abenteuerlust, Tapferkeit, Kontaktfreudigkeit. Oder: Man erfährt im Augenblick Stress wegen Abhängigkeiten.

Orange-Gelb: Kreativ, intelligent, detailorientiert, perfektionistisch, wissenschaftlich

WEISSE AURA

Weißes Funkeln oder weiße Lichtblitze: Engel sind in der Nähe; kann dafür stehen, dass eine Frau schwanger ist oder es bald sein wird.

GELBE AURA

Bezieht sich auf Übellaunigkeit und Lebensenergie; aufrütteln, Inspiration, Intelligenz und Handlungen; teilen, Kreativität, Verspieltheit, Optimismus und unkomplizierte Art.

Helles oder blasses Gelb: Sich entwickelndes psychisches und spirituelles Bewusstsein; Optimismus und hoffnungsvolle Gefühle; Begeisterung über neue Ideen
Leuchtendes Zitronengelb: Probleme, Macht und Kontrolle in persönlichen oder Geschäftsbeziehungen aufrechtzuerhalten; Angst vor Kontroll-, Prestige-, Respekt- oder Machtverlust
Klares gold-metallisches Gelb, leuchtend und hell: Spirituelle Energie, Macht wird aktiviert und erweckt; ein inspirierter Mensch
Dunkles, bräunliches Gelb oder Gold: Ein Schüler oder jemand, der sich beim Lernen schwertut; übermäßig analytisch bis hin zum Gefühl der Erschöpfung oder des Stresses; will »verlorene Zeit« dadurch wettmachen, dass er alles auf einmal lernt.

GRÜNE AURA

Bezug zu Herz und Lungen. Eine sehr angenehme, gesunde Farbe, die in der Natur verwurzelt ist. Wenn Grün in der Aura gesehen wird, steht es für gewöhnlich für Wachstum und Ausgleich, und – vor allem – etwas, das zu einer Veränderung führt; außerdem steht eine grüne Aura für Menschenliebe, Liebe zur Natur und zu Tieren; einen Lehrer oder ein soziales Wesen.

Leuchtendes Smaragdgrün: Ein Heiler, auch eine liebeszentrierte Person
Gelbgrün: Kreativ und dabei herzlich, kommunikativ
Dunkles oder schlammiges Waldgrün: Eifersucht, Ressentiment, man fühlt sich wie ein Opfer der Umstände; man gibt sich selbst oder anderen die Schuld; Unsicherheit und wenig Selbstwertgefühl; man versteht die eigene Verantwortung nicht; reagiert empfindlich auf Kritik
Türkis: Betrifft das Immunsystem; sensibel, mitfühlend, Heiler, Therapeut

LAVENDELFARBENE AURA

Bei einer Aura in dieser Farbe geht es um Sichtbarwerden. Denke an Fantasie, Visionäre, Tagträumer, ätherische Dinge. Normalerweise sind Künstler, Unternehmer und Innovatoren von lila- oder lavendelfarbenem Licht umgeben.

BLAUE AURA

Hängt mit Hals, Schilddrüse und einem gelassenen, ruhigen und gesammelten Wesen zusammen, sowie Menschen, die sich um andere kümmern und anderen gerne helfen, sensibel, intuitiv.

Hellblau: Friedlichkeit, Klarheit und Kommunikation; Wahrheit, Intuition
Leuchtendes Königsblau: Hellseher, äußerst spirituell, großzügig, auf dem richtigen Weg, neue Gelegenheiten kommen
Dunkles oder schlammiges Blau: Angst vor der Zukunft, Angst davor, sich selbst auszudrücken, sich der Wahrheit zu stellen oder sie auszusprechen.

VIOLETTE AURA

Hängt mit Krone, Zirbeldrüse, die Melatonin herstellt, und dem Nervensystem zusammen. Violett ist die empfindlichste und weiseste Farbe. Es ist die intuitive Farbe in der Aura, und sie offenbart psychische Macht, weil wir mit uns selbst im Reinen sind. Steht für einen intuitiven, visionären, futuristischen, idealistischen, künstlerischen und magischen Menschen.

SILBERNE AURA

Dies ist die Farbe der Fülle, sowohl spirituell als auch physisch. Unmengen an hellem Silber können viel Geld widerspiegeln oder das Erwachen des kosmischen Geistes.

Helles metallisches Silber:
Empfänglich für neue Ideen, intuitiv, nährend
Dunkles und schlammiges Grau:
Reste von Angst häufen sich im Körper und können gesundheitliche Probleme hervorrufen, besonders, wenn sich an bestimmten Bereichen des Körpers graue Stellen erkennen lassen.

GOLDENE AURA

Die Farbe der Erleuchtung und des göttlichen Schutzes. Wenn sie innerhalb der Aura gesehen wird, bedeutet das, dass ein Mensch von seinem höchsten Gut geleitet wird. Eine goldene Aura steht für göttliche Führung und repräsentiert Schutz, Weisheit, innere Erkenntnis, einen spirituellen Geist, einen intuitives Denken.

PASTELLFARBENE AURA

Ein sensibles Zusammenspiel von Licht und Farben, mehr noch als Grundfarben. Zeigt Sensibilität und ein Verlangen nach Ruhe.

SCHWARZE AURA

Zieht Energie an und verändert sie dadurch. Fängt Licht ein und verbraucht es. Steht normalerweise für die Unfähigkeit, auf lange Sicht sich selbst oder anderen zu verzeihen, wird in bestimmten Bereichen des Körpers gespeichert, was zu gesundheitlichen Problemen, Schmerzen aus früheren Leben und nicht ausgelebter Trauer führen kann.

SCHMUTZIG GRAUE AURA

Blockade von Energien, Vorsicht

INDIGOFARBENE AURA

Bezieht sich auf das dritte Auge, Sehkraft und die Hirnanhangsdrüse. Reflektiert andere Energien, einen reinen Lichtzustand. Steht häufig für eine neue, noch nicht bestimmte Energie in der Aura; spirituelle, ätherische und nicht-körperliche Eigenschaften; transzendent, höhere Dimensionen, Reinheit und Wahrheit; engelhafte Eigenschaften.

DEIN FENG-SHUI

Als jemand zum ersten Mal »Feng-Shui« zu mir sagte, war ich beleidigt. Warum werde ich angegriffen? Ich habe doch gar nichts gemacht! Ups.

Feng-Shui ist aber gar kein Schimpfwort, sondern eher eine wirkungsvolle Methode, die Energien in deinem Umfeld auszugleichen, genauso wie wir unsere Chakras und Energiezentren ausbalancieren. Als ich dieses Kapitel geschrieben habe, trieb ich meinen Partner fast in den Wahnsinn, meine Foltermethode war Möbelverstellen. Ich habe das ganze Haus umgestellt. Mehrfach. Bei uns *ist* Feng-Shui nun ein Schimpfwort. So sieht es zumindest mein Partner.

Dieses Kapitel befasst sich mit der Energie, die uns im Alltag umgibt, sowohl in unserer Umwelt – dazu zählen unsere Wohnräume, das Büro und so weiter –, damit wir verstehen, wie wir die Erde beeinflussen, Energie verwenden und Räume erschaffen können, die unserem höchsten Selbst dienen.

Das Feng-Shui-Prinzip findet seit vielen Jahren in zahlreichen Kulturen Anwendung: vom indischen Feng-Shui namens *Vastu Shastra*, das während der alten Vedischen Ära verwendet und in dem jedes Element des Lebens als Kunst betrachtet wurde, bis hin zu den alten Chinesen, die erkannten, dass alles in deiner Umgebung über eine Energie, eine Symbolik und eine Verbindung zu dir verfügt.[32]

Die meisten Menschen sind zwar mit dem chinesischen Feng-Shui vertraut, aber der Blick auf weitere Kulturen und Traditionen lohnt sich, falls dich auch das Möbelrück-Virus erfasst hat. In der hinduistischen Kultur beispielsweise darf man auf keinen Fall mit dem Kopf in Richtung Nord und West schlafen. Die Menschen glauben fest daran, dass die Richtung, in die der Kopf beim Schlafen zeigt, starke Auswirkungen auf dein körperliches und geistiges Wohlbefinden hat sowie auch auf das, was du im wachen Zustand anziehst.

Die Worte *Feng* und *Shui* sind eine Kombination aus zwei Elementen im Chinesischen: Wind und Wasser. Diese beiden Naturkräfte sind für unser Überleben unabdingbar: Wind oder Luft zum Atmen und Wasser zum Trinken oder Reinigen. Zusammen bestimmen sie das Klima und können entweder einen schönen, geruhsamen Tag erschaffen oder auch einen schlimmen Sturm, je nachdem, wie sie aufeinandertreffen. Diese beiden Elemente bestimmten sehr lange das Leben und die Entwicklung der Menschen und spielen nach wie vor in jeder Umgebung eine zentrale Rolle beim Energieausgleich. Die chinesische Philosophie versteht Feng-Shui als Methode, mit der die Energie, das Chi, verwendet wird, um die gesamte Energie des Raumes zu bestimmen, beispielsweise in einer Wohnung, am Arbeitsplatz oder im öffentlichen Raum. Ebenso wie Wasser oder Wind muss auch Chi frei fließen können. Du kannst mit dem Chi eines Raums arbeiten, um verschiedene Dinge anzuziehen, wie beispielsweise Erfolg, Romantik oder Fülle.

Deine Wohnung ist für dich dasselbe wie dein Körper für deine Seele: ein Zufluchtsort, der wichtige Energien enthält. Ebenso, wie dein Körper ausgeglichen sein muss, damit deine Seele aufblühen kann, muss auch die Energie unserer Wohnorte ausgeglichen sein, damit wir uns glücklich, geerdet, lebendig und mit uns im Reinen fühlen. Wenn du aus einem Raum ein Refugium machst – entweder ganz einfach durch eine Topfpflanze oder durch eine komplette Neugestaltung –, wirst du dich fühlen, als könntest du so der Welt entfliehen. Du hast dann einen geschützten Ort für kleine Ruhezeiten fernab vom Alltagstrubel.

Die Schutzzone eines Seelensuchers ist der Schlüssel zu einem gesunden Verstand in einer Welt, in der ebendiese Gesundheit rar gesät ist. Deswegen solltest du die Auswirkungen eines glücklichen Chi in deiner Umgebung nicht unterschätzen. Sobald du die Energien in einem Haus veränderst, wirst du dich fragen, warum du das nicht schon vor Monaten gemacht hast. Deswegen: Hoch die Ärmel, warne deine Mitbewohner, Partner oder die Familie, dass du ein bisschen umräumen wirst!

Wie funktioniert Feng-Shui eigentlich genau? Wir fangen mit etwas Bekanntem aus dem vorherigen Kapitel an: Farben. Farben stehen für die fünf Schlüsselelemente aus dem Feng-Shui: Feuer, Erde, Metall, Wasser und Holz. Außerdem können Bagua-Zonen, die auch als Energiezonen bekannt sind, bei der Ausrichtung eines Raumes nach Feng-Shui helfen und den Fokus auf die Bedürfnisse der Bewohner richten – wie Ruhm, Glück und zufriedenes Familienleben –, was auch immer wir gerne im Leben hätten. Die neun Bagua-Zonen werden auf der nächsten Seite vorgestellt.

Wenn ein Bagua-Grundriss[33] auf den Bauplan eines Gebäudes gelegt wird, zeigt er ganz präzise die spezifischen Bereiche an, welche die neun Schlüsselaspekte des Lebens beeinflussen. Du kannst dann symbolische Gegenstände an die relevanten Orte stellen, damit die jeweiligen Bereiche deines Lebens verbessert werden. Damit verwandelst du dein Zuhause fast schon in einen Energieschrein, der positive Elemente in dein Leben zieht in Bereichen wie beispielsweise Karriere, Liebe, Leben, Privatleben und vielem anderen.

Bagua-Zonen können anzeigen, ob Geld zum Fenster hinausgeschmissen wird, Türen verschlossen sind und damit neue Möglichkeiten blockieren oder ob sich Entwicklungen und Blockaden in Sachen Liebe am Horizont abzeichnen. Man muss sich nur den Grundriss eines Hauses und den Energiefluss und -fokus anschauen.

▶ **Segen / Reichtum:** Dieser Bereich hat Einfluss auf unsere finanzielle Situation und unser Wohlstandsniveau, darauf also, ob die Kasse klingelt.

▶ **Ruhm:** Dieser Bereich beeinflusst Beliebtheit, Ansehen und Status in unserer Gemeinschaft oder im Beruf. Sieh ihn als deine persönliche Ecke des Ruhms an.

▶ **Beziehungen:** Dieser Abschnitt bezieht sich auf den Zustand unserer persönlichen Beziehungen und Geschäftsbeziehungen.

▶ **Hilfreiche Freunde:** Dieser Abschnitt hängt mit Menschen zusammen, die uns gute Ratschläge geben, darunter fallen auch wichtige Mentoren, Einflüsse und Anführer. Also der Club der coolen Kids.

▶ **Einheit:** Dieser Abschnitt liegt in der Mitte des Raumes und muss generell frei von Dingen sein, die uns belasten, ablenken oder behindern. Du hast bestimmt schon oft gesehen, dass einige Leute in ein großen Zimmer einfach einen Teppich legen und sonst nichts. Das ist eine super Entscheidung für diesen Bereich der Einheit.

▶ **Kreativität:** Dieser Abschnitt spiegelt unsere Inspirationsquelle wider sowie unsere Anziehungskraft auf neue Gedanken und Ideen. An diesem Ort geht uns ein Licht auf.

▶ **Kontemplation:** Dieser Abschnitt beeinflusst unsere Entspannung oder Meditation, wo wir am besten unseren Kopf von Ballast befreien und nachdenken. Sozusagen deine Chill-out-Zone. *Ahhhh.*

▶ **Weg:** Dieser Abschnitt reflektiert unsere Bestimmung, unseren Lebensweg oder die Bestimmung unserer Seele.

▶ **Freunde:** Dieser Abschnitt bezieht sich auf unsere Freunde und Mentoren, mit denen wir uns umgeben, weil wir uns mit ihnen entspannen können, mit ihnen Spaß haben oder weil sie uns motivieren. Dies ist unser sozialer Raum: An diesem Ort können wir abschalten, loslassen und mit den Menschen, die wir sehr mögen, den Kopf frei bekommen.

Energie kann an einem Ort aus zahlreichen Gründen blockiert und durch viele verschiedene Kanäle eingeführt oder aus einer Umgebung herausgedrängt werden, zum Beispiel durch Türen, Fenster, Wasser, Spiegel und auch durch den riesigen Kleiderhaufen auf dem Boden, den du seit letzter Woche nicht zusammengelegt hast!

Gutes Feng-Shui – oder »gutes Chi«, wie ich es gerne nenne –, können wir erzeugen, indem wir einem Raum einfach die richtigen Elemente hinzufügen und die falschen wegnehmen. Damit ist beispielsweise gemeint, dass wir Farben verändern, Kristalle hinzufügen – yeah … noch mehr Kristalle –, Uhren, Spiegel oder auch einfach nur Möbel umstellen. Hast du schon einmal das Sofa umgestellt, musstest dann den Kaffeetisch anders rücken und dann noch etwas anderes, weil es sich einfach nicht mehr richtig anfühlte? Damit hast du, meine Liebe, Feng-Shui praktiziert, ob du es weißt oder nicht. Als Buddha sagte: »Wenn du einen Brunnen gräbst, gibt es kein Zeichen für Wasser, bis du es erreicht hast, nur Steine und Schmutz, die du aus dem Weg räumen musst. Du hast genug aus dem Weg geräumt: Bald schon wird das reine Wasser fließen.«[34] Gleichermaßen funktioniert auch Feng-Shui. Du wirfst Nippes, Ramsch, alte Klamotten und Papierkram in den Müll. Schmeiß alles weg, von dem du weißt, dass es deine Energie blockiert. Höre dabei immer auf dein Bauchgefühl! Du wirst in einen Rausch geraten und genau wissen, was zu tun ist.

FENG-SHUI IM SCHAFZIMMER

Hokuspokus-Skala: ▲ ▲ ▲ ▲ ▲ ▲ ▲ ▲ ▲ ▲
Entdeckungs-Skala: ▲ ▲ ▲ ▲ ▲ ▲ ▲ ▲ ▲ ▲

Ganz ruhig, Casanova, wir reden jetzt von Feng-Shui, nicht von Kamasutra. Aber ganz unter uns, im Schlafzimmer sollte es nur um die zwei großen »S« gehen: Schlaf und Sex. Falls es bei dir so ist oder falls du es gerne so hättest, solltest du dich daran halten. Deswegen sollte Feng-Shui im Schlafzimmer diese beiden Grundbedürfnisse befriedigen.

Siehst du dein Schlafzimmer oder dein Zuhause als Oase? Trittst du ein und fühlst dich direkt sicher, warm, gut aufgehoben, sauber und inspiriert? Welche Worte kommen dir in den Sinn, wenn du an dein Schlafzimmer denkst? Wenn dein Geist bei dieser Frage zu sehr in Plauderlaune gerät, sag doch einfach: »Ruhe jetzt da oben, ich spreche gerade mit meiner Seele!« Was hält deine Seele von deinem Heiligtum?

Weil wir viel Zeit schlafend in unseren Schlafzimmern verbringen, ist es wichtig, mit Feng-Shui genau dort – genauer gesagt mit deinem Bett – zu beginnen, falls du Feng-Shui auf alle Lebensbereiche übertragen willst. Weiter unten findest du eine Liste mit Feng-Shui-Tipps für dein Bett und Schlafzimmer. Denke dran: Wahrscheinlich hat kein Architekt-und-Innenarchitekt-Guru dein Haus gebaut, aber das spielt keine Rolle. Was ist unser Mantra als Seelensucher? Mache einfach, was für dich Sinn ergibt, und lass den Rest links liegen.

Kopfteil

Ein vernünftiges Kopfteil ist wichtig, es kann aus Holz oder aus Textilien bestehen. Betrachte es beim Schlafen als deine Krone, deinen Heiligenschein, deinen
Turban, was auch immer am besten zu dir passt. Du brauchst etwas, was dich
unterstützt und schützt, während sich dein Körper
ausruht, repariert und auflädt.

Feste Wand

Ähnlich wie ein Kopfteil ist auch eine feste Wand
hinter deinem Bett wichtig, um deine Energie zu beschützen. Außerdem sollte dein Bett nicht direkt unter oder neben einem Fenster stehen.

Neue, saubere Matratze

Fühlst du dich auf dem alten, muffigen Ding, das du
schon seit dem College mit dir herumschleppst, wie
die Prinzessin auf der Erbse? Ja, ich meine damit
auch diese Jackson-Pollock-Flecken auf deiner Matratze, die dem Chi im Raum nicht zuträglich sind.
Ihhh. Bei einer Matratze muss man bloß zwei einfache Regeln beachten: Sie muss gemütlich sein, damit
du möglichst gut schlafen kannst, und sie sollte frei
von früheren Energien sein, also am besten neu.

Über dem Boden

Energie muss unter deinem Bett frei zirkulieren können, deswegen solltest du dort sämtlichen Kram entfernen. Genau, auch die Kiste mit den peinlichen Bildern von deinem Junggesellinnenabschied und die
Tüte mit Klamotten, die du schon seit etwa zehn Jahren in die Altkleidersamm-
lung geben willst. Und noch wichtiger: Wenn möglich, nichts unter dem Bett
lagern. Es sei denn, deine Wohnung ist sehr klein und du hast sonst keinen

PROBIER'S MAL AUS!

Spiele einfach mal in deinem Schlafzimmer herum mit den Vorschlägen aus der
Tabelle und schau mal, wie du dich dann
in dem Raum fühlst. Rücke dein Bett von
einer Wand zur anderen. Schläfst du
besser? Schlechter? Mit der Zeit wirst du
dein Schlafzimmer als Schrein ansehen,
der nur für dich erbaut wurde, und es so
einrichten, dass es dir und den Bedürfnissen deiner Seele dient. Falls du den Raum
mit einem Partner teilst, stelle sicher,
dass er sich an der Umgestaltung
beteiligt, und frage ihn, ob er deine
Veränderungen in Ordnung findet. Lernt
dabei aus Fehlern, Leute! Schließlich
schlafen zwei Seelen in diesem Zimmer,
nicht nur eine.

Stauraum. Wenn dein Bett keine Beine hat, bastele dir welche, damit es höher steht. Etwas näher am Himmel zu schlafen ist immer gut, außerdem kann dann Energie frei unter dir fließen, während du schläfst.

Abstand zur Tür

Stelle dein Bett so weit wie möglich von der Eingangstür weg. Versuche, dein Bett nicht nach der Garderobe, anderen großen Möbelstücken oder sichtbaren Türen auszurichten. Es ist aber gut, eine klare Sicht auf die Tür zu haben, wenn du aufwachst. Wenn dein Bett beispielsweise diagonal zur Tür steht, solltest du die Tür ganz leicht sehen können. Wenn du die Tür im Blick hast, fühlst du dich, als hättest du dein Leben besser unter Kontrolle. So wissen wir, dass der Ein- und Ausgang frei sind.

Die Seiten neben dem Bett ins Gleichgewicht bringen

Achte darauf, dass alles neben deinem Bett auf beiden Seiten so ausgeglichen wie möglich ist. Verwende beispielsweise auf beiden Seiten die gleichen Nachttische, Lampenschirme und Bilderrahmen. Je ähnlicher sich diese Stücke sind, desto ausgeglichener fühlst du dich. Das kann sich erst mal ein biiisschen pingelig anhören. So ging es mir anfangs auch. Ich habe sogar meine Bilderrahmen so ausgerichtet, dass die Winkel zum Bett auf beiden Seiten gleich groß waren, aber die visuelle Balance wirst du schon bald als beruhigend und zentrierend wahrnehmen, nicht mehr exzentrisch-pedantisch.

Dekoration

Einige Schlüsselregeln zur Dekoration der Wände deines Zimmers, die ich traumhaft finde:

▶ Konzentriere dich auf inspirierende Kunst, die dich beruhigt oder motiviert.
▶ Lass die Finger von allem, worauf Wasser abgebildet ist. Die Feng-Shui-Tradition besagt, dass Bilder, auf denen Wasser zu sehen ist, finanzielle Schwierigkeiten anziehen.

▶ Experimentiere mit Bildern von Familienangehörigen oder religiösen Figuren, die über dich wachen, während du schläfst, dann nimm diese Bilder weg. Was fühlt sich energetisch besser an? Meiner Erfahrung nach haben Bilder von guten Freunden und Familienmitgliedern auf jeden einen anderen Einfluss.

Fokussiere dich auf Ruhe

Stelle sicher, dass der Fokus in deinem Schlafzimmer auf Ruhe ausgerichtet ist und auch auf Sex, falls Sex gerade Teil deines Lebens ist. Entferne deswegen sämtliche Ablenkungen … genau, der Computer und der Fernseher müssen weichen. Lady: So ist das beim Feng-Shui. Glaube mir, wenn du einmal nicht mehr von nächtlichen Wiederholungen von *Real Housewifes* gestört wirst, ist die Qualität deiner Träume und deines Sexlebens einfach Bombe.

Entferne negative Energie

Spiegel sind Schlüsselelemente bei schlaflosen Nächten und unruhigen Träumen. Es wird ihnen sogar nachgesagt, dass sie die Tür zur Untreue öffnen, wenn du den Raum mit deinem Partner teilst. Keine Angst. Auch ich habe mich beim Feng-Shui als Erstes damit auseinandergesetzt. Wenn du einen festen eingebauten Spiegel hast, solltest du ihn abdecken, bevor du ins Bett gehst. Am besten aber du stellst den Spiegel in ein anderes Zimmer, wenn es irgendwie geht. Ich habe meinen an unsere Badezimmertür gehängt.

Wasserfreie Zone

Im Schlafzimmer sollten keine Bilder hängen, die irgendwie Bezug zu Wasser haben. Aquarien sollten genauso vermieden werden wie Dinge, die mit Wasser in Verbindung gebracht werden, weil damit laut Feng-Shui finanzielles Unglück herbeigeführt wird und sogar Einbrecher eingeladen werden. Ich steigere mich gerne in solche Dinge hinein. Deswegen steht bei mir noch nicht einmal ein Glas Wasser auf dem Nachttisch. Ich weiß, das ist ein wenig übertrieben, und ich denke, dass für die meisten Menschen ein Glas Wasser im Schlafzimmer wahrscheinlich nicht problematisch ist.

Pflanzenfreie Zone

Pflanzen können über zu viel Yang-Energie verfügen, was deinen Schlafplatz aus dem Gleichgewicht bringen kann. Stelle sie in ein anderes Zimmer. Wenn das nicht möglich ist, stelle sie wenigstens außer Sichtweite, wenn du ins Bett gehst.

Sei nicht schlampig

Wie oft hat deine Mutter, als du noch ein Teenie warst, zu dir gesagt, dass du dein Zimmer aufräumen sollst? Bei mir zu Hause war das immer Thema. Tja, aber unsere Mütter hatten recht: Niemand will mit einem Chaoten zusammenleben, auch dein Chi nicht! Unordnung oder ein schmuddeliges Zimmer verhindern die Zirkulation von Energie, und – falls du dir das Zimmer mit einem Partner teilst – Chaos kann sogar dazu führen, dass sich eine Person in diesem Raum gefangen oder unglücklich fühlt. Sorge in deiner WG oder in der Beziehung für gute Stimmung, indem an einem Tag in der Woche aufgeräumt wird.

Suche dir deine Farbe aus

Genau, es geht schon wieder um Farben! Erinnere dich an die Kapitel über Kristalle und Edelsteine und an die Farben, die am besten zu dir passen. Entscheide dann, mit welchen Farbtönen du dich in deiner Wohnung, deinem Büro und an anderen Orten umgibst, an denen du dich häufig aufhältst. Spezifische Farbfamilien sind besonders vorteilhaft, wenn sie in bestimmten Räumen und Bereichen betont werden. Ich erkläre dir nun, was diese Farbfamilien für dein Schlafzimmer bedeuten:

Feuer: rot, orange, lila, pink, leuchtend gelb

Feurige Farben stehen für Leidenschaft und Energie. Sie können zu einem besseren Karriereverlauf beitragen und dir dabei helfen, dass deine beruflichen Bemühungen stärker anerkannt werden. Diese Farben können außerdem im Schlafzimmer die Leidenschaft mit dem geliebten Menschen entfachen. Ich setze immer einige Schlüsselakzente in leuchtend rot und orange, um mich daran zu erinnern, damit der Begierde im Schlafzimmer nie das Feuer ausgeht.

Erde: beige, neutrale Farben, warme Gelbtöne

Erdfarben symbolisieren Erdung und Stabilität und sind großartige Farben zur Strukturierung, für Schutz und eine starke Basis. Bei mir im Schlafzimmer sind die Wände, der Boden und die Türen in neutralen Farben gehalten.

Metallische Farben: Weiß- und Grautöne

Metallfarben symbolisieren Leichtigkeit, Klarheit und Effizienz. Diese Farben eignen sich hervorragend für einen Raum, in dem du dich von deinem Tag erholst oder du dich konzentrieren und entspannen willst. In dieser Farbfamilie habe ich Bettwäsche, und sie findet sich in Gegenständen auf meinem Nachttisch wieder.

Pastellfarben: hellgrün, hellblau, helllila, helles rosa

Weiche, sanfte, helle Farben oder Pastelltöne erschaffen eine ruhige, gelassene und heitere Umgebung: perfekt zum Ausruhen und Wiederaufladen. Meine Schlafzimmervorhänge sind beispielsweise hellblau.[35]

>»Als Energiewellen leben wir im weiten Ozean der Energie.«
>Deepak Chopra

FENG-SHUI IM HAUS

Hokuspokus-Skala:
Entdeckungs-Skala:

Natürlich soll die Energie nicht nur im Schlafzimmer fließen. Weiter unten liste ich für dich einige allgemeine Regeln auf, denen du auf deinem Weg folgen kannst:

Hauseingang

Die Eingangstür wird als »Mund des Chi« betrachtet: Dort kommt Energie ins Haus. Deswegen sollte dieser Ort einladend sein. Wie lautet die Botschaft an die Welt an deiner Eingangstür? Tritt hinein, willkommen, wir sind stolz, sauber, ordentlich, schön? Wenn du Topfpflanzen aufstellst, eine schöne Fußmatte auslegst und den Garten an der Vordertür in Ordnung bringst, wirst du merken, dass mehr positive Energie durch die Vordertür und damit auch in dein Leben strömt.

Entferne unansehnliche und störende Möbel und Einrichtungsgegenstände

Der Tisch, an dem du dir immer den Zeh stößt, oder der Stuhl, auf dem du einfach nicht bequem sitzt, sind ein Zeichen dafür, dass das Chi blockiert ist oder negatives Chi eingeladen wird. Stelle die Dinger weg oder schmeiße sie raus! Wie wäre es mit einem Flohmarkt in deiner Wohnung?

Füge natürliche Elemente ein

Mache Platz für Natur in deinem Zuhause, indem du deine Wohnung mit Pflanzen, Wasser, Kristallen oder Edelsteinen, Tageslicht und guter Belüftung angenehmer machst – nur keine Pflanzen und kein Wasser im Schlafzimmer, das ist beim Feng-Shui ein Fauxpas, wie oben schon erwähnt.

Lösche das Feuer in der Küche

Die Küche ist voller Energieelemente. Deswegen ist es wichtig, die Feuerenergie nicht noch zu unterstützen, indem du sie zu hell ausleuchtest. Lass so viel Tageslicht wie nur möglich in deine Küche.

Stelle Wasser an deine Eingangstür

Wenn du fließendes Wasser in Form eines Springbrunnens oder eines anderen Wasserspiels in die Nähe deiner Eingangstür stellst, holst du dir damit günstige finanzielle Möglichkeiten ins Haus.

Verschließe Abwasserleitungen

Indem du die Tür zum Badezimmer schließt, blockierst du sämtliche Abwasserleitungen, die positive Energie oder matcriellen Reichtum aus deinem Leben »ablassen« könnten.[36]

Hänge ein Windspiel auf

Ein Windspiel, das du im Eingangsbereich deines Hauses aufhängst, zieht Hilfe und Unterstützung für dich an. Und wer braucht nicht von Zeit zu Zeit einmal ein wenig Hilfe von seinen Freunden?

FENG-SHUI AM ARBEITSPLATZ

Hokuspokus-Skala: ▲ ▲ ▲ ▲ ▲ ▲ ▲ ▲ ▲ ▲
Entdeckungs-Skala: ▲ ▲ ▲ ▲ ▲ ▲ ▲ ▲ ▲ ▲

Die meisten von uns verbringen ziemlich viel Zeit bei der Arbeit. Warum also sollte unser Arbeitsplatz nicht ebenso harmonisch gestaltet sein wie unser Wohnbereich? Hier einige Tipps zur Optimierung deines Arbeitsplatzes mit Feng-Shui:

Positives an den Wänden

Umgib dich mit motivierenden, inspirierenden und positiven Kunstwerken, Bildern, Farben und Nachrichten. Versuche, nichts an deinem Arbeitsplatz aufzubewahren, das dich an Verpflichtungen oder Hindernisse erinnert. Ich weiß, ich weiß: *Aber ich bin noch bei der Arbeit*, kann ich dich denken hören. Man kann den Arbeitsplatz in dieser Hinsicht nicht völlig perfekt gestalten. Aber es gibt kleine Dinge, mit denen du ihn ein wenig einladender und weniger feindlich deiner positiven Energie gegenüber machst. Hast du eine Wanduhr, die den ganzen Tag über laut tickt und dich daran erinnert, wie viel Zeit du noch hast, bis du wieder gehen kannst? Hänge sie ab und schaue auf deinem Telefon nach der Uhrzeit. Fädele bunte Perlen auf Schnüre und hänge sie gemeinsam mit bunten Stoffstreifen in die Tür oder ins Fenster, um deiner Umgebung Farbe und Lebendigkeit hinzuzufügen. Spiele mit deinem Raum. Er gehört schließlich dir!

Habe den Eingang im Blick

Du solltest deinen Schreibtisch oder deinen Arbeitsplatz zur Tür ausrichten und nicht mit dem Rücken zum Eingang sitzen. Dadurch fühlst du dich weniger verwundbar und bist auf die Leute vorbereitet, die dir in deinem Beruf begegnen.

Stelle Pflanzen auf

Pflegeleichte Pflanzen wie beispielsweise Sukkulenten oder Bambus reinigen die Luft, deswegen atmest du leichter, entspannst dich besser und gleichst die Energie im Zimmer aus. Ich habe eine Freundin, die einige Sukkulenten in ihrem Büro hat. Sie schwört, dass ihr Blutdruck dadurch niedriger ist. Die Dinger sind wie eine niedliche kleine Pflanzenarmee voller Positivität.

Lebe nach einem Mantra

Rahme dein Mantra ein oder hänge es an die Wand neben oder vor deinem Schreibtisch. Suche dir ein Mantra aus, das dich inspiriert, motiviert und erdet. Du kannst ein Mantra auch prima in deine Arbeit einbeziehen, indem du ein Post-it mit einem Mantra für den Tag, die Woche oder den Monat an deinen Computerbildschirm klebst.[37] Anekdote am Rande: Mein Chef hat tatsächlich ein Post-it mit dem Mantra »Sei kein Arsch« am Bildschirm kleben, wirklich!

FENG-SHUI UND DIE UMWELT

Hokuspokus-Skala: ▲ ▲ ▲ ▲ ▲ ▲ ▲ ▲ ▲ ▲
Entdeckungs-Skala: ▲ ▲ ▲ ▲ ▲ ▲ ▲ ▲ ▲ ▲

Wir können die Umwelt zwar nicht kontrollieren, wir können aber beeinflussen, wie wir mit ihrer Energie umgehen – sowohl der negativen als auch der positiven. Unser Verbrauch von Benzin, Strom, Beleuchtung, Lebensmitteln und von welchen Unternehmen wir Waren kaufen, werden durch ein wachsendes öffentliche Bewusstsein gemeinsamer sozialer Verantwortung bestimmt. Wir wollen nicht als gierige Verbraucher handeln und die Umwelt missbrauchen.

Wir können ganz leicht mit dem Finger auf große Ölfirmen oder Kleidungsfabriken am anderen Ende der Welt zeigen, aber hast du dir deinen eigenen alltäglichen Konsum einmal genauer angeschaut? Recycelst du? Hast du einen Komposthaufen? Fährst du mit öffentlichen Verkehrsmitteln, wenn es möglich ist? Pflanzt du Bäume? Tatsächlich beeinflusst der Lebensstil jedes Einzelnen die Erde.

»Als heute lebende Menschen müssen wir an die zukünftigen Generationen denken:
Eine saubere Umwelt ist ein Menschenrecht wie jedes andere auch. Deswegen ist es Teil unserer
Verantwortung, anderen Menschen gegenüber sicherzustellen, dass die Welt, die wir weitergeben,
so gesund ist, wie auch wir sie vorgefunden haben, wenn nicht noch gesünder.«

Seine Heiligkeit der Dalai-Lama

Schließlich basiert Chi auf den natürlichen Elementen Wind und Wasser, zwei grundlegenden Arten der Energieerzeugung in der Welt. Wenn wir an Yin und Yang denken, haben wir Ausgeglichenheit vor Augen: Energie kommt und geht, eine kosmische Waage, die abgegebene und aufgenommene Energie widerspiegelt. Wenn du dir die Ressourcen anschaust, die du konsumierst, würdest du sagen, dass die Art und Weise, wie du von der Erde nimmst und was du ihr zurückgibst, ausgeglichen ist? Wir nehmen Lebensmittel, Wasser und Energie aus dem Boden, aber geben wir auch etwas zurück? Auch das ist Feng-Shui.

Im Folgenden findest du eine Liste mit kleinen, aber wirkungsvollen Möglichkeiten, wie du deinen Alltag als umweltbewusster Seelensucher etwas grüner gestalten kannst:

Recycle mehr

Wenn wir weniger verschwenden, verringern wir direkt die negativen Auswirkungen auf die Umwelt. Unser Umgang mit Müll beeinflusst unseren ökologischen Fußabdruck. Wenn du für unterschiedliche Abfälle verschiedene Mülleimer verwendest, machst du dir das Recyceln leichter. Du solltest drei Behälter haben, damit du Biomüll, recyclebaren Abfall und Restmüll trennen kannst.

Schalte alles aus

Verschwende weniger Energie und mache das Licht aus, wenn du ein Zimmer verlässt, und ziehe bei nicht verwendeten Geräten den Stecker aus der Wand. Du sparst auf diese Weise nicht nur Geld, du belastest auch die Umwelt weniger. Win-win!

Pflanze Bäume und Blumen für bessere Luft

Lege einen Garten an oder pflanze Bäume. Dadurch machst du die Luft besser. Falls du im dicht besiedelten städtischen Raum wohnst, kannst du viele Topfpflanzen aufstellen oder aufhängen. Oder sieh einmal auf Pinterest nach und schaue dir dort an, wie du dein eigenes urbanes Pflanzenparadies oder eine Oase aus Beeten in wiederverwerteten Bretterkisten erschaffen kannst. Falls du genug Platz hast, ist ein Garten – und sei er noch so klein – ein großartiger Ort, um deine Bioabfälle zu kompostieren. Außerdem profitierst du erheblich von der besseren Luft in deiner Umgebung. Wieder: Win-win!

Verreise anders

Der Verkehr nimmt auf der ganzen Welt zu. Das wird zum Problem. Immer mehr Autos fahren jedes Jahr auf den Straßen und verschmutzen die Luft. Klar, du musst immer noch irgendwie von A nach B kommen. Aber denke doch auch einmal über umweltfreundliche Alternativen nach: Carsharing, öffentliche Verkehrsmittel oder warum nicht auch mal zu Fuß oder mit dem Rad? Du kommst so nicht nur vor allem im fiesen Berufsverkehr schneller an, du kannst sogar Geld sparen und tust etwas für deine Gesundheit! Sorry, ich wiederhole mich, aber es ist mal wieder eine Win-win-Situation.

Triff klügere Entscheidungen

Als Konsument hast du die Wahl: Du kaufst Produkte und unterstützt damit gewisse Unternehmen. Kaufe möglichst regional. Deine Lebensmittel müssen dann weniger Kilometer zurücklegen. Entscheide dich für Unternehmen, die global verantwortlich handeln, und informiere dich über die Eier, die Fische, das Fleisch und auch die Klamotten, die du kaufst. Unterstütze Unternehmen, die umweltfreundlich produzieren. Damit kannst du viel bewegen!

Verändere deine Umgebung, verändere deine Umwelt

Viele von uns haben keinen Einfluss darauf, wie ihre Arbeitgeber mit dem Thema Umwelt umgehen. Falls du dir deinen Arbeitgeber aussuchen kannst, dann wähle ein Unternehmen aus, mit dessen Umweltzielen du dich identifizieren kannst – ein Unternehmen also, das für nachhaltige Ideen offen ist. Packe die Gelegenheit beim Schopf!

Licht aus!

Bei geschickter Beleuchtung kannst du deine Stromrechnung und den Energieverbrauch erheblich verringern. Versuche, durchgebrannte Glühbirnen durch Energiesparlampen zu ersetzen: Du wirst nicht nur Strom sparen, sondern du wirst wahrscheinlich auch ein wenig Geld von den Stadtwerken zurückbekommen. *Ich darf nicht noch mehr Kristalle kaufen, ich darf nicht noch mehr Kristalle kaufen, ich darf nicht* – oh weh … kleiner Scherz.

Vermeide Plastik

Verwende wiederverwertbare Tragetaschen oder Einkaufstaschen, um deinen Plastikverbrauch einzuschränken.

Auto-Feng-Shui

Achte darauf, dass deine Reifen den richtigen Druck haben, und nimm überflüssiges Gewicht aus deinem Kofferraum. Dadurch verbrauchst du weniger Benzin und sparst den einen oder anderen Euro. Wenn du vorausschauender fährst, kannst du auch noch deine Benzinkosten verringern: Beschleunige und bremse nicht so häufig, fahre langsamer, geschmeidiger und somit mit niedriger Drehzahl.

Isoliere deine Wohnung

Ziemlich preiswert kann man Räume mit einem dicken Teppich versehen, damit keine kalte Luft in die Wohnung kommt und Wärme in der Wohnung bleibt. Wenn man Decke, Wände und Böden isoliert, bleibt der Wohnbereich länger warm. Dann musst du weniger heizen.

Reinige dein Auto

Gehe, wenn möglich, zu einer Waschanlage, die wieder aufbereitetes Wasser verwendet. Vitamin D gefällig? Warum wäschst du deinen Wagen nicht draußen? Schnappe dir einen Eimer, Schlauch und nicht toxische, biologisch abbaubare Seife und schrubbe deinen fahrbaren Untersatz auf einem Stück Rasen, damit das Gras das Wasser aufnehmen kann.

Verbrauche weniger Wasser

Stelle beim Zähneputzen das Wasser ab. Dusche nicht so lange und taue Lebensmittel nicht auf, indem du heißes Wasser darüber laufen lässt. Belade Spül- und Waschmaschine immer ganz voll, damit du das meiste aus der verbrauchten Energie und dem Wasser herausholen kannst.

Kaufe ungiftige Produkte

Nimm Produkte, die naturbelassen oder nicht giftig sind, das tut nicht nur dir gut, sondern auch der Umwelt. Es gibt inzwischen viele verschiedene umweltfreundliche Reinigungsmittel, welche die Umwelt nicht unnötig belasten.

Wasserflaschen

Kaufe möglichst kein Wasser in Plastikflaschen. Verwende stattdessen eine hübsche, wiederverwertbare Wasserflasche oder einen Krug, damit du weniger Plastik verbrauchst. Viele Plastikflaschen können nicht biologisch abgebaut werden. Das stellt für unseren Planeten ein riesiges Problem dar.

Digitalisiere dich

Rufe Kontoauszüge, Stromrechnungen und die Tageszeitung online ab. Für diese ganzen Dinge gibt es tolle Apps, die dir durch einen Klick oder einmal Wischen auf deinem Smartphone direkten Zugriff ermöglichen. Du verschwendest auf diese Weise viel weniger Papier.

Recycle dieses Buch

Ganz im Ernst: Wenn du mit dem Buch fertig bist, schenke es entweder einer Freundin, die es auch wieder weiterverschenken soll, oder recycle es einfach! Oder noch besser: Lies beim nächsten Mal einfach ein eBook!

Feng-Shui ist eine komplexe Lehre, bei der der Standort aller Gegenstände innerhalb eines Raumes berücksichtigt wird, egal, ob es sich um deinen Arbeitsplatz oder deine Wohnung handelt. Falls Feng-Shui dich wirklich interessiert, suche dir im Internet Bücher, die sich mit diesem Thema befassen, oder gönne dir einen professionellen Feng-Shui-Berater. Einige Kulturzentren und Volkshochschulen bieten auch Feng-Shui-Kurse an.

In der Zwischenzeit solltest du weiter deine Möbel und andere Dinge umräumen und immer darauf hören, womit sich deine Seele am wohlsten fühlt. Deine Seele weiß genau, wann sie sich am wohlsten fühlt. Sie weiß also genau, was dein Körper von seiner Umgebung benötigt.

Teil II
ERWECKTER GEIST

Hast du schon einmal jemanden sagen hören: »Mache dir keine Sorgen, Liebes, das ist alles Kopfsache« oder »Dein Kopf spielt dir einfach einen Streich«! Ich höre solche Dinge fast täglich. Aber was heißt das nun, dass *alles bloß Kopfsache* ist? Das würde ich dann gerne fragen. Werden Gedanken, Gefühle oder Annahmen dadurch weniger wichtig oder real?

Wir sind dermaßen daran gewöhnt, Kopf, Körper und Seele getrennt zu betrachten, als Einheiten, die sich nie aneinander reiben, nie miteinander in Berührung treten und denen nie erlaubt wird, harmonisch nebeneinander zu existieren. Wir vergessen häufig, dass die Funktion der Schlüsselkomponenten, aus denen wir bestehen, ebenso wie biologische Organismen eng mit der jeweiligen Umwelt verbunden ist. Dein Fuß beispielsweise würde nicht laufen können, wäre er nicht mit deinem Knöchel verbunden, der wiederum zu deinem Unterschenkelknochen gehört … kannst du mir noch folgen?

Der Kopf braucht Pflege, ebenso wie Körper und Seele. Unsere Gehirne bestimmen schließlich, wie wir die ganzen Informationen, die auf uns einprasseln, aufnehmen, verarbeiten und dann verwenden. Unsere Hirne speichern Erinnerungen, Träume und unser Wissen. Deswegen bestimmen sie die Sicht auf unsere inneren und äußeren Welten. Geistige Gesundheit ist genauso wichtig wie körperliche, weil – ganz was Neues – der Geist auch Teil des Körpers ist. In Studien wurde erforscht, wie mentale und spirituelle Verfassungen Krankheiten und Heilung beeinflussen. Daran erkennst du, wie mächtig der Einfluss des Kopfes auf unsere gesamte körperliche, emotionale und spirituelle Gesundheit ist. Laut der Amerikanischen Krebsgesellschaft erklären einige Befürworter von Spiritualität im Kontext von Gesundheit, dass Gebete negative Auswirkungen von Krankheiten verringern, Heilung beschleunigen und die Wirkung medizinischer Behandlungen verstärken.[38]

Ich bete, obwohl ich nicht religiös bin. Wenn ich gefragt werde, zu wem ich bete, antworte ich: »Zu allen, die zuhören.« Ich sehe es als »Energie rein, Energie raus«-Ding, als Yin-Yang-Balance. Ich entsende Positivität, gute Wünsche und Hoffnung an jeden Gott, jeden Führer, jeden im Universum, der mich heilen oder mir helfen kann. Für mich ist ein Gebet wie eine Rundum-glücklich-Bestellung: Mache mich bitte gesünder, wohlhabender und zufriedener!

Heißt das jetzt, dass du ganz schnell konvertieren sollst? Nein, es sei denn, deine Seele legt dir diesen Weg nahe. Ich wollte dir nur klarmachen, dass positive Gedanken im Einklang mit der Gesundheit deines Körpers und der Bestimmung deiner Seele wahrscheinlich eher gute Dinge nach sich ziehen als negative Gedanken in einem vernachlässigten Geist. Gute Schwingungen ziehen gute Sachen an, ganz einfach!

Damit du deinen Geist hegen und pflegen kannst, musst du die Prozesse erkennen, die im Inneren und ganz allgemein im Leben jeden Tag ablaufen: deine Träume und Erinnerungen, dein Selbstwertgefühl und dein Glaubenssystem. In diesem Kapitel werden wir ein wenig die spirituelle Seite des Geistes erforschen, uns mit der alltäglichen und fantastischen Bedeutung deiner Träume auseinandersetzen und uns dein Selbstbild anschauen, indem wir die Bedeutung hinter deinem Namen betrachten. Außerdem werden wir erforschen, welche universellen Wertesysteme am besten zu dir passen. Also, bring die grauen Zellen in Schwung: Wir öffnen gleich unser inneres Auge. Oder, wie mir der weise Mann und Glücksforscher Eoin Finn einmal sagte: Wir werden uns »mit dem weisen Führer in unserem Inneren auf Entdeckungsreise begeben«.

DEINE TRÄUME

Weißt du noch, wie John Lennon 1971 in seinem weltberühmten Lied »Imagine« davon sang, dass er nicht der einzige Träumer sei? Mit dem »I'm not the only one« hat er auf jeden Fall recht.[39] Die meisten Menschen träumen entweder schlafend, in Tagträumen oder sie wünschen sich konkrete Dinge wie beispielsweise ein »Traumhaus«, den »Traumjob« oder vielleicht auch das große Abenteuer.

Viele Menschen haben seherische und wichtige Träume, in denen sie das Gefühl haben, als wären ihnen im Schlaf alte, transzendentale Weisheiten aus dem Jenseits überliefert worden. Ebenso sind komische Träume verbreitet, in denen wir nackt vor einer Menschenmenge stehen, neben uns unsere tote Großmutter und ein Quartett mit Banjo spielenden Faultieren.

Egal, ob alltäglich oder prophetisch, Träume beinhalten häufig die Schlüssel zu vielen verschiedenen spirituellen Wahrheiten und können sehr praktische Auswirkungen auf unseren Alltag haben. Ich persönlich habe das Gefühl, dass viele von uns gar nicht die Zeit haben, gründlich und vernünftig über unsere Träume und deren eventuelle Bedeutung nachzudenken, besonders weil die meisten Menschen weniger als acht Stunden schlafen – teilweise erheblich weniger – und Schlafstörungen zunehmen. In den USA diagnostizierten Ärzte 1993 beispielsweise eine Million Schlafstörungen, im Jahr 2006 waren es schon fünf Millionen.[40] Kein Wunder, dass die Welt so griesgrämig ist: Wir sollten einfach länger schlafen! Zudem gibt es trotz der ganzen Probleme mit Schlaflosigkeit kaum verständliche Quellen, die uns erklären, was in unserem Kopf vor sich geht, wenn unser bewusstes Selbst abschaltet und wir träumen.

Für die meisten Seelensucher besteht die Herausforderung schon darin, nachts gut und lange genug zu schlafen. Bedeutende und erleuchtende Träume spielen da nur noch eine Nebenrolle. Aber Träume und deren Bedeutung sind für die eigene Seele und allgemeine spirituelle Gesundheit genauso wichtig wie alles andere auf deiner spirituellen Reise: Du musst dich einfach nur auf den Weg machen und Schritt für Schritt weitergehen. Bist du bereit, dich mit deiner Schlafmaske mit Lavendelduft und ordentlichen Ohrenstöpseln ins Land der Träume zu verabschieden?

Haftungsausschluss: Dieses Kapitel wird dich sehr wahrscheinlich ganz verrückt nach Schlaf und Zu-Bett-Gehen machen. Warum? Weil du dich während des Schlafes erholst, auf null zurücksetzt, neu organisierst und neue Informationen herunterlädst. Deswegen ist Schlaf äußerst wichtig. Anmerkung am Rande: Ich habe es schon für dich ausprobiert, aber ganz offensichtlich sehen Aufsichtspersonen Schlaf nicht als Arbeit, also nicht als Teil eines produktiven Arbeitstages.

ARTEN VON TRÄUMEN

Als ersten Schritt zur Entschlüsselung von Träumen im Leben heutiger Seelensucher werden wir einen Blick auf die vielen verschiedenen Formen und Funktionen von Träumen lenken, darunter auch einige Traumarten, denen du bisher wahrscheinlich noch keine Aufmerksamkeit geschenkt hast.

KLARTRÄUME

Kneife mich mal, ich träume doch. Genau, das sind Klarträume, die auch luzide Träume genannt werden: Wir wissen, dass wir träumen. Hattest du jemals diesen »Moment mal kurz … das ist doch nur ein Traum«-Augenblick kurz vor dem Aufwachen? Die meisten Träumer wecken sich selbst, sobald sie bemerken, dass sie »nur« träumen, das natürliche Ende der Tiefschlafphase, die sie zuvor erlebt haben. Einige Träumer aber haben gelernt, in einem luziden Traum weiterzuschlafen. Sie werden zum aktiven Teilnehmer ihrer eigenen Träume, fällen Entscheidungen und beeinflussen den Ausgang des Traumes, ohne aufzuwachen. Ach, könnte ich meine Träume doch irgendwie in Richtung Ryan Gosling lenken …

ALBTRÄUME

Ein Albtraum ist ein Traum, der normalerweise dafür sorgt, dass der Träumer aufschreckt und Angst hat. Albträume werden häufig durch ein Trauma, Stress oder Konflikte im Wachzustand ausgelöst und können immer wieder vorkommen, müssen aber nicht unbedingt. Allen Albträumen ist aber gemein, dass sie verstörend sind und sich auf das Leben am Tag auswirken. Albträume können außerdem auftreten, wenn der Träumer sich weigert, eine bestimmte Situation, die er erlebt hat, anzuerkennen oder zu akzeptieren. Studien der Medizinischen Fakultät der University of Colorado haben ergeben, dass die meisten Träumer, die regelmäßig Albträume haben, Familienmitglieder mit psychischen Problemen haben oder selbst unter psychischen Problemen leiden, negative Erfahrungen mit Drogen gemacht haben oder sich in schwierigen und instabilen Beziehungen befinden.[41] Diese Studien zeigen außerdem, dass viele Menschen an Albträumen leiden, die sich selbst als kreativ beschreiben. Ich kann das nur unterschreiben, weil ich ziemlich kurios träume. Egal, was uns in unserem Leben stresst, wir speichern in unseren Chakras und Energiezentren emotionalen Ballast, der sich dann auf unsere Träume auswirken kann und dort – genau, richtig geraten – noch mehr Stress verursacht. Albträume sind häufig ein Hinweis auf Angst oder Schmerzen, die wahrgenommen und denen gegenübergetreten werden muss, damit sie heilen können. Träume sind Wege für unsere Seele, uns auf Lektionen aufmerksam zu machen, die gelernt werden wollen, sowie auf Probleme, die wir lösen sollten.

WIEDERKEHRENDE TRÄUME

Es gibt Träume, die immer wiederkehren und immer nahezu gleich sind. Diese Träume können positiv sein, häufig sind sie aber albtraumhaft. Träume können wiederkehren, weil ein Konflikt, der im Traum dargestellt wird, nicht gelöst oder im wachen Leben ignoriert wird. Sobald du eine Lösung für das Problem gefunden hast, werden deine wiederkehrenden Träume auf Nimmerwiedersehen verschwinden.

HEILENDE TRÄUME

Ich habe mit heilenden Träumen eine Berg-und-Tal-Fahrt durchgemacht. Im Laufe der Zeit verwandelten sie sich von albtraumhaften Erfahrungen zu lehrreichen Lektionen, aus denen ich nicht nur Erkenntnisse zog, sondern auch Akzeptanz und Heilung erlangte. Als ich sechzehn war, starb meine Mutter an Krebs. Jeder, der eine Krankheit bei einem Elternteil voranschreiten sieht oder jemanden beim Sterben begleitet, kann dir sagen, dass diese Erfahrung sehr emotional und traumatisch sein kann. Nach ihrem Tod weinte meine Mutter oft in meinen Träumen, sie übergab sich, stöhnte und seufzte traurig. Ich wachte häufig mit einem furchtbar hilflosen Gefühl auf. Allerdings veränderten sich die Träume im Laufe der Zeit: Meine Mutter lächelte, saß stumm bei mir, beobachtete mich und war einfach anwesend. Langsam fühlte ich mich wohler, akzeptierte mehr und mehr das Martyrium, durch das uns die Krankheit geführt hat. Inzwischen habe ich Frieden gefunden, weil ich weiß, dass meine

Mutter nicht mehr leidet. Ich fühle mich, als könnte ich in meinen Träumen nach ihr sehen. Was als Angst vor dem Einschlafen begann, weil ich mich vor einem Besuch meiner kranken Mutter fürchtete, wandelte sich rasch in Vorfreude auf ihre nächtlichen Besuche.

Heilende Träume sind Botschaften unserer Seele zu unserer Gesundheit und unserem Wohlergehen. Viele Traumexperten glauben, dass uns solche Träume helfen, mögliche gesundheitliche Probleme zu vermeiden, und dass sie bei einer Krankheit den Heilungsprozess unterstützen. Träume dieser Art können uns vermitteln, dass wir zum Zahn- oder Hausarzt gehen sollen, dass ein Energiezentrum in Ungleichgewicht geraten ist, dass wir gesünder essen müssen oder dass wir ganz einfach besser auf uns aufpassen sollten.

PROBIER'S MAL AUS!

»———→

Paulo Coelho sagte: »Ein Mensch darf nie aufhören zu träumen. Der Traum ist für die Seele, was Nahrung für den Körper bedeutet.«[42] Du kannst es üben, dich an Träume zu erinnern, anstatt sie direkt zu vergessen, wenn du morgens die Augen öffnest. Am besten machst du das, indem du dir vor dem Einschlafen ins Gedächtnis rufst, dass du träumst. Außerdem solltest du ein Stück Papier und einen Stift neben deinem Bett haben, damit du dir schnell Dinge notieren kannst, an die du dich erinnerst. Die Aspekte, die dir noch einfallen, werden die wichtigsten sein. Denke an Farben, Stimmungen, Objekte, Menschen, Tiere und Handlungen.

PROPHETISCHE TRÄUME

Prophetische Träume, die auch Zukunftsträume genannt werden, sagen scheinbar die Zukunft voraus. Eine Theorie, die dieses Phänomen erklärt und an die ich glaube, besagt, dass unser träumendes Gehirn Informationen zusammenfügen kann, indem es einfach logische Verbindungen und Beobachtungen aus unserem wachen Leben herstellt, die unser Bewusstsein im wachen Zustand nicht herstellen kann oder will. In anderen Worten: Unser Unterbewusstsein weiß schon, was passiert, bevor wir dieselben Informationen bewusst zusammenfügen. Es erstellt aus den einzelnen Punkten ein Gesamtbild!

SIGNALTRÄUME

Ebenso wie prophetische und heilende Träume helfen dir auch Signalträume bei der Problemlösung oder Entscheidungsfindung in deinem bewussten Leben. Viele von uns schenken ihrem Unterbewussten keine Aufmerksamkeit oder wachen einfach wegen eines piependen iPhones auf und vergessen die abenteuerlichen Nächte unserer Seelen direkt wieder. Aber unser Unterbewusstes spricht immer zu uns – du hast wahrscheinlich bemerkt, dass es noch nicht einmal den Mund hält, wenn du es darum bittest – und hilft uns dabei, unsere Gedanken und Gefühle durch Symbole, Hinweise und Zeichen der Führung mit Situationen in unserem Leben zu verbinden. Wir müssen nur lernen zuzuhören und dann das Gehörte entschlüsseln.

TRAUMSYMBOLIK

Nun kennen wir einige Traumarten und wollen als Nächstes herausfinden, was zwischen dem Einschlafen und Aufwachen mit uns passiert und was unsere Träume uns mitteilen wollen. Hast du jemals vom Fliegen, Fallen oder Kämpfen geträumt? Oder musstest du dieselbe Aufgabe immer wieder erledigen? Und was ist mit dem Traum, den jeder kennt, in dem dir die Zähne ausfallen? *Büh!*

Ob großartig oder fies, interessant oder langweilig, jedes Gefühl, jeder Gedanke und jede Handlung beinhalten Hinweise zur Entschlüsselung wichtiger Informationen über dein bewusstes Leben. Die Struktur unseres Unterbewusstseins, das sich durch unsere Träume ausdrückt, spiegelt die Gesundheit unserer Seele unmittelbar wider. Wenn wir für unser Unterbewusstsein durch die Symbolik unserer Träume empfänglich werden, können wir uns anschließend näher mit unserem bewussten Leben beschäftigen. Im Folgenden sind einige gängige Träume und deren Bedeutungen aufgeführt.[43]

PROBIER'S MAL AUS!

Notizen machen für Fortgeschrittene: Führe ein Traumtagebuch. Wir erinnern uns einfach viel besser an unsere Träume, wenn wir sie aufschreiben. Lege das Buch und einen Stift auf deinen Nachttisch. Wenn du aufwachst und dich an einen Traum erinnerst, den du gerade hattest – selbst wenn er sich unzusammenhängend und bruchstückhaft anfühlt, schreibe ihn auf! Du weißt nie, was dein Unterbewusstsein deiner Seele sagen will, wenn du dich beim Aufwachen nicht an deine Träume erinnerst. Ich habe mir neulich meine ersten Einträge im Traumtagebuch angeschaut: »Riesenrad«, »zu viele Tomaten, die gepflückt werden müssen« und »MERYL STREET [ich meinte wahrscheinlich Streep ...] WAR DA«, um nur einige meiner Lieblingsnotizen aus der Anfangszeit zu nennen. Nun bin ich derart daran gewöhnt, meine Träume aufzuschreiben, dass meine Aufzeichnungen eher kleine Geschichten sind und nicht mehr an die nahezu unverständlichen psychedelischen Einkaufslisten vom Anfang erinnern.

ZEHN GELÄUFIGE TRÄUME UND DEREN BEDEUTUNG

Tiere

Du kanalisierst deine animalische Seite, die ursprünglichen Teile von dir selbst, die dich mit der Natur und dem Überleben verbinden. Im Tierreich geht es nur ums Überleben des Stärksten. Wenn man von einem Raubtier gejagt wird, unterdrückt man womöglich Gefühle, wie beispielsweise Angst, anstatt sich der Situation zu stellen, die man vermeidet oder vor der man flieht. Achte auf die Tiere, die dir in deinen Träumen erscheinen. Denke an Menschen oder Situationen, für die sie stehen, und frage dich, welche Gefühle die Tiere bei dir auslösen. Denke an dein bewusstes Leben und wie es sich mit dem Tier oder den Tieren verbindet, von denen du träumst. Jedes Tier hat eine ganz klare Bedeutung – ähnlich wie das Konzept von Seelentieren –, deswegen solltest du dein Wissen in Sachen Traumsymbolik weiter vertiefen, entweder online oder in deiner Stadtbibliothek.

Babys

Wenn man von Babys träumt, geht es dabei normalerweise weniger um deinen eigenen Nachwuchs, obwohl das natürlich auch sein kann, als vielmehr um dein eigenes inneres Kind. Säuglinge verkörpern das Bedürfnis nach bedingungsloser Liebe, Fürsorge und Unterstützung. Babys können außerdem für die Geburt von neuen Ideen und auch Neuanfängen stehen: ein neues Kapitel im Leben, sei es eine Beziehung, ein Karriereschritt oder eine Erfahrung.

Gejagt werden

Egal, mit wem ich über Träume spreche, jeder wurde irgendwann schon einmal im Traum gejagt. Diese Träume, in denen wir von etwas oder jemandem gejagt werden, sind absolut furchtbar und in unseren animalischen Instinkten für Flucht oder Kampf verwurzelt, die sich manchmal auf unsere Träume übertragen. Diese Träume können bedeuten, dass du dich von einem Menschen oder einer Situation bedroht fühlst. Denke einmal darüber nach, wer oder was dich im Traum jagt und welche Bedrohung aus dem wirklichen Leben dahinterstecken könnte.

Tod

Wenn wir vom Tod träumen, kann das reale Leben für eine Geburt stehen. Der Tod eines Freundes oder einer geliebten Person symbolisiert Veranderung: den Übergang zwischen einem Ende und einem Neuanfang. Falls du erst kürzlich einen dir nahestehenden Menschen verloren hast, kann ein Traum vom Tod der Versuch deines Unterbewussten sein, deinen Schmerz durch Träume zu verarbeiten, damit du auch im bewussten Leben Erleichterung verspürst. Für mich waren die Träume mit meiner Mutter äußerst heilsam.

Fallen

Hast du dich jemals selbst durch Zusammenzucken geweckt, als wärst du gerade aus deinem Bett gefallen? Ich wette, dein Bettnachbar ist davon auch schon einmal aufgewacht. Fallen ist ein häufiger Traum, der uns mit unseren Ängsten und der Furcht vor dem Loslassen im bewussten Leben verbindet. Wir fühlen uns vielleicht, als würde uns eine Situation, ein fester Glaubensgrundsatz, entgleiten, und erleben dieses Loslassen in unseren Träumen als Fallen.

Essen

Stopfst du dich im Traum voll oder fantasierst du in der Wüste von einem riesigen Eisbecher mit Schokosauce? Jeder Traum vom Essen – auch der von zu wenig Essen – symbolisiert Wissenshunger, weil Lebensmittel den Körper ebenso nähren wie Informationen das Gehirn. Interessant, oder?

Töten

Töten in Träumen macht aus dir keinen verkappten Mörder. Eher steht es für deinen Wunsch, einen Teil der eigenen Persönlichkeit auszulöschen. Wahrscheinlich hast du etwas an dir bemerkt, das du nicht so toll findest, und versuchst, diesen Aspekt deiner Persönlichkeit loszuwerden. Ein Traum mit diesem Thema kann außerdem Feindlichkeit einer bestimmten Person gegenüber symbolisieren, die wir gerne leiden oder sich abrackern sehen würden.

Sex

Die meisten Menschen glauben, dass hauptsächlich Männer Sexträume haben, aber Mädels haben sie auch, glaube mir! Die Bedeutung von Sexträumen ist ganz einfach: Du suchst Intimität und erlebst ganz buchstäblich in deinen Träumen ein Verlangen nach Sex. Träume, in denen Sex oder erotische Bildsprache vorkommen, könnten auf das Verlangen hinweisen, auch in deinem bewussten Leben neue Erfahrungen zu machen.

Zähne

Sind dir im Traum schon einmal sämtliche Zähne ausgefallen, du bist daraufhin aufgewacht und direkt ins Bad vor den Spiegel geflitzt, um nachzusehen, ob deine Beißerchen noch schön alle in deinem Mund sind? Siehste! Lockere, wacklige oder abgebrochene Zähne sind ein sehr verbreiteter Traum, der auf allgemeine Angst vor Kontrollverlust im Alltag und auch auf die Angst vor dem Altwerden und nachlassender Attraktivität für seinen Sexualpartner hinweist.

Wasser

Der Traum von Wasser kann den allgemeinen Zustand deines Unterbewusstseins symbolisieren. Ruhige Wasseransammlungen stehen für inneren Frieden, ein aufgewühltes Meer hingegen repräsentiert Unruhe und Aufruhr. In der Nacht vor meiner ersten transzendentalen Meditation träumte ich, dass ich mich nachts mitten auf dem Meer befand. Das Wasser bewegte sich sanft, plötzlich formte sich aber eine riesige Welle vor mir. Ich nahm einen vollen Atemzug und tauchte tief unter, krallte die Finger in den Sand, um mich zu verankern, während die Welle über mir brach. Ich tauchte auf. Das Wasser war wieder völlig unbewegt. Am nächsten Tag malte der Lehrer ein Bild von einem aufgewühlten Meer und erklärte uns dann, dass transzendentale Meditation einem tiefen Eintauchen ins Meer ähneln würde: Das Wasser wird ruhiger und stiller, während wir tiefer eintauchen und dort Frieden und Beständigkeit finden. Mit diesem Traum lag ich goldrichtig, weil er die Welle von innerem Frieden voraussagte, die mein Unterbewusstes fluten würde.

> **PROBIER'S MAL AUS!**
> »» → →
>
> Notiere dir wiederkehrende Themen wie Farben, Objekte, Menschen in deinem Traumtagebuch. Nach einer Weile – einer Woche oder zwei, einem Monat, es liegt an dir – lies dir die alten Einträge, selbst wenn sie lächerlich scheinen, fast unverständlich oder peinlich, noch einmal durch und schaue einmal, ob sich ein Muster herausbildet. Was könnte dieses Muster bedeuten? Gehe noch einen Schritt weiter und suche dir einen anderen Seelensucher, der auch gerade mit einem Traumtagebuch angefangen hat. Dann vergleicht die Notizen.

HÄUFIGE FARBEN IN TRÄUMEN UND DEREN BEDEUTUNG

Ebenso wie die Symbole weiter oben können dir Farben in Träumen durchaus bedeutsame Geschichten erzählen. Träumst du immer wieder von einem Feld mit roten Blumen oder dem Blau der Tiefsee? Vielleicht verirrst du dich auch Nacht für Nacht in der verschneiten Tundra oder träumst von einem Kind mit leuchtend grünen Augen, das immer auf den Arm genommen und herumgetragen werden will? Wir werden die Bedeutung hinter einigen Farben nun entschlüsseln.[44]

Schwarz

Schwarz symbolisiert das Unbekannte, das Unbewusste, Gefahr, Rätsel, Dunkelheit, Tod, Trauer, Ablehnung und sogar Hass. Die Schwärze lädt dich dazu ein, tiefer in dein Unbewusstes einzutauchen, um dich selbst besser zu verstehen. Es kann dir Hinweise auf mangelnde Liebe oder Unterstützung im Leben geben. Positiver ausgedrückt steht Schwarz für Potenzial und Möglichkeiten. Diese Farbe ist wie ein unbeschriebenes Blatt. Wenn wir in dem Traum Freude verspüren, könnte Schwärze auf versteckte Spiritualität und göttliche Qualitäten hindeuten. Wie mein Traum von der Tiefsee trägst auch du Tiefe in dir. Dunkelheit bedeutet nicht immer nur Böses. Sie kann auch für Licht stehen.

Blau

Blau steht für Wahrheit, Weisheit, Himmel, Ewigkeit, Hingabe, Gelassenheit, Loyalität und Offenheit: ziemlich gut, oder? Vielleicht sehnst du dich nach einer Seelensuche, willst ausbrechen und neue Länder kennenlernen oder neue Erfahrungen machen. Die Anwesenheit dieser Farbe in deinem Traum kann Verbindungen mit deinen spirituellen Führern und deinem Optimismus für die Zukunft symbolisieren. Du hast einen klaren Geist ähnlich wie ein wolkenloser, strahlender Himmel oder ein stiller, ruhiger See.

Braun

Braun in deinen Träumen steht dafür, dass du einen Sinn für Weltlichkeit, Zweckmäßigkeit, Wohlbefinden oder Konservatismus hast. Braun symbolisiert außerdem die Erde und kann ein Zeichen dafür sein, dass du zu deinen Wurzeln zurückkehren solltest – denke an den Boden unter deinen Füßen, während du einen Waldweg entlangläufst, oder die braunen Augen eines Liebhabers. Besonders bei Frauen, die viel braun in ihren Träumen sehen, könnte die Farbe Nestbaugefühle ausdrücken und dass du langsam bereit bist, eine Familie zu gründen und dich auf das häusliche Leben zu konzentrieren.

Purpurrot

Meine Lieblingsfarbe! Obwohl diese Farbe sehr knallig ist, steht sie für Meditation und die Verbindung zu deiner Spiritualität. Falls du in Purpurrot träumst, lässt du wahrscheinlich alte, verbrauchte Gedanken und Lehren aus deiner Kindheit los, denen du nicht mehr zustimmst, und heißt Veränderungen willkommen. Diese Farbe wird außerdem mit emotionaler Stabilität in Verbindung gebracht.

Grau

Grau deutet auf Angst, Schrecken, Depression, Krankheit, Zwiespältigkeit und Verwirrung hin – *oh weh!* Vielleicht fühlst du dich einfach im Alltag ein wenig grau – erschöpft und aus dem Takt –, falls du in Grauschattierungen träumst. Du fühlst dich womöglich emotional distanziert, isoliert oder gleichgültig. Im positiven Sinn kann die Farbe Grau deinen Individualismus symbolisieren und Kreuzungen in deinem Leben anzeigen, die mit deinem jetzigen Wesen, was du werden und wohin du gehen willst, zusammenhängen.

Grün

Grün steht für eine Veränderung zum Positiven, Gesundheit, Wachstum, Fruchtbarkeit, Heilung, Hoffnung, Kraft, Vitalität, Frieden und Gelassenheit. Das Auftauchen dieser Farbe kann auch als Aufforderung verstanden werden, einfach aktiv zu werden und etwas zu tun. Alternativ ist Grün eine Metapher für zu wenig Erfahrung in einigen Bereichen deines Lebens. Grün steht außerdem symbolisch für einen Kampf um Anerkennung und Unabhängigkeit. Grün wird aber auch mit Gier und Eifersucht in Verbindung gebracht. Dunkelgrün steht für Materialismus, Betrug, Täuschung oder Schwierigkeiten beim Teilen. Schaue dir einmal genau an, wie du Geld ausgibst und was du begehrst, wenn du in Dunkelgrün träumst.

Pink

Pinke Träume symbolisieren Liebe, Freude, Lieblichkeit, Fröhlichkeit, Zuneigung und Güte. Verliebt sein oder heilen durch Liebe wird mit dieser Farbe in
Verbindung gebracht. Die Farbe symbolisiert aber auch Unreife oder Schwäche, besonders in Sachen Liebe. Wenn man unruhig aus einem Traum mit der
Farbe Pink erwacht, könnte das ein Hinweis darauf sein, dass jemand Probleme
mit Abhängigkeiten oder Schwierigkeiten mit den Eltern hat.

Rot

Rot ist ein Hinweis auf rohe Energie, Kraft, Vitalität, Aggression, Macht, Mut,
Impulsivität und intensive Leidenschaft: Klingt ein wenig wie ein durch-
geschwurbeltes Patentrezept für Katastrophen, oder? Die Farbe Rot hat zutiefst
emotionale und spirituelle Bedeutungen, sowohl positiv als auch negativ:
Hängt alles vom Kontext ab. Träumst du von einem stürmisch tosenden roten
Meer? Vielleicht musst du ein paar tief sitzende Probleme, die mit Wut zusammenhängen, lösen. Oder was ist mit roten Satinlaken, die über deine Haut glei-
ten? Oha, dein Partner sollte sich darauf gefasst machen, dass du heute Abend
über ihn herfällst, sobald er zur Tür hereinkommt. Alternativ kann die Farbe
Rot in deinen Träumen für Energiemangel stehen, du fühlst dich müde oder le-
thargisch. Eine Sache ist sicher: Wenn du im Schlaf Rot siehst, solltest du dir
einen Augenblick Zeit nehmen und hinterfragen, was diese Träume bedeuten.

Gelb

Die Farbe Gelb hat wie die meisten anderen Farben sowohl positive als auch negative Bedeutungen. Falls der Traum angenehm ist, symbolisiert Gelb Intellekt,
Energie, Lebendigkeit, Fröhlichkeit, Harmonie und Weisheit. Ist der Traum
aber unangenehm, steht die Farbe für Betrug, Blamage, Verrat, Feigheit und
Krankheit. Vielleicht hast du Angst vor Entscheidungen oder findest es schwer,
in deinem bewussten Leben die Initiative zu ergreifen. Du willst anderen unbedingt gefallen und stellst deswegen deine Bedürfnisse hinten an. Deswegen
kannst du Rückschläge erleiden. Der Traum von einem gelben Zimmer legt
nahe, dass wir ein Problem rational lösen sollten. Gelb ist die Farbe der Kreati-

vität. Vielleicht schlummert in dir ja eine Idee oder ein kreatives Projekt, das auf seinen Durchbruch wartet.

»Schlaf ist die beste Meditation.«
Seine Heiligkeit der Dalai-Lama

VOM SCHLAFEN UND TRÄUMEN

Sogar unsere Schlafposition sagt etwas über unser bewusstes Leben aus. Verschiedene Stellungen können unsere Persönlichkeiten, Konflikte und Beziehungen mit unseren Bettgefährten widerspiegeln, wenn wir welche haben. Die Art und Weise, wie wir schlafen, kann auch einen direkten Einfluss auf unseren Körper haben und uns behindern oder bereichern.

Welcher Schlaftyp bist du? Rollst du dich zusammen wie ein Fötus? Bist du ein wild um sich schlagender Seestern? Das hört sich irgendwie an wie eine schicke Sushi-Rolle. Schlummerst du am liebsten auf dem Bauch? Schaue dir die Tabelle auf der nächsten Seite an, um herauszufinden, was dir jede einzelne Position über den Zustand deines schlafenden Geistes und den Einfluss auf dein bewusstes Selbst verrät.[45]

SCHLAFEN, UM ZU TRÄUMEN

Ich freue mich immer aufs Schlafengehen. Meine Seele begibt sich im Schlaf immer irgendwie auf ein Abenteuer. Ich lerne Dinge und bekomme Hinweise auf Situationen in meinem wachen Leben, von denen ich andernfalls kein tiefer gehendes Verständnis hätte. Ich wurde von meinen früheren Partnern wegen diverser großer Abenteuer mit verschmitztem Kichern oder lautem Gelächter geweckt. Ich habe sogar geliebte Menschen getroffen, die gestorben sind, und Seelen, die kurz darauf Teil meines bewussten Lebens werden sollten. Es heißt, dass uns die Führer unserer Seele durch unsere Träume Lektionen erteilen.

Position	Auswirkungen auf den Körper	Was sagt die Position über dich aus?
Embryoposition Auf der Seite mit angezogenen Knien wie eine Kugel zusammengerollt schlafen.	Diese Position beengt unsere Atemwege und kann das Luftholen und unsere Lungen belasten. Außerdem ist sie schlecht für unseren Rücken und Nacken. Zudem soll diese Stellung Fältchen begünstigen. Gut geeignet ist sie für Schwangere und Schnarcher.	Menschen, die diese Position mögen, sind häufig Menschen, die ihr Leben immer unter Kontrolle haben wollen. Sie planen gerne und haben alle Sachen in Ordnung. Häufig denken sie zu viel nach, machen sich zu viele Sorgen und sind zu sensibel. Menschen, die in der Fötusstellung schlafen, sind aber auch liebenswürdig und rücksichtsvoll. Häufig schlafen Menschen mit Stress oder Druck in dieser Position, da sie sich geschützt wie ein Kind im Mutterleib fühlen.
Baumstammposition Wenn man auf der Seite schläft und die Beine und Arme herunterstreckt (wie genau, ein Baumstamm eben).	Wenn man in der Baumstammposition ausgestreckt auf der Seite liegt, ist das die beste natürliche Ruheposition für deine Wirbelsäule. Sie kann also Rücken- und Nackenprobleme mindern. Jedoch kann das Schlafen auf der Seite auch dazu führen, dass die Schwerkraft schneller Auswirkungen auf deinen Körper erkennen lässt, wie beispielsweise hängende Brüste und Falten.	Die Menschen in dieser Schlafposition sind zumeist unflexibel und steif, sie mögen Regeln und wirken häufig herrisch, eigenwillig oder stur. Allerdings nehmen die Schläfer in Baumstammposition auch gerne Herausforderungen an und übernehmen in jeder Situation gerne die Kontrolle.
Sehnsuchtsstellung Man schläft auf der Seite, die Beine und Arme sind nach vorne ausgestreckt.	Diese Position hat dieselben Vor- und Nachteile wie die Baumstammposition.	Die Sehnsuchtsposition ist etwas für Traumjäger: Diese Menschen sind Opportunisten und lieben Herausforderungen. Sie können aber auch ihre eigenen schlimmsten Kritiker sein und gehen häufig hart mit sich selbst ins Gericht.

Position	Auswirkungen auf den Körper	Was sagt die Position über dich aus?
Soldatenstellung Man schläft auf dem Rücken, die Arme liegen an der Seite, die Beine sind ausgestreckt (wie ein Soldat, der strammsteht).	Auf dem Rücken schlafen wird als eine der besten Positionen für den natürlichen Blutfluss zu deinen Organen angesehen und kann auch Menschen mit Verdauungsproblemen helfen. Diese Stellung kann aber beispielsweise schlecht für Schnarcher sein!	Menschen, die in dieser Stellung schlafen, tun nach außen hin meist zuversichtlich, selbst wenn sie sich nicht so fühlen. Sie können unter Engstirnigkeit leiden. Allerdings haben sie auch positive Seiten: Sie sind motiviert, fokussiert und meist loyal. Sie stehen fest im Leben.
Seesternstellung Man liegt mit ausgestreckten Armen und Beinen auf dem Rücken, wobei man einem Seestern ähnelt.	Die Position hat dieselben Vor- und Nachteile wie die Soldatenstellung. Außerdem kann eine Rückenlage beim Schlafen gut für deine Haut sein und den Alterungsprozess verlangsamen.	Menschen, die gerne in Seesternstellung schlummern, sind offen, denken frei und sind voller Energie. Sie sind zuversichtlich und offen für sämtliche Lebensanschauungen und Denkweisen.
Bauchlage Du liegst auf deinem Bauch und dein Kopf zeigt zum Kissen oder zur Seite.	Diese Stellung kann die Verdauung unterstützen, allerdings kann der zur Seite gedrehte Kopf deine Halswirbelsäule belasten, weil er die natürliche Krümmung deines Rückens nicht beachtet.	Bauchschläfer sind häufig zuversichtliche, soziale und freundliche Menschen, die in Menschenmengen oder im Rampenlicht in ihrem Element und gleichzeitig hinter verschlossenen Türen empfindsam für die Gedanken und Meinungen von anderen sind.

Wir werden in Kapitel 10 mehr über spirituelle Führer lernen und wie sie in unserem wachen Leben und in unseren Träumen mit uns interagieren. Aber im Augenblick lautet die zentrale Frage, die wir uns stellen müssen: Warum sollte man sich mit Träumen befassen, wenn man nicht schlafen kann?

Wie ich bereits zuvor erwähnt habe, tun sich einige in dieser hektischen modernen Zeit mit dem Schlafen schwer. Das Zentrum für Krankheitskontrolle

PROBIER'S MAL AUS:

»———→

Träumst du alleine oder neben deinem Partner? Eure Schlafpositionen spiegeln eure Beziehung wider. Schaue mal bei dem alten Guru Google vorbei, was eure Schlafstellungen als Paar über eure Beziehung aussagen.

und Prävention geht sogar so weit und bezeichnet unzureichenden Schlaf als »Gefahr für die Volksgesundheit«.[46] Jeder, der schon einmal ohne einen normalen Schlafrhythmus auskommen musste, weiß, dass Geist und Körper ohne Schlaf nicht vernünftig funktionieren und zudem die seelische Gesundheit belastet wird. Weil Geist, Körper und Seele auf komplexe Weise miteinander verbunden sind und nur alle drei gemeinsam glücklich oder eben unglücklich sein können, sind hier einige Tipps und Tricks, wie dein Körper einen gesunden, ruhigen Geist unterstützen und wiederum den Weg für die Seele ebnen kann, die für sämtliche Vorteile von Schlaf und Träume empfänglich ist.

Iss früher und leichter

Wenn dein Körper weniger verdauen muss, kann er sich besser entspannen und ausruhen. Versuche, etwa nach sieben Uhr abends nichts mehr zu essen, weil dein Körper und dein Verdauungssystem zur Schlafenszeit ausgeruhter sein werden. Ich versuche abends Koffein, Softdrinks oder andere Getränke mit viel Zucker wegzulassen. Ab und zu schaffe ich das nicht, aber eine Coke mit scharfem mexikanischen Essen braucht man manchmal einfach, oder? Kräutertees wie beispielsweise Kamille sind großartig zur Entspannung der Sinne und außerdem abends prima Ersatzgetränke für Kaffee.

Dein Zimmer sollte dunkel und ruhig sein

Bis später, Welt! Wenn dein Zimmer so dunkel und ruhig wie nur möglich ist, bist du beim Schlafen weniger abgelenkt. Es ist natürlich, dass wir im Dunkeln schlafen und bei Licht aufwachen. Falls dein Zimmer ziemlich hell ist und du deswegen schlecht schläfst, solltest du dir Verdunkelungsvorhänge oder eine weiche, bequeme Schlafmaske zulegen. Wenn du an einer belebten Straße lebst oder eine andere Lärmquelle in der Nähe hast, kannst du ja mal über schicke Ohrenstöpsel nachdenken. Falls dich totale Stille in den Wahnsinn treibt, investiere in ein Gerät, das weißes Rauschen von sich gibt, damit du mit diesem beruhigenden Hintergrundgeräusch ins Traumland abdriften kannst.

»Schlaf ist genauso wie Dunkelheit. Es ist kein Zufall, dass du es in Helligkeit schwierig findest zu schlafen. Dunkelheit hat eine Affinität zu Schlaf. Deswegen schlafen wir nachts ganz leicht. Dunkelheit um uns herum erschafft ein Milieu, in dem wir ganz einfach einschlafen können.«
Osho

TRAUMKRISTALLE

Hokuspokus-Skala: ▲▲▲▲▲▲▲▲▲▲
Entdeckungs-Skala: ▲▲▲▲▲▲▲▲▲▲

Wusstest du schon, dass sich in fast jedem Computer, jeder Armbanduhr, jedem Radio und sogar in deinem Handy Kristalle befinden?[47] Diese Kristalle sind so programmiert, dass sie auf einer gewissen Frequenz arbeiten. Kristalle können programmiert werden, um dir überall in deinem Leben zu helfen, auch beim Träumen. Wir gehen jetzt näher auf das Wissen ein, das wir im zweiten Kapitel über das Zusammenspiel von Kristallen und Chakras erworben haben. Damit werden verschiedene Arten von Energie in unser Leben eingeladen. Außerdem können Kristalle auch einen gesunden Schlaf und produktives Träumen erleichtern.

Kristalle, die beim Träumen helfen:

▶ Roter und Gelber Jaspis sind großartig, wenn du deine Träume schlecht behalten kannst.
▶ Blutstein stimuliert das Träumen und erweckt dein Unterbewusstsein, wenn du entspannt bist und du dich in einem Traumzustand befindest. Dieser Stein öffnet dir die Tür zu deinen Träumen.

▶ Amethyst hilft dir bei der Kommunikation und Verbindung zu dir selbst. Er kann außerdem auch intuitives Träumen unterstützen. Ein Amethyst unter deinem Kissen kann dich außerdem vor negativen Gedanken oder Albträumen schützen.

PROBIER'S MAL AUS!
≫———→

Kurz bevor du ins Bett gehen willst, suchst du dir einen Kristall aus, der dich anspricht und außerdem ziemlich klein und glatt ist. Du willst ja nicht, dass dir ein riesiger Brocken von einem spitzen Amethyst die ganze Nacht über in den Schädel pikst. Halte dann den Kristall einige Augenblicke lang in den Händen, konzentriere dich, bis du ein sanftes Pulsieren spüren kannst. Visualisiere, wie der Kristall von Licht umgeben ist, und erkläre, was dir der Kristall bringen wird: Einen heilenden Traum, an den du dich beim Aufwachen erinnern und ihn verstehen wirst, eine friedliche Nachtruhe, einen Besuch eines spirituellen Führers – dann bitte um die Fähigkeit, diese Dinge im Schlaf zu empfangen. Lege den Kristall nun unter dein Kissen und vergiss nicht, dass du dir dein Traumtagebuch zurechtlegst, damit du direkt nach dem Aufwachen hineinschreiben kannst!

HEISSES WASSER

Hokuspokus-Skala: ▲▲▲▲▲▲▲▲▲▲
Entdeckungs-Skala: ▲▲▲▲▲▲▲▲▲▲

Ein heißes Bad senkt wirksam den Blutdruck und lockert die Muskeln. Wenn man entspannende Düfte wie beispielsweise Lavendel und Ylang-Ylang hinzufügt, können wir zusätzlich Entspannung vor dem Schlafengehen fördern. Weitere Tipps zur Aromatherapie gibt es in Kapitel 3.

HALTE DAS GEDANKENKARUSSELL AN

Hokuspokus-Skala: ▲ ▲ ▲ ▲ ▲ ▲ ▲ ▲ ▲ ▲
Entdeckungs-Skala: ▲ ▲ ▲ ▲ ▲ ▲ ▲ ▲ ▲ ▲

Denke an die liebste Gutenachtgeschichte aus deiner Kindheit. Du weißt schon, eine, die wahrscheinlich mit »und sie lebten glücklich und zufrieden bis an ihr Lebensende« schloss. Nun stelle dir den letzten Gedanken vor, der dir vor dem Einschlafen durch den Kopf geht: Rechnungen … Beziehungsprobleme … Sorgen bei der Arbeit … Dramen in der Familie … Unsere Gehirne sind prima Spielplätze für Einhörner, Feen, Wunder, Liebe und glückliche Enden, oder etwa nicht? Genau, war ironisch gemeint.

Auch wenn es für die meisten schon völlig normal ist, mit negativen Gedanken wie beispielsweise Stress, Sorgen und Angst einzuschlafen, solltest du dich doch zu einer positiven, glücklichen und dankbaren Geisteshaltung aufraffen. Das kann dein ganzes Leben verändern. Die meisten Menschen schlafen sechs bis acht Stunden pro Nacht: Das reicht, um deinen Körper, deinen Geist und deine Seele vollständig aufzuladen. Leuchtet es dann nicht ein, dass wir uns selbst fünf Minuten widmen sollten, in denen wir uns vor dem nächtlichen Wiederaufladen in die beste Stimmung versetzen? Sieh es als aufmunternde Worte an, bevor du deinem Körper Schlaf und Entspannung gönnst.

PROBIER'S MAL AUS!

≫⟶

Zu aufgedreht zum Schlafen? Beruhige dich mit dieser alten schwingenden Tonleiter. Die Solfeggio-Chakra-Tonleiter verwendet unterschiedliche Hertz-Frequenzen, um die Chakras auszugleichen und negative Vibrationen auszuspülen, angefangen bei Schuld und Angst. Sie kann aber zusätzlich auch Veränderungen und Wachstum hin bis zur Transformation erleichtern. Lege dich ins Bett, entspanne dich und höre der Tonleiter zu. Lasse zu, dass dich die Schwingung beim Ausruhen sanft verändert.[48]

LEBE, UM ZU TRÄUMEN

Alles, was wir bislang angesprochen haben, kann zwar sehr hilfreich sein, um wegzudriften und damit die Tür zu Träumen aller Arten zu öffnen. Du solltest dennoch nicht nur im Schlafzimmer ein gesundes und aktives Traumleben anstreben. Hier sind einige Tipps, die ich auf meiner Reise kennengelernt habe, die du tagsüber ausprobieren kannst und die ich auf meiner Suche nach einem friedlichen, ruhigen und spirituell erleuchtenden Schlaf gelernt habe: Schlaf, der belebende und die Seele nährende Träume willkommen heißt, sobald ich den Kopf aufs Kissen lege.

PROBIER'S MAL AUS!

»———→

Blättere zurück zu Kapitel 1 und mache fünf Minuten lang – genau, fünf Minuten genügen schon, aber mache natürlich ruhig länger, wenn du dich danach fühlst – zur Entspannung Yoga oder meditiere. Ich habe herausgefunden, dass ich mich einfach nur darauf konzentrieren muss, wie mein Atem in und aus dem Körper strömt, um meinen Herzschlag zu beruhigen, meinen Kopf frei zu bekommen und meine Seele auf alles vorzubereiten, was der Schlaf zu bieten hat.

TAGTRÄUME

Hokuspokus-Skala: ▲▲▲▲▲▲▲▲▲▲
Entdeckungs-Skala: ▲▲▲▲▲▲▲▲▲▲

Mit Tagträumen kannst du ganz einfach deinen Geist entspannen und an die positiven Dinge denken, die du gerne im Leben willkommen heißen würdest. Lasse deinen Geist frei! Fantasiere von Dingen, die du schön findest, von deinen Zielen, dem Leben, das du leben willst, und all den Dingen, die du erreichen wirst. Baue dir in deinem Kopf eine Traumexistenz auf. Auch okay, wenn du lieber von Hugh Jackman als Surflehrer träumst oder von Jennifer Lawrence, die dir in ihrem Oscar-Kleid direkt in die Arme stolpert. Das ist wirklich total in Ordnung. Wenn du beim Einschlafen deiner Fantasie freien Lauf lässt, kannst du prima gute Dinge in deinem Leben willkommen heißen, aber auch positive Energie in Schwung bringen, egal, ob du von realistischen oder unrealistischen Dingen träumst.

Tagträumer sind für gewöhnlich kreativ, einfallsreich, intuitiv und visionär: Sie verbringen im wachen Zustand viel Zeit damit, sich ihr Leben vorzustellen und in Rollenspielen Dinge nachzuspielen, die sie sich wünschen, und tagtäglich in eine andere Dimension ihrer eigenen persönlichen Verzauberung einzutreten. Indem sie das tun, heißen diese Träumer sämtliche Dinge, die sie gerne hätten, in ihrem Leben willkommen, selbst wenn diese Dinge in ihren Tagträumen nicht konkret sind. Weil sie ihre Energie und Gedanken auf diese Weise fokussieren, lässt das Unterbewusste Träume Wirklichkeit werden. Die Kunst der Visualisierung und Dinge wie beispielsweise Liebe, Reichtum und Gesundheit zu empfangen ist eine mächtige unterstützende Maßnahme, wenn wir etwas wirklich haben wollen.

AFFIRMATIONEN

Hokuspokus-Skala: ▲▲▲▲▲▲▲▲ ▲ ▲
Entdeckungs-Skala: ▲▲▲▲▲▲▲▲▲ ▲ ▲

Bevor du abends ins Bett gehst, solltest du dich auf jeden Fall an alles erinnern, was an dir besonders ist und worauf du stolz bist! Du hast Respekt verdient! Vielleicht für etwas, das du an dem Tag geschafft hast, wie du auf etwas reagiert, was du gemacht hast, vielleicht auch nur einen einzigen Gedanken oder ein Gefühl, auf das du stolz bist. Wenn wir uns selbst vor dem Einschlafen sagen, wie nett, liebevoll, intelligent und erfolgreich wir sind, wird diese Botschaft in unserem Unterbewusstsein gespeichert und hilft uns dabei, immer stärker daran zu glauben und damit unser positives Selbstbild zu unterstützen. Einige Menschen schlafen gerne zu

> ### PROBIER'S MAL AUS!
> ≫——→
>
> Mache dir eine Playlist für Tagträume. Mir hilft Musik beim Tagträumen sehr, aber ich werde sowieso ganz leicht von Musik beeinflusst. Deswegen stelle ich mir Lieder zusammen, mit denen ich mich gut fühle, die mich inspirieren oder mich an gute Zeiten erinnern. Wenn du deine Liste machst, solltest du nach Texten, Hooklines und musikalischen Themen suchen, die besonders gut zu dir passen. Vielleicht erstellst du dir auch mehrere Listen: eine für Tagträume, in denen du eine toughe Abenteurerin bist oder in denen du spezifische Ziele oder Handlungen visualisieren willst, und eine, wenn du ganz in Ruhe von unendlichen Möglichkeiten und Vergnügungen träumen willst.

Affirmationen von Hörbüchern ein. Andere denken gerne positiv über sich selbst, wieder andere schreiben die Affirmationen auf und lesen sie vor dem Schlafengehen. Tue das, was am besten zu dir passt.

MÄRCHEN

Hokuspokus-Skala:
Entdeckungs-Skala:

Lies dein Lieblingsbuch aus deiner Kindheit oder schaue dir deinen Lieblings-film aus früheren Zeiten an. Ich meine es ernst! Geschichten rühren unser Herz, beleben die Gedanken und füttern den Geist. Walt Disney kannte diese geheime Tür zur Seele … aber du auch, damals, als du noch ein kleiner Quälgeist warst! Nimm dir Zeit, verbinde dich mit deinem inneren Kind und sei bei dieser kleinen Reise in die Vergangenheit inspiriert, sorglos und glücklich. Diese Übung vor dem Schlafengehen ist besonders sinnvoll, wenn du emotionalen Ballast aus einer schlechten Kindheit mit dir herumträgst.

LISTE MIT DINGEN, DIE DU ERREICHT HAST

Hokuspokus-Skala:
Entdeckungs-Skala:

Erstelle eine Liste mit Dingen, die du magst, auf die du stolz bist, die du erreicht hast und die du erreichen wirst. Indem du die Liste erstellst, kannst du deine Energien deutlicher auf die Dinge richten, die du im Leben erreichen willst, und eben nicht auf die Dinge, die du lieber loswirst. Lege diese Liste neben dein Bett oder hänge sie an den Badezimmerspiegel, wo du sie beim abendlichen Zähneputzen anschaust.

VERBREITE GUTE SCHWINGUNGEN

Hokuspokus-Skala: ▲▲▲▲▲▲▲▲▲▲
Entdeckungs-Skala: ▲▲▲▲▲▲▲▲▲▲

Schicke jemandem eine positive SMS, eine E-Mail oder einen Brief, in dem du all die Dinge aufführst, die du an der Person bewunderst. Falls du zu schüchtern bist, musst du nicht auf »Senden« drücken oder die Nachricht auf anderem Wege dem Empfänger zukommen lassen. Das Universum wird sie schon für dich zustellen. Ich aber fordere dich auf: Sei mutig und schicke das Ding ab. Du weißt nie, wann jemand genau diese Art von Liebenswürdigkeit aus heiterem Himmel braucht.

ÜBE GLÜCKLICH SEIN

Hokuspokus-Skala: ▲▲▲▲▲▲▲▲▲▲
Entdeckungs-Skala: ▲▲▲▲▲▲▲▲▲▲

Du kennst das: Du fühlst dich schlecht, und dein Hirn würgt wie eine Katze einen Haarball mit sämtlichen peinlichen Dingen aus der Vergangenheit hervor? Weißt du noch, wie du einmal in der Mittelstufe fies zu einem Freund warst? Oder erinnerst du dich an den zickigen Kommentar über einen Kollegen, den er gehört hat, oder die Notlüge, die du deinem Gatten einmal aufgetischt hast, obwohl du wusstest, dass das falsch war … Absolut grauenhaft, nicht wahr? Du fühlst dich wie der absolute Vollidiot.

Ich möchte, dass du dein Hirn anders programmierst und das Gegenteil ausprobierst: so, als würde sich dein Leben vor deinen Augen abspielen. Dabei

> ### PROBIER'S MAL AUS!
>
> ⇒ ——→
>
> Warte nicht einfach darauf, was morgen passiert. Sage dir stattdessen selbst, wie der Tag wird. Und glaube daran. Noch wichtiger: Freue dich darauf. Du wirst dich über die positiven Effekte beim Einschlafen und Aufwachen wundern.

werden allerdings nur die positiven Aspekte hervorgehoben. Stelle dir dein Leben einmal als Kinotrailer vor, ein Zusammenschnitt deiner glücklichsten Augenblicke. Lehne dich zurück und lass dich von deiner Seele durch die Höhepunkte des Lebens führen. Genieße es, schließlich bist du der Drehbuchschreiber, Regisseur und Hauptdarsteller in diesem Film.

SEI DANKBAR

Hokuspokus-Skala: ▲▲▲▲▲▲▲▲▲▲
Entdeckungs-Skala: ▲▲▲▲▲▲▲▲▲▲

Dankbarkeit. Schließe die Augen und denke an all die Menschen, Lektionen und Lebenserfahrungen, für die du dankbar bist. Sei dankbar für die guten und schlechten Erfahrungen, die positiven und negativen Menschen, die dir über den Weg gelaufen sind. Lerne aus deinen Handlungen und denen der anderen. Vergib allen, die dich verletzt haben. Akzeptiere die Dinge an dir, die dich ärgern, und danke deiner Seele für ihre Liebe und Unterweisung. Wenn du dich jeden Tag in Dankbarkeit, Akzeptanz und Liebe übst, bereitest du deine Seele darauf vor, Wunder in Form von Schlaf und Träumen zu empfangen.

Die Kunst des Schlafes und die Geheimnisse der Träume interessieren Seelensucher schon seit Urzeiten. Die ersten Aufzeichnungen von Traumdeutungen stammen etwa aus dem Jahr 3500 vor Christus. Schriften über Traumdeutung wurden in Ägypten, Griechenland, Babylonien, Phönizien, Japan und dem amerikanischen Kontinent gefunden, um nur einige Orte aufzuführen.[49]
    Ein Symbol von Schlaf und Träumen, das mich schon immer fasziniert hat, ist der Traumfänger. Auf Ojibwe bedeutet *bawaajige nagwaagan* »Traumfalle«, das Objekt ist schon seit jeher ein Symbol für die Seelensuche und hat auch heute noch in vielen Kulturen Bestand, auch abseits der Ureinwohner Amerikas, dem Urspungsort.

Geschichtenerzähler in der Geschichte der Ojibwe sprachen von einer »Spinnenfrau« namens *Asibikaashi,* die eine Führerin und Beschützerin des Stammes war. Als sich das Volk der Ojibwe weiter im Land ausbreitete, sank ihr Wirkungsbereich und ihr Einfluss. Um die Menschen und deren schlafende und deswegen wehrlose Kinder zu beschützen, woben Mütter und Großmütter magische Gebilde aus Weidenreifen und Sehnen, um Traumfänger herzustellen, die über dem Bett der Kinder wachten, schlechte Träume abfingen und nur positive Gedanken zu den sich noch entwickelnden Gehirnen durchließen. Bei Sonnenaufgang trafen Sonnenstrahlen auf das Netz des Traumfängers und ließen die schlechten Träume und negativen Gedanken verdunsten, die sich dort verfangen hatten. Wir leben in einer bemerkenswerten, aber auch herausfordernden modernen Welt und brauchen deswegen vielleicht einfach nur einen kleinen Beschützer, der die schlechten Träume im Zaum hält.

> »Wer nach außen blickt, träumt.
> Wer nach innen blickt, erwacht.«
> Carl G. Jung

Ebenso wie der Traumfänger Albträume in die Falle lockt, musst du dich jetzt darum kümmern, alle deine Träume – egal, ob gut oder schlecht – aufzuschreiben und zu entschlüsseln. Viele Menschen verschlafen ihren Alltag und wissen gar nichts von den vielen aufschlussreichen Möglichkeiten, die sich aus einer Traumanalyse ergeben. Du aber bist anders. Im spirituellen Sinne bist du ebenso hellwach und auf Zack wie ein Dreijähriger mit einem Zuckerschock von Cupcakes mit Streuseln. Du bist dir sowohl deiner wachen als auch deiner Traumleben bewusst und lernst eine Sprache, die dir bei

PROBIER'S MAL AUS!
≫———→

Bei einem Traumfänger sollte man unbedingt auf die Herstellung achten und keine Massenware kaufen. Falls du deinen eigenen Traumfänger basteln möchtest, empfehle ich dir, Farben und Bänder zu verwenden, die dich ansprechen, und dabei den spirituellen Führer, an den du glaubst, um Schutz zu bitten – egal, ob es sich dabei um deine Vorfahren, eine Göttin, einen Geist oder die Erde selbst handelt. Es gibt viele gute Anleitungen im Internet. Denke an deine positiven Träume und stelle dir die Abschirmung vor, die du errichtest, mit der du sämtliche Gedanken oder Träume von dir fernhältst, die im Traum und im wachen Leben gegen dich arbeiten.

der Interpretation der Zeichen und Symptome deines gesprächigen Geistes hilft. Als Seelensucher ist Ziel des Spieles, einzelne Punkte zu einem Ganzen zu verbinden, die Zeichen zu erkennen und den spirituellen Brotkrumen zu folgen, die deine Seele auslegt. Mache also auf jeden Fall das Beste aus den Hinweisen, die dir im Schaf gegeben werden. Der Weg kann manchmal steinig sein, aber keine Sorge, damit bist du nicht allein.

DEINE NUMEROLOGIE UND DEIN NAME

Etiketten. Etiketten brauchst du nicht nur für Einmachgläser in einem Vorrats-schrank oder Schilder in deinen Klamotten.

Als wir noch klein waren, reimten wir uns die Welt um uns herum mit der Hilfe von Etiketten zusammen: Mama, Papa, Katze, Hund, gut, schlecht. Wenn wir älter werden, werden wir durch ebensolche Zuschreibungen definiert: un-ser Alter, das Geschlecht, die Arbeit, der Titel oder unseren Glauben. Wenn unsere Kinder auf eine Rose zeigen und neugierig wissen wollen, wie wir sie nennen, sollen wir sagen, dass es eine Rose ist? Oder sollen wir sagen, dass sie den Namen »Rose« trägt? Wie Julia zu Romeo sagt: »Das Ding, was wir Rose nennen, würde unter jedem anderen Namen ebenso lieblich riechen.« Für Julia mag das zutreffen. Sie will damit zeigen, dass sie Romeo genauso lieben würde, wenn er einen anderen Nachnamen hätte. Wir aber können nicht bestreiten, dass die Namen und Bezeichnungen, die wir in unserem Leben tragen, auch selbst eine Bedeutung haben, die unser Leben stark beeinflusst.

Wir stellen über andere Menschen aufgrund dieser Etiketten viele Vermu-tungen an – sowohl positive als auch negative. Aber wie häufig basieren unsere Annahmen auf den tatsächlichen Namen der Menschen? Für viele von uns ist ein Name nur ein weiteres Schildchen. Er bedeutet etwas oder auch nicht. Nor-malerweise unterscheidet uns ein Name nur von anderen Menschen. Manch einer hat sich noch nie richtig über seinen Namen Gedanken gemacht. Hast du dir jemals Zeit genommen, die Bedeutung deines Namens herauszufinden, oder dich mit der Numerologie beschäftigt, die mit den Buchstaben in deinem Na-men und deinem Geburtsdatum verbunden ist? Ich zumindest habe das erst neulich einmal gemacht. Unsere Namen geben uns erste Hinweise auf unsere früheren Leben, aber auch auf unsere Bestimmungen in der Zukunft. Wir hören unseren Namen Tag für Tag, antworten auf ihn, unterschreiben mit ihm. Aber was verstehen wir wirklich von unserem geläufigsten Etikett?

Numerologen glauben, dass wir alle einen »perfekten« Namen haben und dass unsere Namen unsere Persönlichkeiten und unser Innenleben widerspiegeln. Unser Name lässt sich in Zahlen aufschlüsseln, die uns mehr darüber sagen, wer wir wirklich sind. Numerologie basiert außerdem auf dem Glauben an Wiedergeburt, also dass wir vor dem jetzigen Leben schon einmal gelebt haben. Unsere Nummern sind für dieses Leben auserwählt, für den Lebensweg, der für uns durch die größere kosmische Ordnung der Dinge festgelegt ist. Außerdem helfen sie uns dabei, die Lektionen und Erfahrungen des aktuellen Lebens zu meistern.

PROBIER'S MAL AUS!

»————→

Kennst du die Bedeutung, andere Formen und den Ursprung deines Namens? Google doch mal und informiere dich über die etymologischen Ursprünge und die Bedeutung deines Namens.

Betrachte Numerologie als selbstständige spirituelle Wissenschaft. Sie gleicht der Astrologie, weil sie dir dabei helfen kann, durch ein äußeres System mehr über dein inneres Selbst herauszufinden: Bei der Astrologie besteht dieses System aus Sternen, bei der Numerologie aus Zahlen. Bei dieser Wissenschaft wird jeder Buchstabe deines Namens mit einem Zahlenwert in Verbindung gebracht. Wenn wir diese Werte mit unserem Geburtstag oder dem aktuellen Datum zusammenzählen, sehen wir Nummernmuster, die verschiedene Lebensabschnitte beeinflussen und Nummern für den Lebensweg, Seelennummern, persönliche Jahresnummern etc. genannt werden.

Zahlreiche Menschen ändern ihre Namen aus vielen verschiedenen Gründen. Wenn man sich aber mit Numerologie beschäftigt und die wahre Bedeutung des eigenen Namens herausfinden will, sollten wir uns auf den Namen konzentrieren, den wir bei unserer Geburt bekommen haben. Als ich beispielsweise geboren wurde, verlieh mir meine Familie den wunderschönen Namen Renee, der »Wiedergeburt« bedeutet. Bei meiner Adoption entschieden meine

Eltern, dass dieser Name wichtig für mich und meine Geschichte sei, deswegen behielten sie ihn als zweiten Vornamen bei und gaben mir Emma als ersten Rufnamen. Ich hieß nun Emma Renee Mildon. Emma hat verschiedene Bedeutungen und Übersetzungen. Ursprünglich ist Emma eine Kurzform eines germanischen Namens, das sich aus dem Wort *Ermen* ableitet, das »ganz, vollständig, alles oder universell«[50] bedeutet. Daher bedeutet mein Name für mich Vollständigkeit durch Wiedergeburt, die Kombination aus meinen zwei Namen und meinen beiden Ursprüngen.

Numerologen glauben, dass Zahlen und Buchstaben eine große Bedeutung für Beziehungen, Gesundheit und das Leben an sich haben. Viele Namen geben Hinweise auf Berufe, vergangene Leben und Leidenschaften. Wenn du deine Numerologie verstehst, kannst du mit deinen Zahlen arbeiten und nicht gegen sie. Baue doch einfache Numerologie in dein Leben ein. Das ist ziemlich praktisch, macht Spaß und lässt sich im Alltag ganz leicht verwirklichen. Numerologie kann dabei helfen, sich auf Dinge zu konzentrieren, die geschehen sollen; du kannst dann erleben, wie sie ganz natürlich in dein Leben kommen, und musst nicht mehr gegen die natürliche Ordnung ankämpfen. Wie so oft bei Spirituellem gibt es keinen wissenschaftlichen Beweis für den Wahrheitsgehalt dieser Behauptungen. Aber das sollte uns neugierige Seelensucher nicht daran hindern, uns auf Numerologie zu stürzen. Los geht's!

Philosophen studieren die Beziehung zwischen Zahlen, Buchstaben und der natürlichen und spirituellen Welt schon seit Tausenden von Jahren. Viele Kulturen haben unterschiedliche Methoden und Formeln entwickelt, mit der sie die Zahlen eines Menschen erforschen. Aber im Grunde wird Numerologie dazu verwendet, den Lauf des Lebens besser zu verstehen. Pythagoras, der griechische Philosoph und Mathematiker, ist vielleicht der berühmteste Numerologe. Außerdem sahen die alten Chinesen, Ägypter, Inder und Babylonier eine starke Verbindung zwischen den Zahlen und dem Schicksal. Auf der ganzen Welt untersuchen Zivilisationen schon seit vielen Jahren die Verbindung zwischen Buchstaben, Zahlen und dem Universum. Seelensucher auf allen Kontinenten tun das auch immer noch. Auch wenn Numerologie in letzter Zeit ein wenig als schrulliges Palaver verschrien ist, kannst du darauf wetten, dass zu

Lebzeiten von Pythagoras Gespräche über Zahlen nicht als Gebabbel eines verrückten Hippies abgetan wurden, sondern eher als universelle Sprache angesehen wurden, durch welche die faszinierendsten Rätsel des Seins untersucht werden konnten. Lege den Taschenrechner weg, schnapp dir ein Stück Papier und fange munter an zu addieren.

CHINESISCHE UND VEDISCHE NUMEROLOGISCHE SYSTEME: EIN KURZER ÜBERBLICK

Die chinesische Numerologie konzentriert sich auf den Klang von Zahlen und die Verbindung zu gewissen Worten. Dies entscheidet darüber, ob eine Zahl vielversprechend ist und wahrscheinlich Glück bringt oder eher ungünstig ist, Unglück bringt oder zumindest Glück nicht begünstigt. Außerdem gibt es in der chinesischen Numerologie verschiedene Glücks- und Unglückszahlen sowie glücksbringende oder unheilvolle Zahlenkombinationen.[51]

Die indische – oder vedische – Numerologie besagt, dass Zahlen gewisse Schwingungen haben, die sich mit der materiellen Welt und den neun Planeten verbinden. Na ja, eigentlich ist Plutos Planetenstatus in der Wissenschaft noch nicht geklärt, für astrologische Zwecke aber schon. Damit ist diese Form der Numerologie eng an die Astrologie gekoppelt. Alte indische Seelensucher wollten sämtliche Weisheit und alles Wissen miteinander verbinden, um einen holistischen Lebensansatz zu schaffen. Sie verwendeten in ihrem Alltag Elemente der Astrologie, Numerologie, des Feng-Shui und der Naturheilkunde (Ayurveda), um dieses Ziel zu erreichen.

Wenn in der vedischen Gesellschaft ein Kind geboren wurde, wurden von Anfang an sämtliche vorhandenen Hinweise zur Prophezeiung seines Lebenswegs genutzt, darunter auch Datum und Zeit der Geburt und sogar die Stellung der Planeten. Als Nächstes wurden die Buchstaben genau betrachtet, weil man sicherstellen wollte, dass der Name eines Kindes auf dessen Schicksal, körperliche Eigenschaften und Namenszahlen ausgerichtet ist. In der hinduistischen Tradition boten die Ältesten der Familie eine Reihe von Buchstaben an, in denen die Schwingungen des Geburtsdatums widerhallten. Diese Buchstaben mussten dann in den Namen des Kindes einfließen.[52] Die vedische Numerologie verwendete außerdem die Zahlen und die astrologischen Daten eines Menschen zur Erstellung eines *Yantra*, eines visuellen Hilfsmittels, um die körperliche Energie zu unterstützen, wohingegen ein Mantra beispielsweise beim Fokussieren der Energie des Geistes hilft. Während ein Name sämtliche Elemente der Schwingungen und Existenz eines Menschen in Betracht zog, wurde ein *Yantra* für einen Menschen erstellt, indem dessen Zahlenschwingung in ein geometrisches Symbol verwandelt wurde.

WESTLICHE NUMEROLOGIE: DIE GRUNDLAGEN

Wir haben weiter oben bereits gesehen, dass es viele verschiedene numerologische Traditionen auf der Welt gibt. Die westliche Numerologie wird heutzutage am häufigsten verwendet. Sie basiert auf der Lehre von Pythagoras, dass Zahlen mit dem Alphabet verbunden sind und dass diese Zusammenhänge auf verschiedene Arten untersucht werden können. Daraus ergeben sich Bedeutungen. Außerdem berücksichtigt die westliche Numerologie Energieschwingungen, die Zeit, Raum und lebende sowie nicht lebende Materie miteinander verbinden, um die Bestimmung eines Menschen im Leben zu finden und die Bedeutung hinter dem Geburtsnamen zu entschlüsseln. Für unsere Zwecke werden wir uns von nun an hauptsächlich auf die westliche Numerologie konzentrieren. Allerdings ist es wichtig, die numerologischen Skalen und Methoden zu verwenden, die am besten zu uns passen, wenn wir die besten Ergebnisse erzielen wollen. Deswegen solltest du allen Arten der Numerologie offen gegenüberstehen und dann die Methode anwenden, die dich am stärksten anspricht.

Mit der folgenden Tabelle stürzen wir uns ins Geschehen.[53]

WESTLICHE NUMEROLOGIE-TABELLE

1	2	3	4	5	6	7	8	9
A	B	C	D	E	F	G	H	I
J	K	L	M	N	O	P	Q	R
S	T	U	V	W	X	Y	Z	

Für die genausten Ergebnisse solltest du den Namen auf deiner Geburtsurkunde verwenden und nicht die Namen oder Spitznamen, die du im Laufe deines Lebens angenommen hast. Falls du verheiratet bist und den Namen deines Partners angenommen hast, kannst du die Berechnung sowohl mit deinem Mädchennamen als auch mit dem angenommenen Nachnamen durchführen.

Addiere deine Zahlen. Falls du auf eine zweistellige Ziffer kommst, bilde die Quersumme. Wenn du beispielsweise 34 erhältst, lautet deine Zahl 7 (3 + 4) und falls du auf 26 kommst, ist es die 8 (2 + 6). Die einzigen Ausnahmen bilden 11, 22 und 33, weil sie Meisterzahlen sind. Sie sollten zweistellig bleiben. Aber dazu gleich mehr.

Hier ein Beispiel mit meinem vollständigen Namen, gemäß der oben erklärten Methode addiert:

EMMA RENEE MILDON

$$5 + 4 + 4 + 1 +$$
$$9 + 5 + 5 + 5 + 5 +$$
$$4 + 9 + 3 + 4 + 6 + 5 \ = \ 74$$
$$7 + 4 \ = \ 11$$

Weil ich auf der Meisterzahl 11 lande, bilde ich keine Quersumme.

Wichtig ist, dass wir die sich wiederholenden Zahlen genau betrachten. Wenn du dir beispielsweise meinen Namen anschaust, siehst du viele Fünfen. Diese Zahl steht für Veränderung, normalerweise für eine Veränderung zu Hause, bei der Arbeit oder in Beziehungen. Außerdem werden sämtliche Meisterzahlen mit Hindernissen und einer harten Kindheit in Verbindung gebracht. Wenn du die Zahlen vor dem Hintergrund meiner Adoption und dem Tod meiner Mutter als Teenager siehst, ist die Verbindung klar. Wie ist es bei dir? Was sagen dir die Zahlen über dein Leben? Kannst du mit Abenteuern oder Schwierigkeiten rechnen?

Wir gehen nun ein wenig tiefer in der westlichen Numerologie. Hier findest du einige einfache Bedeutungen hinter deinen Zahlen.[54] Jede Zahl verfügt über eine einzigartige Schwingung und bringt verschiedene Elemente in dein Leben.

PROBIER'S MAL AUS!

≫⟶

Es gibt nicht nur professionelle Astrologen, Aromatherapeuten oder Yogalehrer, es gibt auch professionelle Numerologen. Falls du Numerologie besonders interessant findest, schaue doch einmal bei einem professionellen Numerologen vorbei, der dir viele neue Anregungen geben kann. Ich habe bei Peter Vaughan gelernt, einem Numerologieexperten und dem Erfinder des Vaughan-Prozesses. Diese Erfahrung war äußerst lehrreich für mich.

BEDEUTUNG DER EINZELNEN ZAHLEN

1 Unabhängigkeit, Führung, Anfänge: Einsen sind eigenmotiviert, proaktiv und couragiert. Sie können aber auch egoistisch und unverhältnismäßig willensstark sein.

2 Kooperation, Harmonie, Emotionen: Zweien sind Friedensstifter und sensible Seelen, die ein Leben im Gleichgewicht genießen.

3 Ausdruck, Kreativität, Kommunikation: Dreien sind fantasievoll, begeisterungsfähig und führen häufig kreative, künstlerische Leben.

4   Harte Arbeit, Fortschritt, Stabilität: Vieren sind disziplinierte, zuverlässige und vertrauenswürdige Arbeiter.

5   Veränderung, Freiheit, Erfahrung: Fünfen sind Salonlöwen; sie sind anpassungsfähig und weltgewandt.

6   Liebe, Verantwortung, Dienen: Sechsen sind Hüter und Beschützer, sehr häufig sind sie Heiler oder Lehrer.

7   Kontemplation, Weisheit, Metaphysik: Die Sieben ist die Zahl der Seelensucher: Sie suchen nach Wissen, Antworten und Erfahrungen.

8   Macht, Geld, Business: Acht ist die Erfolgsnummer schlechthin; Achten sind großartige Menschenkenner und sind zudem gewieft, deswegen sind sie häufig geborene Unternehmensleiter oder Politiker.

9   Menschenfreundlichkeit, Transformation, Enden: Neunen lieben die Welt; sie sind liebevoll, fürsorglich und gemeinnützig.

BEDEUTUNG DER MEISTERZAHLEN

11   Inspiration, Intuition, Bewusstsein: Elfen stehen häufig in Verbindung zur Physik, Hellsehern oder Propheten.

22   Ehrgeiz, Disziplin, Macht: 22 steht für Menschen der Tat, Macher und Glaubende.

33   Lehrer, Menschenfreunde und Nährende: Menschen mit der Zahl 33 sind aufstrebende Macher, welche die Eigenschaften der Meisterzahlen 11 und 22 in sich vereinen.

DIE NUMMER DEINES LEBENSWEGS

Hokuspokus-Skala:
Entdeckungs-Skala:

Die Nummer deines Lebenswegs wird aus deinem Geburtsdatum errechnet und enthält sowohl Informationen zu deiner Persönlichkeit als auch zu den Lektionen, Herausforderungen und Möglichkeiten, die dir im Laufe deines Lebens begegnen können. Der Lebensweg des Dalai-Lama hat beispielsweise die Nummer 22, was auf spirituelle Führung hindeutet. Gandhis Lebensweg ist 9, das weist auf eine humanitäre Gesinnung hin.

Schreibe nun zunächst dein Geburtsdatum auf. Unten findest du meins als Beispiel. Addiere als Nächstes die einzelnen Zahlen, genau wie oben bei unserem Namen. Solltest du eine zweistellige Zahl erhalten, bilde deren Quersumme. Wieder bilden die Meisterzahlen (11, 22 und 33) eine Ausnahme, die nicht addiert werden.

$$2+7 \ (\text{Tag}) \ + \ 3 \ (\text{Monat}) \ + \ 1+9+8+6 \ (\text{Jahr}) \ = \ 36$$
$$3+6 \ = \ 9$$

Die Nummer für meinen Lebensweg lautet also 9: Der humanitäre Weg ist für mich vorgesehen. (Mit Gandhi kann ich es wohl nicht aufnehmen, aber versuchen kann ich es ja mal, oder nicht?) Was sagt die Nummer deines Lebenswegs über dich aus? Das findest du weiter unten heraus.[55]

1 Enorm fleißiger, natürlicher Anführer mit dem starkem Willen, an die Spitze zu gelangen: Wegen deiner Entschlossenheit und Eigenmotivation erreichst du jedes Ziel, koste es, was es wolle. Am besten ist ein Beruf für dich geeignet, bei dem du dein eigener Chef sein kannst.

2 Harmonie, Frieden, Kooperation, ein natürlicher Friedensstifter: Du gibst einen großartigen Diplomaten oder Berater ab und genießt kreative Tätigkeiten, egal, ob im musikalischen oder künstlerischen Bereich, aber auch beispielsweise beim Gärtnern oder bei landwirtschaftlichen Aktivitäten.

3 Viel Kreativität und Selbstdarstellung: Du kommunizierst gut, was bedeutet, dass du Dichter, Schauspieler, Autor oder Musiker werden kannst. Tatsächlich haben viele Schriftsteller, Radiosprecher, Schauspieler und Berater diese Zahl.

4 Die Arbeitsbienen der Gesellschaft: entschlossen, sehr fleißig und praktisch. Typische Berufe: in der Baubranche, Juristerei, Mechaniker, Ingenieur oder Buchhalter.

5 Abenteurer, sucht nach Veränderungen und Abwechslung im Leben. Du könntest etwas so Dramatisches wie Fotograf für *National Geographic* sein, aber auch eine bodenständige Stewardess. Was du dir auch aussuchst: Stelle sicher, dass du flexibel bist und der Beruf eine gewisse Würze hat.

6 Unglaublich liebevolle und offene Menschen jeden Geschlechts: Suche dir einen Beruf aus, bei dem dein Verantwortungsgefühl belohnt wird. Du bist ein viel besserer Manager als Arbeiter. Falls du dazu einen höheren Abschluss benötigst, dann lege ihn ab. Sei stolz auf dich. Du bist kompetent und engagiert!

7 Intellektuell, analytisch, intuitiv, reserviert und Kopfmensch: Die Sieben steht für spirituellen Fokus, kritische Beurteilung und einen originellen und unabhängigen Geist. Wenn dies deine Zahl ist, haben vielen Menschen den Eindruck, sie würden dich nicht kennen. Du bist geheimnisvoll und wirst als exzentrisch wahrgenommen. Aber das macht dir nichts aus. Du rockst einfach!

8 Du möchtest finanzielle Sicherheit. Du bist ehrgeizig und zielorientiert. Du hast das Potenzial zu einer Führungskraft und schlägst dich in einem wirtschaftlichen oder politischen Umfeld großartig. Du brauchst Erfolg und verspürst großes Verlangen danach, dass deine Leistungen anerkannt werden; du wärst außerdem ein guter Berater, Historiker oder Geschichtslehrer. Mache den Weg frei, Indiana Jones!

9 Neunen sind durch und durch menschenfreundlich. Du fühlst dich häufig ungeliebt oder irgendwie verlassen und denkst, du müsstest andere Menschen glücklich machen, ihnen helfen oder sie heilen. Dich würde ein Beruf glücklich machen, bei dem du etwas zurückgeben kannst: Ein Heil- oder Pflegeberuf wäre etwas für dich.

11 Du bist sensibel, verständnisvoll und intuitiv. Vielleicht bist du kein Anführer, aber du bist ein Visionär mit hervorragenden Ideen. Du kannst eine Situation schnell und genau einschätzen, das ist eine große Stärke in der Geschäftswelt. Wahrscheinlich kommen deine Freunde zu dir, wenn sie Rat brauchen.

22 Diejenigen mit der Nummer 22 verfügen über großes spirituelles Verständnis sowie die Fähigkeit, Wissen praktisch anzuwenden und enormen Erfolg zu erlangen. Du bist auf dieser Welt, um andere zu unterweisen.

33 Diese Ziffer ist der Lehrmeister. Dein Fokus liegt darauf, die Welt zu erreichen und die liebende Energie der Menschen zu verbreiten. Persönlicher Ehrgeiz interessiert dich nicht, und du gibst dich einer Sache oder einer Berufung voll und ganz hin. Du wirst die Welt verändern, ganz bestimmt!

PROBIER'S MAL AUS!

Es gibt viele verschiedene persönliche Zahlen, die du berechnen kannst, Zahlen für dieses Jahr, diesen Monat und sogar den heutigen Tag. Du kannst deine Verbindung zu einem Freund oder Partner ermitteln und die Zahlen miteinander vergleichen. Wenn du dich dafür interessierst, kannst du unterschiedliche Wege und Praktiken ausprobieren oder einfach deine numerologische Grundkonstellation berechnen. Sollte dir die Numerologie zusagen, schlage ich dir vor, dein Wissen zu vertiefen: Nimm dir zehn oder fünfzehn Minuten Zeit und befrage Tante Google und schaue auf Amazon nach Büchern, Kursen und Online-Gemeinschaften, die sich mit Numerologie beschäftigen und dir zusagen. Dieses Thema kann ziemlich komplex sein und deine grauen Zellen ganz schön beanspruchen. Meistens interessieren sich analytische, logische und kalkulierende Seelensucher dafür. Noch ein Tipp: Nimm es nicht zu schwer, falls Numerologie ein bisschen Zeit erfordert. Fange mit den Grundlagen in diesem Kapitel ganz gemütlich an und gehe dann Schritt für Schritt weiter.

DEINE GEBURTSTAGSZAHL

Hokuspokus-Skala: ▲ ▲ ▲ ▲ ▲ ▲ ▲ ▲ ▲ ▲
Entdeckungs-Skala: ▲ ▲ ▲ ▲ ▲ ▲ ▲ ▲ ▲ ▲

Unkomplizierte Seelensucher freuen sich bestimmt, dass du hier nichts zusammenzählen musst! Deine Geburtstagszahl ist äußerst wichtig für dich. Sie besteht ganz einfach aus dem Tag, an dem du das Licht der Welt erblickt hast. Schlage deine Zahl auf Seite 203 bis 206 nach. Kurzer Hinweis: Einige Zahlen lesen sich sehr ähnlich wie die Zahlen des Lebenswegs, die wir schon kennen, weil sie numerologisch gesehen stark miteinander in Verbindung stehen.

EINE ZAHL FÜR JEDEN TAG

Je mehr Zahlen du erforschst, desto mehr verstehst du dein Leben. Falls du beispielsweise wissen willst, was für einen Tag du an einem bestimmten Datum haben wirst, ist die unterstehende Berechnung wichtig für dich.

1. Zähle sämtliche Zahlen deines Geburtstags zusammen. Der 27. März 1986 wäre beispielsweise: $2+7+3+1+9+8+6 = 1+8 = 9$. Meine Geburtstagszahl lautet 9.

2. Verwende die Buchstaben-Zahlen-Tabelle aus der westlichen Numerologie und addiere deine Namensnummern. Hier mein Name als Beispiel:

EMMA RENEE MILDON

$$5 + 4 + 4 + 1 +$$
$$9 + 5 + 5 + 5 + 5 +$$
$$4 + 9 + 3 + 4 + 6 + 5 = 74$$
$$7 + 4 = 11$$

3. Als Nächstes füge das Datum hinzu, das dich interessiert. Beispiel: 6. Oktober 2015 wäre $6+1+0+2+0+1+5 = 15$, dann $1 + 5 = 6$.

4. Zähle nun alle Zahlen zusammen. Also Geburtstagszahl 9 + Namenszahl 11 + besonderes Datum 6 = 26, dann $2 + 6 = 8$. Acht ist ein guter Tag für Geschäftsvorhaben, finanzielle Erträge und ein Tag für Erfolg im Allgemeinen.[56]

Hier findest du die Bedeutung der Zahl für dein gewähltes Datum:

Tag 1:

Aktionstag: Heute kannst du wunderbar Dinge erledigen! Wenn du Dinge gerne aufschiebst, eignet sich dieser Tag als Arbeits- oder Organisationstag.

Tag 2:

Bilanztag: Heute geht es allein um Ordnung und Reflexion. Nimm dir Zeit, deine Entscheidungen zu überdenken, Bilanz zu ziehen und für die Zukunft zu planen. Du kannst an solchen Tagen Herausforderungen besser vorhersagen.

Tag 3:

Alles im Fluss: Heute funktioniert alles einfach wie am Schnürchen. Ein guter Tag für die Planung von Zusammenkünften wie beispielsweise Partys oder Veranstaltungen zum Netzwerken.

Tag 4:

Erledigungstag: Heute kannst du ganz viele Dinge von deiner To-do-Liste streichen und viele Dinge erledigen. Du wirst merken, dass Tage mit der Zahl Vier produktive und befriedigende Tage sind.

Tag 5:

Tag voller Gefahren: An diesem Tag solltest du vorsichtig sein. Spring nach Möglichkeit nicht aus einem Flugzeug oder tauche mit Haien! Denke an diesen Tagen daran, dass du überrascht oder kalt erwischt werden kannst, und gib besonders gut auf dich acht!

Tag 6:

Ruhetag: An diesem Tag solltest du dich ausruhen und nicht gegen den Lauf der Dinge ankämpfen. Du solltest dich an Tagen mit der Nummer Sechs möglichst entspannen, eine Pause machen und neue Kräfte tanken. Vermeide nach Möglichkeit stressige Begegnungen.

Tag 7:

Tag der Weisheit: Heute werden neue Informationen den Weg zu dir finden, sei es durch Meditation, Studium oder indem du dich neuen Situationen oder Erfahrungen aussetzt. An Tagen mit der Nummer Sieben erweiterst du Kopf und Geist gleichermaßen.

Tag 8:

Tag der Fülle: Heute ist einfach dein Tag! Ein guter Tag für neue Ideen, Abenteuer und Partnerschaften aller Arten.

Tag 9:

Tag der Bekanntgabe: Heute geht es nur um Errungenschaften. Die Glocken läuten, die Menge jubelt dir zu. Dieser Tag ist sehr gut zum Heiraten, für Ankündigungen und sonstige Feierlichkeiten geeignet. Diese Tage sind Tage des Triumphs.

PROBIER'S MAL AUS!

Du hast es nicht so mit den Zahlen? Ich persönlich habe auch immer ein absolutes Brett vorm Kopf, wenn ich zwei Zahlen addieren will, und verlasse mich dabei völlig auf den Taschenrechner meines iPhones. Mein Tipp: Lade dir eine tolle Numerologie-App herunter, welche die Berechnungen für dich erledigt. Manche Apps sind sogar kostenlos und rechnen für dich die Zahlen deiner Freunde und der Familie aus sowie auch deine Zahlen für ein beliebiges Datum, um dir dabei zu helfen, deine Numerologie schnell und leicht in deinen Alltag zu integrieren, ohne dass du Exponentialgleichungen berechnen musst.

»Mathematik drückt Werte aus, die den Kosmos einschließlich der
Ordnung, Balance, Harmonie, Logik und abstrakter Schönheit widerspiegeln.«
Deepak Chopra

Die Schönheit der Numerologie kann auf wirklich jedes Datum angewendet werden. Du kannst sie also zur Vorhersage von eigentlich allem verwenden: Angefangen bei schwierigen persönlichen Fragen bis hin zu geschäftlichen Entscheidungen und großen Herausforderungen im Leben. Im Grunde ist es so: Wenn du eine Zahl hast, kannst du etwas von ihr lernen. Wie bei den meisten Dingen im Leben wirst du immer besser, je mehr du übst. Deswegen solltest du ein paar Berechnungen für deine Freunde, Kollegen oder Familienmitglieder durchführen. Dann wirst du mit den Eigenschaften jeder Zahl und der Energie von Zahlenkombinationen vertraut. Verliere aber bei der ganzen Rechnerei nie den Spaß aus den Augen und denke daran, bei tiefer gehenden Studien Hilfe oder professionelle Beratung in Anspruch zu nehmen, falls du dich verloren oder verwirrt fühlst.

Da du nun deine Zahlen kennst, musst du die Rechnung nicht mehr ohne den Wirt machen.

DEINE GEBURTSTAGSZAHLEN

DER ERSTE

Menschen, die am Monats-
ersten geboren sind, sind
auch die Ersten in einer
Gruppe. Sie sind Anführer.
Du bist für den Erfolg geboren
und bist umtriebig, bist auf
der Suche nach neuen Herausforderungen, Erfindungen
und Erfahrungen. Du verfügst
über musische Begabung und
bist zielstrebig: Der geborene
Unternehmer!

DER ZWEITE

Harmonie, Frieden, kollegiale
Zusammenarbeit, ein natürlicher Friedensstifter. Du gibst
einen exzellenten Diplomaten
oder Berater ab und magst
kreative Tätigkeiten, egal, ob
musikalisch, künstlerisch oder
auch beim Gärtnern oder der
Arbeit auf einem Bauernhof.
Also, falls du mit den ganzen
Stallgerüchen zurechtkommst.
Falls ja, bist du tapferer als ich!

DER DRITTE

Großes Maß an Kreativität
und Selbstentfaltung.
Du kommunizierst gut.
Das bedeutet, dass aus dir ein
guter Dichter, Schauspieler,
Autor, Künstler oder Musiker
werden kann. Diese Zahl
haben viele Schriftsteller,
Radiosprecher, Schauspieler
und Berater.

DER VIERTE

Die Arbeitsbienen der Gesell-
schaft: Entschlossen, sehr
fleißig und praktisch.
Typische Berufe: In der
Baubranche, Juristerei,
Mechaniker, Ingenieur oder
Buchhalter.

DER FÜNFTE

Abenteurer, sucht nach
Veränderungen und Abwechslung im Leben. Egal, welches
Abenteuer du dir aussuchst:
Stelle sicher, dass du flexibel
bist und der Beruf eine
gewisse Würze hat.

DER SECHSTE

Du hast unglaublich viel zu
geben. Wähle einen Beruf aus,
bei dem dein Verantwortungsbewusstsein belohnt wird.
Du bist eher ein Anführer
als ein Team-Mitglied. Falls
eine Führungsposition einen
höheren Abschluss erfordert:
Lege ihn ab! Sei stolz auf
dich, dass du derart fähig
und engagiert bist.

DER SIEBTE

Intellektuell, analytisch,
intuitiv, reserviert und ein
Denker: Sieben steht für
spirituellen Fokus, Analytik
und ein originelles und
unabhängiges Wesen. Du bist
ein Rätsel für deine Mit-
menschen, und einige werden
dich auch exzentrisch finden,
höre aber nicht auf diese
Miesmacher. Lebe dein
exzentrisches Wesen frei aus.

DER ACHTE

Du möchtest finanzielle Sicherheit, bist ehrgeizig und zielorientiert. Du bist eine Führungskraft und schlägst dich in
einem wirtschaftlichen oder
politischen Umfeld großartig.
Du brauchst Erfolg und verspürst großes Verlangen
danach, dass deine Leistungen
anerkannt werden. Du wärst
ein guter Berater, Historiker
oder Geschichtslehrer.

DER NEUNTE

Neunen sind durch und durch
menschenfreundlich. Du
fühlst dich häufig ungeliebt
oder irgendwie verlassen und
denkst, du müsstest andere
Menschen glücklich machen,
ihnen helfen oder sie heilen.
Dich würde ein Beruf glücklich machen, bei dem du
etwas zurückgeben kannst:
Ein Heil- oder Pflegeberuf
wäre etwas für dich.

DER ZEHNTE

Du bist Träumer und Macher in einem! Du hast große Pläne und arbeitest hart, um sie in die Tat umzusetzen. Du weißt, wie du Erfolg planen und wie du den Plan dann auch in die Tat umsetzen kannst: die perfekte Mischung!

DER ELFTE

Ähnlich wie Menschen, bei denen die Numerologie des Geburtsnamens 11 ergibt, bist auch du intuitiv und inspirierend. Du bist ein idealer Heiler, Bote oder Lehrer. Du bist zugleich Visionär und Idealist, der andere führen, berühren und motivieren kann.

DER ZWÖLFTE

Du hast ein kreatives, künstlerisches Talent dazu, alles in deinem Leben zum Glitzern zu bringen. Du bist sehr gesellig. Andere Menschen werden von deiner offenen, warmen Art und deinem Sinn für Humor angezogen.

DER DREIZEHNTE

Du bist geerdet, stabil und deinen Freunden und deiner Familie gegenüber sehr loyal. Sie sind einfach alles für dich. Du bist bei der Arbeit sehr diszipliniert, und jeder in deinem Umfeld spürt dein Verantwortungsbewusstsein, deine gute Arbeitsethik und deine Grundwerte.

DER VIERZEHNTE

Du liebst das Abenteuer. Du bist flexibel, anpassungsfähig und magst Veränderungen. Du würdest gerne deine Sachen packen und ins Unbekannte aufbrechen. Du reist gerne und ziehst Glück einfach an.

DER FÜNFZEHNTE

Du bist liebenswürdig, großzügig, verständnisvoll, nachdenklich und ein grandioser Zuhörer. Deswegen bist du auch ein natürlicher Heiler. Menschen sprechen gerne mit dir über ihre Probleme und fühlen sich nach einer Unterhaltung mit dir besser.

DER SECHZEHNTE

Der ultimativ Suchende: Du musst einfach das Unsichtbare im Leben verstehen, weil du weißt, dass da mehr ist als das, was unsere Augen sehen. Du stellst neugierig alles infrage. Manchmal wirst du von der »höheren Welt« stärker angezogen als von der realen Welt. Deswegen ist Erdung deine Lebensaufgabe! Du bist ein Engel auf Erden und nicht im Himmel!

DER SIEBZEHNTE

Du hast im Beruf ein Händchen für Erfolg, und Reichtum findet ganz natürlich deinen Weg zu dir. Du wirst besondere Dinge dein Eigen nennen und diesen Lebensstil auskosten. Du genießt das Leben in vollen Zügen. Du siehst das große Ganze, und es gefällt dir.

DER ACHTZEHNTE

Du bist Friedensstifter und natürlicher Humanist. Du möchtest Lebensbedingungen verbessern. Großzügig teilst du dein Wissen und deine Energie mit anderen und fühlst dich am zufriedensten, wenn du anderen helfen kannst. Tatsächlich bekommst du selbst immer mehr, je mehr du für andere tust.

DER NEUNZEHNTE

Du bist ein Pionier und bist stolz darauf, wie unabhängig und selbstsicher du das Leben nimmst. In deinem eigenen Tempo erreichst du alles, was du dir vorgenommen hast, und glaubst so sehr an dich, dass du keine Angst vor Risiken hast. Du ruhst in dir. Das ist ziemlich cool.

DER ZWANZIGSTE

Du bist eine empfindsame Seele, die stark von ihrer Umgebung beeinflusst wird. Deswegen ist es wichtig, dass du dich mit fröhlichen, positiven, liebenden Menschen umgibst und dir viel Selbstliebe zugestehst.

DER EINUNDZWANZIGSTE

Du kannst sowohl sehr gut netzwerken als auch Sachen entwerfen. Du hast eine blühende Fantasie und bist deswegen ein hervorragender Geschichtenerzähler, Visionär und Denker. Du denkst unkonventionell und stehst auf einer Party immer im Mittelpunkt.

DER ZWEIUNDZWANZIGSTE

Du bist dazu berufen, eine Stiftung zu gründen. Du hast eine Vision und auch die Fähigkeiten, eine Organisation, Praxis oder ein Unternehmen zu gründen und als antreibende, standfeste und errichtende Kraft sicherzustellen, dass alles auf einem sicheren Fundament steht.

DER DREIUNDZWANZIGSTE

Du willst alles mitnehmen, was das Leben zu bieten hat. Du bist anpassungsfähig. Deswegen kannst du deine Umgebung ganz nach Belieben verändern. Du bist sensibel und findest leicht den Kontakt zu anderen Menschen. Du denkst, dass du schwer Freunde findest, bist aber zu oft unterwegs, um zu bemerken, dass du schnell Freundschaften knüpfst.

DER VIERUNDZWANZIGSTE

Du bist sehr bodenständig und geerdet. Deine Wurzeln sind dir sehr wichtig. Familie und Freunde sind alles für dich, und du lebst gerne im Gleichgewicht: Du arbeitest hart, kannst aber auch gut feiern.

DER FÜNFUNDZWANZIGSTE

Du bist ein logischer und praktischer Mensch, der seinem Bauchgefühl folgt und das große Ganze sieht. Du magst Fakten. Deswegen kannst du gut Dinge recherchieren und Probleme lösen. Du schaust dir lieber die Lösung als das Problem an.

DER SECHSUNDZWANZIGSTE

Geld fliegt dir einfach zu. Du ziehst gute Geschäfte an und hast deswegen einen schönen Lebensstil. Du bist realistisch und kannst manchmal zu streng mit dir selbst sein. Sieh dir an, was du erreicht hast, und erkenne das an.

DER SIEBENUNDZWANZIGSTE

Du bist ein geborener Anführer, und deine Bestimmung ist es, andere Menschen zu leiten und zu inspirieren. Du bist sehr kreativ und hast eine starke Verbindung zu kreativer Arbeit und zur Mitmenschlichkeit, was Schreiben, Reden oder Dinge beruflich attraktiv für dich macht.

DER ACHTUNDZWANZIGSTE

Du bist ehrgeizig und treibst Dinge gerne voran, hältst die Menschen in deinem Leben stets dazu an, das Beste aus sich zu machen. Du bist zwar selbstsicher, brauchst aber auch Ermutigung und leitest gerne ein unterstützendes und dankbares Team.

DER NEUNUNDZWANZIGSTE

Du bist sehr einfühlsam und denkst viel kreativer und bist fantasievoller als die meisten anderen Menschen. Du magst Farben und Bilder und kannst Ideen exzellent grafisch umsetzen. Außerdem kannst du Situationen sehr intuitiv vorhersagen, erkennen und deuten.

DER DREISSIGSTE

Du machst das Leben schöner. Du ziehst dich geschmackvoll an, bist stolz auf dein Äußeres, deine Wohnung und deine Arbeit. Du bist in deiner Erscheinung und als Mensch charismatisch, inspirierend und charmant.

DER EINUNDDREISSIGSTE

Du bist geerdet, beständig und stark. Deine Wurzeln sind dir wichtig. Du schätzt deine Freunde und deine Familie und bist sehr loyal und rational, wenn es um Prioritäten im Leben geht.

DEINE ASTROLOGIE

Einige Menschen wollen hoch hinaus. Du und ich, liebe Seelensucherin, greifen nach den Sternen, na ja, also eigentlich werden wir von ihnen beeinflusst. Zumindest seit dem zweiten Jahrtausend vor Christus wird Astrologie von den Mayas, Chinesen, Babyloniern, Griechen, Römern, Indern und vielen anderen Kulturen und Völkern verwendet. Sterndeutung ist also eine der ältesten Traditionen der Seelensucher. Astrologie ist die Lehre der Verbindungen zwischen kosmischen und irdischen Ereignissen. Sie wurde lange als Wissenschaft betrachtet und bildete sogar die Grundlage für die Astronomie.[57] Als Alexander der Große Asien eroberte, kamen die Griechen mit Ideen aus Syrien, Babylonien, Persien und Zentralasien in Berührung. Astrologische Konzepte und Methoden verbreiteten sich im Laufe der Jahrhunderte über verschiedene Kulturkreise und Länder hinweg und führten schließlich zu unserer heutigen westlichen Astrologie.[58] Bevor Astrologie zugunsten von Astronomie in den Hintergrund rückte, wurde Sterndeutung häufig zur Vorhersage des Wetters und anderer Ereignisse im Leben verwendet und ebenso, um wichtige politische Persönlichkeiten während ihrer Herrschaft zu beraten.

Heutzutage wird Astrologie – wie du dir sicher schon denken kannst – als Hokuspokus angesehen. Falls du jemanden in der Öffentlichkeit fragst: »Was ist Astrologie?«, wird die Person dir wahrscheinlich ihr Sternzeichen verraten, egal, ob sie daran glaubt oder nicht, und vielleicht noch hinzufügen, dass sie jede Woche ihr Horoskop in der Zeitung liest. Viele Menschen bemerken nicht, wie stark sie Tag für Tag von Planeten und Sternen beeinflusst werden.

Schauen wir uns beispielsweise einmal die sehr realen und greifbaren Auswirkungen der Gezeiten und Jahreszeiten an. Diese gewöhnlichen Dinge auf unserem Planeten wirken zwar äußerst banal und erdgebunden, sind aber in Wahrheit stark von der Bewegung der Planeten und Sterne um uns herum beeinflusst. Unsere Tage beginnen und enden mit dem Licht der Sonne und des Mondes. Die Mondzyklen können sogar direkt unsere Stimmungen, unser Verhalten und unsere Schlafgewohnheiten beeinflussen.

Über Tausende von Jahren stand die Sonne für männliche und der Mond für weibliche Energien, ein Yin und Yang im himmlischen Gleichgewicht. Im Laufe der spirituellen Geschichte haben Götter, Göttinnen und auch gewöhnlich Sterbliche Mond, Sonne, Planeten und Sterne angebetet oder sind eine Verbindung mit ihnen eingegangen. Ich denke direkt an Bilder der Jungfrau Maria, die ich immer wieder betrachtet habe, auf denen sie mit einem Neumond zu sehen ist, der Fruchtbarkeit, Geburt, Reinheit und Frieden symbolisiert. Der ägyptische Gott Thot ist ein weiteres Beispiel dafür: Es heißt, dass er sich den Mond für seine magischen Kräfte und seine Weisheit zunutze machte. Guanyin, die chinesische Göttin für Mitgefühl und Reinheit, hilft bei der Empfängnis und beschützt wandernde Seelen und Reisende auf deren Wegen. Die Druiden, alten Ägypter, Mayas, Essener und Römer richteten ihre Heiligtümer nach der Sommersonne aus, um die Rolle des Lichts beim Wachstum zu feiern, sowohl irdisch als auch spirituell.[59]

Bei den Großen Pyramiden in Ägypten krönt die Sonne bei der Sommersonnenwende den Kopf der Sphinx. Die Druiden feierten die Hochzeit von Himmel und Erde und die Besiegung des Gottes der Dunkelheit bei der Sommersonnenwende. Ebenso feierten die Ägypter den Sieg über Seth, den Gott der Dunkelheit, durch Hors, die Sonne. Und in Rom war das Reinigungsfest Vestalia eine Tradition, die mit der Göttin Vesta in Verbindung stand. Das Wort Sonnenwende ist eine Übersetzung des lateinischen Begriffs *Solstitium*, das »Stillstand der Sonne« bedeutet, und markiert eine Zeit wunderbarer spiritueller Energie, wenn die Sonne im Sommer an der höchsten oder im Winter an der niedrigsten Stelle des Himmels steht.[60]

Bei der Sonnenwende im Winter feiern wir ebenfalls das Licht. Sie hatte große Auswirkungen auf die spirituelle Geschichte der alten heidnischen, keltischen, römischen Traditionen und sogar im Christentum Verbindungen zu Jesu Geburt und dem »Heiligen Monat«. Die Tagundnachtgleichen im Frühling und Herbst, auch Äquinoktium genannt, sind mit dem islamischen und hebräischen Kalender verbunden. Das Wort Äquinoktium kommt von dem lateinischen Wort *aequus* für *gleich* und *nox* für *Nacht* und stammt aus dem Jahr 45 vor Christus, als Julius Cäsar das Frühlings-Äquinoktium in seinem Kalender einführte. Im Christentum ist das Frühlings-Äquinoktium eine Zeit der Leidensgeschichte, Kreuzigung und der Auferstehung Jesu. Im alten Ägypten ist es die Zeit der Auferstehung des Gottes Osiris, in Mexiko der Auferstehung des Maya-Maisgottes Hun Hunahpu. Die Große Sphinx von Gizeh in Ägypten ist ein Symbol für Auferstehung und blickt bei der Tagundnachtgleiche im Frühling direkt in die aufgehende Sonne. Okay, Seelensucher, so langsam müsstest du erkannt haben, wo es hingeht! Auferstehung, die Sonne geht jeden Tag auf. Wir werden jeden Tag wiedergeboren. Wir altern. Wir blühen.

Der Tempel von Angkor Wat in Kambodscha ist nach dem Frühlings-Äquinoktium ausgerichtet und stellt den »sich aufbäumenden, milchigen Ozean dar«, den Kampf zwischen den Kräften des Lichts und der Dunkelheit.[61] Beim Tempel der gefiederten Schlange in Mexiko in Chichén Itzá kriecht die gefiederte Schlange Quetzalcoatl bei der Frühlings-Tagundnachtgleiche die neun Terrassen der Pyramide hinauf.

Im Laufe der Geschichte wurde die Tagundnachtgleiche im Herbst häufig falsch interpretiert. Weil sie mit Dunkelheit in Verbindung gebracht wird, nehmen viele Menschen fälschlicherweise an, dass es sich um eine negative oder böse Zeit handele. Allerdings muss alles im Gleichgewicht sein, und wir können kein Licht ohne Dunkelheit haben: Das gilt nicht nur für die Ordnung der Natur, sondern auch für unser spirituelles Wachstum.[62] Die Tagundnachtgleiche im Herbst wird traditionell mit Ernte in Verbindung gebracht, steht aber auch für eine Zeit mit zunehmender Dunkelheit, weil die Sonne genau wie nach der Sommersonnenwende nach diesem Datum immer niedriger steht und abnimmt. Die Nächte werden also länger als die Tage, was einen Jahreszeitenwechsel zur Folge hat, der die Kälte und den Tod des Winters mit sich bringt, dann aber wieder in den Frühling übergeht.

»Auch ein glückliches Leben kann nicht ohne ein gewisses Maß an Dunkelheit auskommen, und das Wort ›glücklich‹ würde seine Bedeutung verlieren, wenn es nicht von Traurigkeit ausgeglichen würde. Es ist viel besser, die Dinge so zu nehmen, wie sie kommen, mit Geduld und Gleichmut.«

Carl G. Jung

Bei den Traditionen der Sommersonnenwende und der Tagundnachtgleiche geht es immer um Gleichgewicht, Licht und Dunkelheit sowie die irdische und himmlische Ordnung von Natur und Leben, Geburt und Tod, Anfang und Ende. Menschliche und göttliche Darstellungen der Sonne (Apollo, Ra, sogar Jesus) und des Mondes (Artemis, Diana, die Jungfrau Maria) und Figuren, die irdische und himmlische Mächte und Muster darstellen, sind Teil davon, wie Menschen ihren Platz im Universum verstehen. Sie alle stehen für unseren Teil im größeren Ganzen, zeigen uns bei unserer gemeinsamen Reise den Weg durch die Sterne.

Heutzutage ist es einfach, alte spirituelle Meister und Akolyten der Sterne und Jahreszeiten als einfältige Naturanbeter abzutun. Aber es gibt einen Grund, warum natürliche Prinzipien durchweg in vielen heiligen Texten, alten Stätten und religiösen und kulturellen Praktiken vorhanden sind: Weil wir von den Naturkräften des Universums beherrscht werden und die himmlische Bewegung uns alle verbindet, während wir mühelos durch den Kosmos wirbeln.

SONNENWENDEN, TAGUNDNACHTGLEICHEN, MONDPHASEN UND DU

Wie beeinflussen Sonnenwenden und Tagundnachtgleichen dein Leben? Seit vielen Jahren ist sich die Menschheit der Einflüsse des Mondes auf die Erde sowie auf den menschlichen Körper, die Seele und den Geist bewusst. Der Mond beispielsweise bestimmt nicht nur Ebbe und Flut der Meere: Wir Menschen bestehen zum größten Teil aus Wasser, deswegen erleben unsere Körper eine Veränderung und werden vom Mond beeinflusst. Weil das Wasser in uns ebenso wie bei den Gezeiten steigt und sinkt, spüren wir die Auswirkungen der Mondphasen. Tatsächlich ist es seit Jahrhunderten üblich, dass wir uns zu den Bewegungen des Monds ausruhen, stärken oder sogar den Körper entgiften.

Du solltest versuchen, im Einklang mit diesen Zeiten zu leben, und einmal beobachten, was in deinem Leben während des Mondzyklus sowie bei den Sonnenwenden und den Tagundnachtgleichen geschieht.[63] Nimm zur Kenntnis, wenn du dich überfordert fühlst, wenn sich Dinge mühelos ergeben oder auch, wenn du im Alleingang einfach mal gründlich nachdenken möchtest.

Hier eine peinliche Beichte: Ich gehe – wenn es irgendwie geht – bei Vollmond nicht aus dem Haus. Nicht, weil ich mich dann in einen Werwolf oder so verwandele, sondern weil ich derart sensibel werde, dass ich dazu neige, emotional zu explodieren – wie ein Schnellkochtopf, der schon viel zu lange auf der heißen Herdplatte vor sich hin brodelt. Wenn ich mit jemandem in einer Beziehung bin, versuche ich unser Verhalten bei Vollmond immer ganz genau unter die Lupe zu nehmen. Schaue also, was wir gerade brauchen. Wenn sich beide Menschen dem Einfluss der Himmelskörper bewusst sind, können sie *mit* ihnen und nicht gegen sie arbeiten.

Auf den folgenden Seiten findest du Hinweise über die Einflüsse von Sonnenwenden, Tagundnachtgleichen und Mondzyklen auf dein Leben.

SONNENWENDEN UND TAGUNDNACHTGLEICHEN

Hokuspokus-Skala: ▲▲▲▲▲▲▲▲▲▲
Entdeckungs-Skala: ▲▲▲▲▲▲▲▲▲▲

Siehe Tabelle auf Seite 213.

MONDZYKLEN

Hokuspokus-Skala: ▲▲▲▲▲▲▲▲▲▲
Entdeckungs-Skala: ▲▲▲▲▲▲▲▲▲▲

Siehe Tabelle auf Seite 214.

DEINE ASTROLOGISCHE IDENTITÄT UND DEIN SCHICKSAL

Als Seelensucher erfahren wir gerne neue Dinge über uns, unseren Weg und unsere Bestimmung. Astrologie kann uns dabei wunderbar unterstützen. Deine astrologischen Informationen und Position innerhalb der Tierkreiszeichen bilden deine spirituelle Energiesignatur, die aus dem genauen Datum und der Zeit deiner Ankunft auf dieser Welt besteht. Du kannst damit deine Identität, deine Werte, deine Familie, Liebhaber, Erfahrungen, Netzwerke, Fähigkeiten und Begabungen analysieren. Diese Daten sind die Blaupause für dein Leben und enthalten Hinweise, die dich leiten, dir deine wahre Bestimmung zeigen und wie du sie erreichen kannst.

Dieses Zyklusende spiegelt biologisches Absterben, Tod und Platzschaffen für Neuanfänge wider. Häufig ist dies eine Zeit der Aufopferung, des Konfliktes und der Konfrontation, um das natürliche Ende der Dinge voranzutreiben, die uns auf unserer spirituellen Reise nicht weiter voranbringen.

Nördliche Hemisphäre
September
Südliche Hemisphäre
März

Während der Sommersonnenwende verspürst du mehr Leidenschaft: eine gute Zeit für Ideen. Dies ist außerdem die Zeit des Erwachens. Deswegen solltest du dich auf etwas konzentrieren, das du erreichen oder womit du dich verbinden willst. Es ist auch die Zeit für neue Ideen und für Fruchtbarkeit.

HERBST-TAGUNDNACHTGLEICHE

WINTERSONNENWENDE

SOMMERSONNENWENDE

Nördliche Hemisphäre
Dezember
Südliche Hemisphäre
Juni

Nördliche Hemisphäre
Juni
Südliche Hemisphäre
Dezember

FRÜHLINGS-TAGUNDNACHTGLEICHE

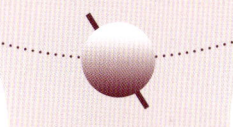

Das Yin/Yang von Hell und Dunkel, Gut und Böse: Die Wintersonnenwende ist eine Zeit zum Nachdenken, Ausruhen und zur Annahme der dunklen Seiten, weil wir daran erinnert werden, dass das Licht immer wieder kommt. Es ist eine Zeit der Zuflucht und des Winterschlafes.

Nördliche Hemisphäre
März
Südliche Hemisphäre
September

Eine Zeit der Herausforderung und des Wachstums durch Lektionen, die häufig hart sein können. Es ist eine Zeit des Kampfes und normalerweise sind wir dabei gestresst, unter Druck oder werden mit etwas konfrontiert, das uns zu spirituellem Wachstum führt.

Zunehmender Mond:

Zeit, um an deinem Vision-Board zu arbeiten: Dies ist eine Phase des Wachstums, deswegen solltest du dich darauf konzentrieren, was als Nächstes passiert. In dieser Zeit solltest du dich auf deine Ziele und deinen weiteren Lebensweg fokussieren. Es ist eine gute Zeit, um Energie zu speichern oder zu fasten.

Abnehmender Mond:

Eine Zeit zum Loslassen, Vergeben und Nachdenken. Eine gute Zeit, um sich zurückzuziehen und zu meditieren. Nimm dir in dieser Phase Zeit für dich.

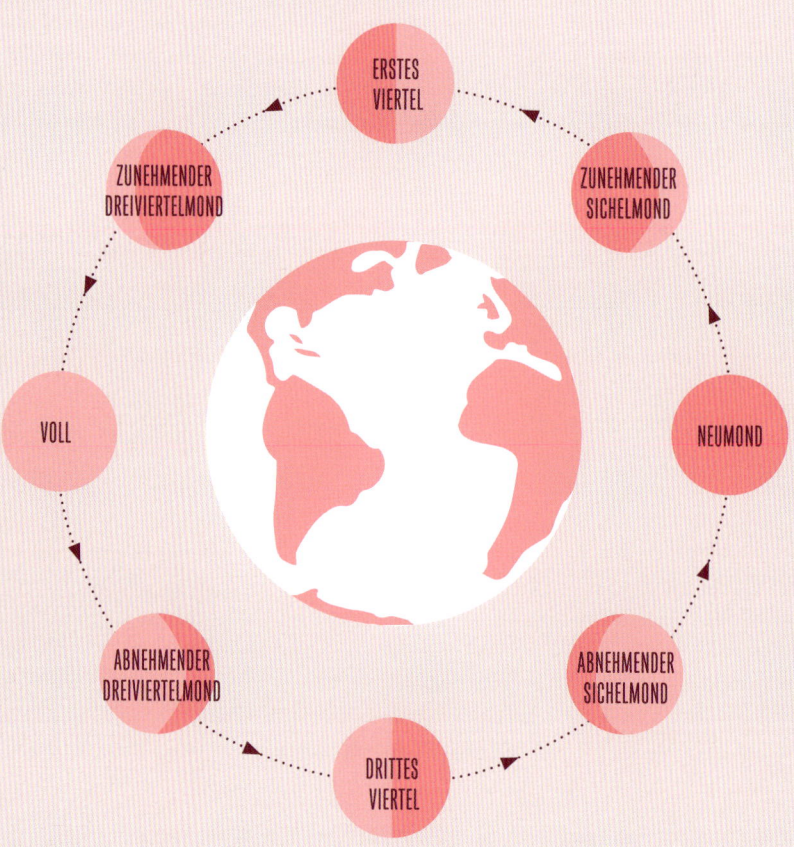

Vollmond:

Du bist sensibler und intuitiver als sonst, weil dies eine Zeit für Vollgas und Energie ist: Schlaflose Nächte oder ein übermäßig aktives Gehirn sind in dieser Zeit häufig. Umgib dich nach Möglichkeit mit gleichgesinnten Seelen und positiven Einflüssen. Während dieser Mondphase kannst du wunderbar Gifte aus dem Körper spülen, ausruhen und dich neu aufladen.

Neumond:

Steht für ein neues Kapitel und für Neuanfänge. Du wirst neue Energie verspüren. Dies ist eine gute Zeit für neue Projekte oder Gelegenheiten.

Astrologie kann dir bei einem besseren Verständnis dieser Herausforderungen helfen, dich vor bevorstehenden Hindernissen im Leben warnen und dich sogar zu deinem Seelenverwandten führen.

Die Wahrscheinlichkeit ist beispielsweise ziemlich hoch, dass du dieses Kapitel entweder mit Ende zwanzig oder mit Ende fünfzig liest. Diese Zeiten in unserem Leben werden als Saturn-Wiederkehr bezeichnet: Übergangszeiten, in denen sich dein Leben tief greifend verändert und du Bilanz ziehst von allem, was du in deinem Leben bis zu deinem 29. oder 59. Geburtstag bislang erreicht hast oder auch nicht. In dieser Phase kannst du nachdenken, Dinge analysieren, Entscheidungen treffen und dich in eine neue Lebensphase stürzen. Das kann häufig stressig und herausfordernd sein kann, weil wir Veränderungen vornehmen und alles im Umbruch ist. Stelle dir Saturn als weisen alten Mann vor, der deine Ausflüchte durchschaut. Versuche deswegen, in dieser Phase aufrichtig zu dir selbst zu sein: Weg mit allem, was dich nicht weiterbringt. Verändere dich, wachse und habe keine Angst davor, alte Gewohnheiten abzulegen.

> **PROBIER'S MAL AUS!**
> ⟫——→
>
> Zur Saturn-Wiederkehr gibt es sehr viele Informationen. Falls du diese Phase bereits hinter dir hast oder bald neunundzwanzig oder neunundfünfzig wirst, würde ich dir ein Buch empfehlen, das dich anspricht und dich durch diese Phase geleitet. Als ich mir die Sterne habe deuten lassen, während ich dieses Buch schrieb, stand meine Saturn-Wiederkehr ganz kurz bevor und ich kann dir sagen: Dabei geht's hoch her!

ASTROLOGIE UND DU

Astrologie verwendet Konstellationen im Sonnensystem, Energiepunkte, Sterne, Planeten, Monde, Deine Geburtszeit, den Geburtsort und das -datum, um eine Karte zu erstellen, die deinen Platz im Universum genau bestimmt. Astrologie hat viel mehr zu bieten als Sternzeichen, über die wir in Klatschmagazinen und Zeitungen lesen.

Falls du dich für Sterndeutung interessierst, bei Vollmond emotionaler wirst oder auch einfach gerne die Sternzeichen anderer Menschen rätst, wirst du aus der Astrologie viel schöpfen können!

»Drei Dinge können nicht lange versteckt werden:
die Sonne, der Mond und die Wahrheit.«
Buddha

Wenn wir die Sterne betrachten, können wir als Mensch manchmal nur ein paar blitzende Lichter im Nachthimmel sehen, vor allem in Städten oder Vororten. Es gibt aber auch Zeiten und Orte – normalerweise in ruhigeren Gegenden mit weniger Lichtverschmutzung, von wo aus wir uns mit den komplexen Sternbildern stundenlang beschäftigen können. Dann können wir Sternschnuppen, Planeten und andere Himmelskörper betrachten.

Astrologie ist komplex und berücksichtigt, dass deine Seele im Laufe des Lebens auf diesem Blauen Planeten verschiedene Phasen und Energiepunkte durchläuft.[64] Astrologie ist also ein großartiges Werkzeug, um die Komplexität der Seele zu zeigen. Sie führt uns außerdem wunderbar vor Augen, wie stark wir vom Sonnensystem beeinflusst werden. Schließich richten wir uns jeden Tag nach dem Himmel, selbst wenn wir den ganzen Tag lang im Büro arbeiten oder für einen Blick auf die Sterne zu beschäftigt sind. Sogar wenn wir nur an die einfache Existenz der Sterne, des Monds und der Sonne glauben, können wir uns immer noch aussuchen, wie viel Weisheit wir von ihnen annehmen. Die Sonne teilt dir beispielsweise die Zeit mit … und das ganze Sonnensystem kann dir dein Leben vorhersagen.

»Traditionelle Wissenschaften nehmen meistens an, dass ein objektiver Beobachter einer unabhängigen Wirklichkeit tatsächlich existiert. Das Universum, die Sterne, Galaxien, Sonne, Mond und Erde wären auch noch da, wenn niemand hinschauen würde.«
Deepak Chopra

Wie auch bei vielen anderen Kapiteln in diesem Buch lief mir, als ich am Anfang des Kapitels war, ein Meister über den Weg und wies mir den Weg. Mein
Guru für dieses Unterkapitel war der Astrologe und Autor Dr. Philip Young,
dessen Worte und Lehren ich nun an dich weitergeben werde, mein kleiner
Himmelsgucker. Philip war so lieb, erstellte mir ein persönliches Horoskop und
führte mich mithilfe von astrologischen Prinzipien durch meine eigene Lebens-
reise. Philip ist ein liebenswürdiger, intuitiver, offener Mann, der seine Weisheit selbstlos weitergibt, um mir bei meiner und nun auch dir bei deiner Reise
zu helfen. Das Horoskop, das er für mich erstellte, verblüffte mich und zeigte
dieselben Dinge auf wie auch meine Numerologie und meine Tarotkarten.
Schnell waren all meine Zweifel an der Astrologie verschwunden, weil er mir
immer mehr über die Saturn-Wiederkehr mitteilte, mir meine Bestimmung im
Leben verriet und mir sogar sagte, wo und wie ich meine Liebe finden würde.
Wer würde solche Dinge denn nicht gerne wissen und einen kleinen Vorge-
schmack darauf bekommen, wie alles funktioniert? Genau wie bei dir führten
weitere Hinweise auf meinem Lebensweg dazu, dass ich meine Nachforschungen vertiefen wollte.

Wie wir schon am Anfang des Buches festgestellt haben, beginnt eine Reise
immer mit einem einzigen Schritt. Hier werden wir als ersten Schritt etwas über
dein Sternzeichen herausfinden. Denke daran, dass du, falls dein Geburtsdatum nah an dem nachfolgenden oder vorherigen Sternzeichen liegt, vielleicht über Eigenschaften beider Sternzeichen verfügst.

STERNZEICHEN[65]

Hokuspokus-Skala: ▲▲▲▲▲▲▲▲▲▲
Entdeckungs-Skala: ▲▲▲▲▲▲▲▲▲▲

Sternzeichen	Daten	Element / Planet	Eigenschaften
Widder	21. März bis 19. April	Feuer März, Lilith	Unabhängig, engagiert, entschlossen, Anführer und ehrgeizig
Stier	20. April bis 20. Mai	Erde Venus, Vulkan, Vesta	Geduldig, stark, verlässlich, bescheiden und beständig
Zwilling	21. Mai bis 20. Juni	Luft Quecksilber, Urania	Sozial, neugierig, guter Mitteiler / Sprecher und flexibel
Krebs	21. Juni bis 22. Juli	Wasser Der Mond	Sensibel, fürsorglich, diplomatisch, emotional und impulsiv
Löwe	23. Juli bis 22. August	Feuer Die Sonne	Loyal, warm, kreativ, romantisch und großzügig
Jungfrau	23. August bis 22. September	Erde Quecksilber, Chiron, Hygeia	Logisch, reflektiert, organisiert, sorgfältig und praktisch
Waage	23. September bis 22. Oktober	Luft Venus, Zeus, Pallas	Ausgeglichen, ausgeprägter Sinn für Gerechtigkeit, natürlich, diplomatisch und geordnet
Skorpion	23. Oktober bis 21. November	Wasser Pluto, Eris	Stark, beständig, gefühlstief und entschlossen
Schütze	22. November bis 21. Dezember	Feuer Jupiter, Juno	Vorausschauend, positiv, erforschend und weltgewandt
Steinbock	22. Dezember bis 19. Januar	Erde Saturn, Ceres	Entschlossen, durchsetzungsstark, verantwortungsvoll und versiert
Wassermann	20. Januar bis 18. Februar	Luft Uranus, Astraea	Fokussiert, einfühlsam, idealistisch, originell und weise
Fische	19. Februar bis 20. März	Wasser Neptun, Venus	Unentschlossen, spirituell, fantasievoll und sensibel

Die zwölf astrologischen Häuser sind ein weniger bekanntes, aber ebenso wichtiges Element der Astrologie, zu dem sich viele Seelensucher weiter informieren möchten, die bereits die zwölf Sternzeichen kennen. Jedes Haus verfügt über eigene Merkmale und Einflüsse auf Erfahrungen, Herausforderungen und Lektionen eines Menschen. In der Tabelle auf der nächsten Seite findest du über jedes Haus Beschreibungen.[66] Mit deinem Geburtsdatum und der -zeit kannst du dein astrologisches Haus nachschlagen. Diese Beschreibung hilft dir effizient bei deiner Strategie für deine Reise zu deiner Seele. Wenn du wissen möchtest, wie dich jedes Haus persönlich beeinflusst, würde ich dir einen Besuch bei einem professionellen Astrologen ans Herzen legen.

ASTROLOGISCHE HÄUSER / ASZENDENTEN

Hokuspokus-Skala: ▲▲▲▲▲▲▲▲▲▲
Entdeckungs-Skala: ▲▲▲▲▲▲▲▲▲▲

Hier wird's kompliziert. Also orientiere dich am besten an deinen Sternschnuppen, meine Liebe. Wenn du mehr über astrologische Häuser wissen möchtest, hast du zwei Möglichkeiten: Besuche einen professionellen Astrologen, der dir eine Tabelle erstellen und mit dir deine Häuser, Energiepunkte und ihre Positionen besprechen wird. Du kannst aber auch alleine zu den Sternen greifen, wenn du Bücher liest oder dich für einen Kurs anmeldest. Aber egal, wofür du dich entscheidest: Du solltest auf dein Bauchgefühl hören und auf das, was deine Seele in diesem Augenblick am meisten braucht. Keine Zeit für einen Kurs? Bestelle dir ein paar Bücher auf Amazon oder leihe sie dir in der Bücherei aus. Weißt du nicht, wo du einen professionellen Astrologen finden kannst? Tante Google wird dir helfen, meine Beste, aber du solltest darauf achten, dass du bei einem seriösen Astrologen landest.

Noch ein kurzer Hinweis, bevor es richtig losgeht: Die ganzen Glyphen, Tabellen, Linien und Zahlen auf einem persönlichen Horoskop können einen ein wenig umhauen. Ich hatte glücklicherweise jemanden, der mir mit meinem

Astrologie-Horoskop half. Das würde ich dir auch raten, wenn du es ermöglichen kannst. Spare dir besser diese astronomischen Kopfschmerzen!

Beginnen wir doch mit der äußeren Schicht des Kreises und arbeiten uns nach innen vor. Im äußersten Ring der Abbildung findest du die Symbole für die Sternzeichen (wie beispielsweise Widder, Stier und so weiter). Die Zahlen in der zweiten Ebene stehen für die zwölf Häuser. In jedem Haus findest du verschiedene Glyphen, die für unterschiedliche astrologische Körper und Energiepunkte stehen, welche deinem Leben und den Ereignissen darin entsprechen. Kannst du mir noch folgen? Keine Sorge. Ungefähr in diesem Augenblick verstand ich auch nur noch Bahnhof, ein wenig so, als würde ich dem Lehrer von Charlie Brown zuhören. Von nun an brauchst du wirklich einen Experten, der dir die Bedeutung von Glyphen erklärt, dir zeigt, wie du astrologische Daten lesen kannst und wie du intuitiv die Bedeutung deiner Sternzeichen, Planeten, Häuser und Lebenserfahrung deutest.

Über diesen Punkt hinaus wartet eine komplexe Aufgabe auf dich. Bleibe dran. Dies ist dein erster Schritt, vielleicht führt er dich zu anderen Büchern, die mehr ins Detail gehen, zu Kursen im Internet oder zu einem Astrologie-Experten.

Es liegt an Dir, ob du nach weit entfernten Sternen greifst und dein Verständnis von Sternzeichen, astrologischen Häusern, Sonnenwenden und Tagundnachtgleichen, der Sonne und dem Mond vertiefst und wie deine Welt davon beeinflusst wird. Denke dran: Das ist nur einer von vielen Wegen, der dich bei der Lebensaufgabe deiner Seele und dem Erkennen deiner Bestimmung unterstützen kann. Deine Antworten stehen in den Sternen: Also begib dich auf den Weg zu ihnen!

>>Menschen sollten ihr Wissen von der Sonne, dem Mond
und den Sternen erlangen.<<
Ralph Waldo Emerson

ELFTES HAUS

Freunde und Gemein-schaft sind das Thema. Es wird von der Vision angetrieben, dass wir alle eins sind. Das elfte Haus bringt dich dazu, deine Träume Wirklich-keit werden zu lassen und treibt dich zur Arbeit an.

ZEHNTES HAUS

Das zehnte Haus bringt Klarheit in Sachen Karriere und Bestim-mung und führt zu Erfolg, Beliebtheit und manchmal sogar Be-rühmtheit. Es hat großen Einfluss auf die Rolle deiner Mutter in deinem Leben.

NEUNTES HAUS

Das neunte Haus ist prima! Seine Themen sind lange Reisen, Abenteuer, Seelensuche und ein Bewusstsein für Spiritualität und Religion.

ACHTES HAUS

Das achte Haus beein-flusst Neuanfänge, Transformationen und den Übergang vom Loslassen bis hin zu einem Neubeginn. Wachstum ist das Thema dieses Hauses.

ZWÖLFTES HAUS

Beim zwölften Haus geht es um die Reise zu unseren Lebenszielen, auch um Herausforde-rungen und Verluste auf dem Weg. Das zwölfte Haus wird häufig mit Einsamkeit in Verbin-dung gebracht.

SIEBTES HAUS

Dieses Haus beeinflusst Partnerschaften wie Ehen, Geschäftsbezie-hungen und Freund-schaften. Und auch Yoga. Yoga bedeutet Verbindung. Menschen, die vom siebten Haus beeinflusst werden, sind häufig spirituell offen. Also: Ab auf die Matte!

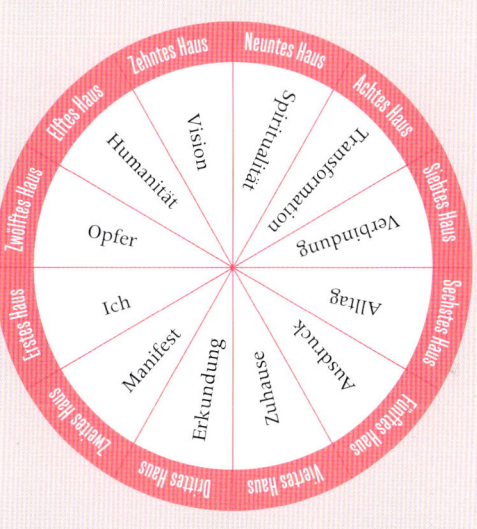

ERSTES HAUS

Dieses Haus beeinflusst deine Persönlichkeit und deine eigene Projektion auf andere. Das erste Haus verstärkt unser wahres Selbst und den Eindruck, den wir auf andere Menschen machen.

SECHSTES HAUS

Dieses Haus beeinflusst deinen Alltag, deine Gesundheit, Arbeit und deinen Lebenswandel. Deine Einflüsse im sechsten Haus können sich im Interesse an Sport und Ernährung zeigen. Dies ist das Haus der Selbstliebe.

ZWEITES HAUS

Dieses Haus bestimmt darüber, wie wir uns mit Geld, Erfolg und Besitztümern absichern. Davon beeinflusst, bist du stark von univer-sellen Gesetzen ange-trieben, wie z. B. dem Gesetz der Anziehung.

DRITTES HAUS

Dieses Haus beeinflusst die Menschen in deiner unmittelbaren Umge-bung, z. B. deine Familie, Geschwister, Arbeitskollegen und Freunde. Es nimmt Einfluss auf Liebe und Beziehungen, auf Lektionen, die wir lernen. Kleiner Hinweis, so bist du halt, Seelen-sucher!

VIERTES HAUS

Dieses Haus beeinflusst deine Wurzeln, deine Erziehung, dein Zu-hause und deine Eltern. Es geht um sesshaft werden: Wenn du dazu bereit bist, wird dir zu verstehen gegeben, dass du deine Lektionen gelernt hast und nicht noch geerdeter und gesetzter werden kannst.

FÜNFTES HAUS

Dieses Haus beeinflusst sämtliche Ausdrucksfor-men und auch Aspekte des Lebens wie bei-spielsweise Liebe, Kinder, Kreativität und Tiere. Seine Einflüsse zeigen sich häufig an einem guten Orientie-rungssinn.

DEINE UNIVERSELLEN GESETZE

»Der Sinn des Lebens besteht darin, sein Geschenk zu finden.
Die Bestimmung liegt darin, es wegzugeben.«
Sprichwort

Wir alle leben nach gewissen Grundsätzen. Vielleicht benennen wir sie nicht so. Aber darum geht es doch. Wachst du jeden Tag zu einer gewissen Zeit auf? Isst du nur am Wochenende einen Nachtisch? Verlässt du jeden Abend das Büro um eine gewisse Zeit, auch wenn noch richtig viel zu tun ist? Dies alles sind Beispiele für die vielen kleinen Regeln, die wir uns im Leben auferlegen. Aber wie sieht's mit den höheren Gesetzen aus? Die jeder hat oder sie zumindest vom Hörensagen her kennt, wenn man schon nicht danach lebt. Diese Gesetze leiten und bestimmen die lebende und atmende Menschheit. Sie sind die Gesetze des Lebens und werden entweder von Religionen, Philosophien, Gesellschaften oder Mischungen aus allen dreien festgelegt.

Warum sollte uns Seelensucher das interessieren? Was haben universelle Gesetze mit unseren Chakras, Sternzeichen und dem Feng-Shui zu tun? Kurze Antwort: alles.

Ich möchte es dir so erklären: Wir befinden uns in den Kapiteln dieses Buches, die sich bei unserer Körper-Geist-Seelensuche auf den Geist konzentrieren. Denke dran, dass sich alles überkreuzt und alles miteinander verbunden ist. Der Geist befindet sich dort, wo alles, was der Körper und die Seele erfahren und lernen, zusammenkommt und du deine Meinung über dich und deine Weltsicht formst. Unsere universellen Gesetze: Die Zehn Gebote im Christentum, die Gesetze der Physik, Karma, das Gesetz der Anziehung sind allesamt Erfahrungen unseres Körpers und Geists und interpretieren ihn auf universaler Ebene. Wir folgen womöglich nicht alle denselben universellen Gesetzen, aber das bedeutet »universell« in diesem Zusammenhang auch gar nicht. Es bedeutet, dass unabhängig von unserem Hintergrund oder Glaubenssystem zumindest ein Körnchen allgemeingültiger Wahrheit in all diesen Systemen steckt, mit denen wir uns identifizieren und die wir verwenden können. Für uns Seelensucher ist es wichtig, diese universelle Wahrheit zu erkennen, zu schätzen und sie uns zu eigen zu machen, wo immer wir es gebrauchen können. Schließlich sind wir im Universum zu Hause: Wir werden alle eine Weile lang hier sein. Deswegen sollten wir mit dem Universum arbeiten und nicht dagegen, stimmt's?

Schauen wir uns beispielsweise einmal die Weltreligionen an. Sie unterscheiden sich zwar in einigen Aspekten grundlegend, predigen aber alle eine Sache: Güte. Alle Religionen versuchen, dem Leben Glaube, Hoffnung und eine Richtung zu verleihen. Güte, Tugend, Liebe – oder wie man es sonst nennen mag – sind *das* allgemeingültige Kernelemente, egal, an welche Religion du glaubst oder auch nicht glaubst. Unabhängig von deinem Gott, deiner Kultur, deinem Hintergrund und deiner Geschichte ist Güte das grundlegende Element, die antreibende Kraft hinter unserem Leben. Uns alle eint ein Bedürfnis nach Zugehörigkeit, Güte und Liebe.

Die Zehn Gebote? Klar, einige sind ganz schön einschränkend: »Du sollst keine Götter neben mir haben«, und im Hinblick auf das große Ganze etwas trivial, aber »Du sollst nicht begehren deines nächsten Weib« sind gute Ratschläge, die aber für deine spirituelle Gesundheit nicht unbedingt erforderlich sind – anders als etwa »Du sollst nicht töten« und »Du sollst Vater und Mutter ehren«. Nicht ohne Grund sind einige Gebote präsenter und weiter verbreitet als andere: Diejenigen nämlich, die am wichtigsten für Menschen jeden Glaubens sind, handeln von Güte uns selbst und unseren Mitmenschen gegenüber. Es gibt Gesetze, die durch unseren Geist, unseren Körper und unsere Seele zu uns sprechen, die ganz tief in uns drin vorprogrammiert sind, noch vor jeder religiösen und kulturellen Erziehung oder der Verarbeitung von spiritueller Wahrheit.

Wie sieht's mit dem Hinduismus aus? Hinduismus ist sowohl Religion als auch Lebensart und eine Grundlage der indischen Kultur, die aus vielen Traditionen besteht. Eine davon ist das Konzept von Karma. Karma, auch Teil des Daoismus, Jainismus und anderer Weltreligionen und spiritueller Pfade, ist der Glaube, dass die eigenen Handlungen sowohl in diesem als auch in zukünftigen Leben Auswirkungen haben. Einfach gesagt, haben negative Handlungen negative Auswirkungen und positive Taten führen zu positiven Ergebnissen. Dieses Konzept schreibt also vor, wie sich ein Mensch durchs Leben bewegen sollte: Erschaffen wir negative Energie und haben deswegen – weil wir Trottel sind – negativen Einfluss auf die Welt und ihre Seele, oder arbeiten wir daran, die Welt (und die eigene Seele) zu verbessern, sowohl in diesem Leben als auch in allen kommenden? Und wieder lässt sich alles auf einen zentralen Punkt als Seelensucher zurückführen: Güte. Diesem Gesetz bleiben wir treu.

Was sind nun deine Gesetze im Leben? Welcher Philosophie folgst du? Philosophische Überzeugungen können sich in den verschiedenen Kulturen, Kontinenten und im Laufe der Zeit drastisch unterscheiden, aber viele Weltphilosophien laufen an gewissen zentralen Punkten zusammen oder werden zu Gesetzen zusammengefasst. Diese Gesetze haben häufig etwas mit dem Streben nach Gleichgewicht, Ganzheit und Glück zu tun. Schauen wir uns einmal den Utilitarismus an.[67] Dabei handelt es sich um eine Art Ethik, die besagt, dass unsere Handlungen immer so vielen Menschen wie möglich Gutes bringen sollen. Ein universelles Gesetz, bei dem wir uns, bevor wir handeln, fragen: »Profitiere nur ich davon oder auch andere?« Wir sehen die Erde als Ganzes, die Menschheit als einen Stamm, und wir fragen uns, wie wir so vielen Menschen wie möglich etwas Gutes tun können, nicht nur denen, die uns selbst nahestehen. Eine ähnliche Philosophie ist die deontologische Ethik, die sich auf eine moralische Verpflichtung konzentriert, sich selbst und seinen Mitmenschen gegenüber gemäß verpflichtenden Regeln zu leben und zu handeln – egal, ob die Konsequenzen gut oder schlecht sind – und sich darauf zu konzentrieren, wie die eigenen Verhaltensweisen andere beeinflussen. Immanuel Kants Theorien werden als deontologisch eingeordnet, weil er vom Handeln aus Pflicht spricht. Kant sagt, dass wahre Ethik in der Motivation der Handlungen liegt, nicht in ihren Konsequenzen.[68]

Und die Wissenschaft? Wissenschaft wird wegen der ganzen Tatsachen oft in einem kalten und leidenschaftslosen Licht dargestellt. Das ist auch ganz richtig so. Aber das bedeutet nicht, dass in den Disziplinen der Biologie, Physik, Mathematik oder Astronomie nicht auch spirituelles Gold auf seine Entdeckung wartet. Hast du dir schon einmal die menschliche Iris als Nahaufnahme angeschaut und die atemberaubenden Ähnlichkeiten zu einem Sternbild oder Sternennebel bemerkt? Hast du die klare Schönheit der Fibonacci-Sequenz bemerkt – die wundersamen Spiralen, die sich sowohl in weit entfernten Galaxien und Dingen wie beispielsweise Hurrikans und den Muscheln einiger Meeresbewohner hier auf Erden zeigen, zum Beispiel der Meeresschnecke, und auch die Poesie, ja, es ist wirklich poetisch!, des ersten Hauptsatzes der Thermodynamik. Die gesamte Energie im Universum kann ihre Form verändern, aber nicht erschaffen oder zerstört werden: Diese Dinge sprechen uns auf einer zutiefst spirituellen Ebene an, über die Grenzen von Sprachen, Kulturen und der Zeit hinweg.[69]

Und was ist mit dem sogenannten New-Thought-Movement wie beispielsweise dem Gesetz der Anziehung? Gerade ist es total in Mode, allerdings gibt es dieses Gesetz schon sehr, sehr lange, und es wurde von einigen bedeutenden Denkern von Platon und Einstein bis hin zu den Autoren Esther Hicks und Rhonda Byrne diskutiert. Die Idee lautet, dass laut einem Universalgesetz »Gleiches von Gleichem angezogen wird«, mit anderen Worten, dass deine Gedanken und Wünsche, die du in die Welt hinausschickst, zu dir ganz konkret zurückkommen. Dieses Universalgesetz deckt sowohl philosophische, wissenschaftliche als auch experimentelle Ebenen ab. Schauen wir uns einmal das Konzept eines »Vision-Board« von Rhonda Byrnes Bestseller *The Secret – Das Geheimnis* an, in dem Leser eine Kollage von allem erstellen sollen, was sie gerne in ihrem Leben hätten, angefangen von Beziehungen bis hin zu Karrierezielen und persönlichen Wünschen und darüber hinaus.[70] Dies ist – ganz einfach gesagt – eine visuelle Repräsentation vom Gesetz der Anziehung, es sagt: »Ich heiße diese Dinge / Menschen / Ideen in meinem Leben willkommen, indem ich sie mir aktiv vorstelle, als würde ich sie bereits besitzen.« Egal, was deine Seele am stärksten braucht, worüber dein Verstand am meisten nachdenkt, was der Körper für Nährstoffe benötigt, du wirst alles in deinem Leben anziehen. Esther Hicks sagt es wie folgt: »Wenn du es willst und erwartest, wird es bald schon dir gehören.«[71]

Nach welchen universellen Gesetzen lebst du? Glaubst du an Karma? Oder was ist mit einem Gott oder einem anderen höheren Wesen? Egal, nach welchen Gesetzen du dein Leben ausgerichtet hast, es gibt nun kein Zurück mehr! Selbst wenn du deine Reise als Seelensuchende gerade erst angetreten hast, bist du bereits klüger, liebender und wissender als zuvor.

PROBIER'S MAL AUS!

≫⟶

Erstelle eine Liste mit Menschen, die du bewunderst und für gut, moralisch und gütig hältst. Dann schreibe auf, nach welchen universellen oder ethischen Gesetzen sie leben. Die Menschen, die du bewunderst, geben dir ganz offensichtliche Hinweise zu deinen ethischen Standpunkten und helfen dir beim besseren Verständnis deines ethischen Ansatzes.

Hier meine Aufgabe für dich: Finde kleine Wege, deine universellen Gesetze zu erkennen und in deinen Alltag zu integrieren. Schaue einmal in den Himmel und danke dem kosmischen Chaos, dass es dich auf dieser kleinen Kugel existieren lässt, die gegen alle Wahrscheinlichkeiten durchs Weltall wirbelt. Mache etwas Nettes für jemanden, den du nicht kennst: Zahle den Kaffee von dem Menschen hinter dir in der Schlange, mache jemandem in der U-Bahn ein Kompliment oder scherze mit ihm! Beachte dabei, wie die positive karmische Energie wie ein Bumerang zu dir zurückfliegt. Wie du deinen universellen Gesetzen Bedeutung verleihst, liegt an dir. Aber *gib* ihnen auf jeden Fall eine Bedeutung.

Auf deinem Weg werden sich Phasen der Toleranz und Intoleranz abwechseln, weil du die Sichtweisen anderer Menschen zu Spiritualität erfährst. Denke aber immer daran, dass du diese Gedanken und Meinungen nicht annehmen musst, ebenso wenig wie die anderen deine Gedanken und Meinungen annehmen müssen. Auf diese Weise lassen wir die Idee zu, dass jeder seinen eigenen Weg gehen darf.

»Wenn wir unsere persönliche Mission kennen, verbessern wir den Fluss geheimnisvoller Zufälle auf dem Weg zu unserer Vorhersehung. Als Erstes haben wir eine Frage, dann geleiten uns Träume, Tagträume und Intuitionen zu den Antworten, die uns normalerweise gleichzeitig durch die Weisheit eines anderen Menschen bereitgestellt werden.«

James Redfield

Ich persönlich fühle mich dafür verantwortlich, bei verwandten Seelen etwas über Weisheit, Gedanken und Inspiration zu lernen und es mit ihnen auch zu teilen. Ich habe immer schon bemerkt, dass diese Menschen zu absolut perfekten Zeiten in mein Leben gespült werden. Falls Menschen einfach nur neugierig sind, sehe ich mich als Botin, die unterschiedliche Pfade aufzeigt, Lehrer oder Führer empfiehlt und Bücher oder Dinge verleiht, philosophische Fragmente zum Besten gibt, die ich als passend empfinde. Dabei vermeide ich es, irgendwie als Predigerin aufzutreten. Ich sehe mich eher als Promoterin, die genau auf den jeweiligen Menschen zugeschnittene Elemente der Spiritualität und universelle Gesetze anbietet, wenn sie dafür offen und bereit wirken.

Wenige Menschen hören auf ihre Seele, und noch weniger Menschen lernen etwas von ihr. Meine Liebe, lass dich von deiner Seele leiten, dann bist du stärker erleuchtet als die meisten anderen. Deine Grundlage ist ein universelles Gesetz, das in allen Religionen vorhanden ist und von sämtlichen großen Anführern praktiziert wird. Deswegen solltest du mit einem Mantra der Annahme, des Verständnisses, der Güte und Liebe durchs Leben gehen, Fremde anlächeln, deinen Mitmenschen deine Energie durch Zuhören, Helfen und Lieben zuteilwerden lassen.

»Ja, ja, Emma«, entgegnest du jetzt vielleicht. »Güte und Liebenswürdigkeit schön und gut, aber ich bin auch nur ein Mensch!« Ja natürlich! Wir alle sind nur Menschen. Und als Menschen kommen wir manchmal von unserem spirituellen Weg ab. Aber als Seelensucher merken wir das und wir sind uns dessen bewusst, wenn wir ausrasten oder launisch, böse und nachtragend sind – wenn wir uns also im Grunde wie riesige Idioten verhalten. Aber du hast das Werkzeug und das Wissen, dich da durchzuarbeiten, deine negative Energie freizulassen und wieder zu einer Einheit mit dir selbst und zur Positivität zurückzukehren.

> »Selbst in die kleinsten Handlungen solltest du Herz, Geist und Seele legen.
> Das ist das Geheimnis für Erfolg.«
> Swami Sivananda

Ich möchte dir noch ein universelles Gesetz empfehlen, dann machen wir weiter: Lache täglich, am besten laut. Du wirst dadurch glücklicher, und Freude zieht magische Dinge an. Also lache, was das Zeug hält! Wenn es darum geht, die Seele zu nähren, hat der gute Buddha einige wertvolle Lektionen auf Lager: Er konnte richtig gut lachen. Freude war genau sein Ding. Denke mal daran, wie viele lächelnde oder lachende Buddha-Statuen oder -figuren du schon gesehen hast. Auf unserem Weg zu Teil III dieses Buches möchte ich dir folgende Aufgabe geben: Sei deine eigene Version eines freudigen Buddhas. Deswegen musst du deine Freude entdecken. Freude ist das beste Seelenbenzin. Ich gebe an dieser Stelle nicht vor, was Freude ist. Das musst du selbst herausfinden: Nur du weißt, was deine Seele anspricht und was dich glücklich macht. Vielleicht verbringst du gerne Zeit mit deiner Familie oder mit Kindern, vielleicht bist du glücklich in der Natur, womöglich liest du gerne oder lachst oder schaust deine Lieblingsserie. Was es auch sein mag: Suche immer wieder danach, setze Prioritäten, nimm dir Zeit dafür: Stelle dich und deine Seele in deinem Leben ganz nach vorne. Sieh die ganze Sache wie folgt: Wenn dein Magen grummelt, isst du normalerweise etwas. Wenn du dich also niedergeschlagen fühlst und deine Seele dich anschreit, solltest du sie mit Freude und Gelächter füttern. Diesem Gesetz können wir alle etwas abgewinnen, denke ich.

PROBIER'S MAL AUS!

≫——→

Nimm dir Papier oder benutze Kalender-Benachrichtigungen, die deine universellen Gesetze zusammenfassen und dir im Laufe des Tages als Erinnerungen dienen. Dabei kann es sich um ganz simple Aussagen handeln wie »Sei freundlich«, »Handele aus Liebe« oder »Versuche, erst zu verstehen, bevor du urteilst«. Diese Sätze sollen behutsame Prüfsteine sein, vor allem an deinen hektischsten Tagen, wenn dein Ethik-Kodex schon einmal in den Hintergrund geraten kann.

Teil III

SCHWINGENDE SEELE

Okay, Freunde, nun sind wir beim »Seelen«-Teil bei diesem ganzen Seelensuch-Kram! Wir haben uns wunderbar darauf vorbereitet. Mach dich jetzt bereit für einen Seelen-Gasmus. Ein Seelen-Gasmus ist das freudige, frei fließende Gefühl, das dich überkommt, wenn sich Geist, Herz und Seele gleich ausrichten.

Wie wir es zu Beginn unserer gemeinsamen Reise einmal angesprochen haben, gibt es viele verschiedene Möglichkeiten für die Definition der *Seele*. Manche Menschen nennen sie Essenz des Lebens, andere bezeichnen sie als Manifestation einer höheren Macht in uns, für wieder andere ist die Seele einfach das am stärksten Lebendige im Menschen. Einige glauben, dass die Seele nach dem Tod weiterlebt oder dass die Seele wieder und wieder in verschiedene Körper wandert, bis sie schließlich in die Erleuchtung aufsteigt. Praktisch jede Kultur auf der Erde und im Laufe der aufgezeichneten Geschichte glaubt an etwas, das wir Seele nennen: Sie ist ein wichtiger und unbestreitbarer Teil der menschlichen Existenz.

Diese Kapitel handeln ganz sicher von der Seele, aber auch vom Geist. Manchmal wird Geist synonym für Seele verwendet, und ich finde das auch sinnvoll. Aber in diesem Kontext bedeutet Geist auch Neugier, Spaß und Dynamik: eine Einladung auf eine Entdeckungsreise über die Grenzen des Geists und Körpers hinweg hin zur ätherischen Seite des Seins.

Also werden wir noch ein wenig tiefer in den ganzen Hokuspokus eintauchen. Mache dich frei von Skepsis und öffne dein Herz für die seltsame und wunderbare Welt der spirituellen Führer und der Rückführungen in vergangene Leben. Schnuppere auch einmal in angenehme Bereiche hinein wie beispielsweise Astrologie, Seelenpartner und auch bloß die einfache Freude, wenn du bei einem Konzert die Hände in die Luft wirfst und mitsingst. All das ist spirituell und all das kann zur Gesundheit und zum Wohlbefinden deiner Seele beitragen, also lies weiter, Seelensucher. Deine Suche geht weiter.

10

DEINE SPIRITUELLEN FÜHRER

Du würdest nicht einfach ohne eine Karte in die Wildnis aufbrechen, oder? Das hoffe ich zumindest, weil ich das – wie könnte es anders sein – schon einmal gemacht habe … Sieben Stunden und unzählige Insektenstiche später torkelte ich mit einer leeren Wasserflasche, leerem Magen und völlig zerschrammt von Dornengebüschen wieder in mein Camp zurück, ziemlich griesgrämig, aber auch weiser. Das hoffe ich zumindest.

Wie eine Karte kann auch ein Führer den Unterschied zwischen einem großen Abenteuer und einem absoluten Reinfall ausmachen, wenn wir die große weite Welt erforschen und etwas über spirituelle Führer, Engel, die Ältesten und Vorfahren lernen. Bei meiner Seelensuche war dies einfach eine der tröstlichsten Erfahrungen. Jaja, ich weiß schon, ein wenig weit hergeholt, oder? Verstehe ich. Aber denke dran, dass Erkundungen und ein offener Geist, ein offenes Herz und eine offene Seele ebenso gesund sind wie ein gewisses Maß an Skepsis. Behalte das im Kopf. Ich erzähle dir jetzt etwas über spirituelle Führer.

Ich hatte als Kind riesige Verlustängste entwickelt und tat mich schwer damit, anderen zu vertrauen. Nachdem meine Adoptivmutter zu Beginn meiner Teenagerzeit an Krebs starb, wurde die ganze Angelegenheit immer schlimmer. Ich war bei meinem Eintritt in die Weiblichkeit ohne Mutterfigur und fühlte mich verloren, wütend, betrogen und einsamer als jemals zuvor. In jenen leeren und schlimmsten Tagen meines Lebens nahm ich auf einmal gewisse Dinge um mich herum wahr. Ich bemerkte wiederkehrende Zeichen, Nachrichten und Zufälle und fühlte mich, als wäre etwas oder jemand bei mir. Seit diesem Tag sehe ich immer Löwenzahn, wenn ich meine Mutter vermisse, und jedes Mal, wenn ich diese Pflanze sehe, lächele ich und danke meiner Mum, weil sie vorbeige-schaut hat.

Ich weiß nicht, warum es gerade Löwenzahn ist. Ich habe keine gemeinsame Erinnerung an Löwenzahn und meine Mutter. Die Pflanze hat keine mir be-kannte symbolische Bedeutung. Aber sie erinnert mich daran, dass wir von einer Pusteblume die Samen wegblasen und wir uns etwas wünschen. Ich denke gerne, dass Löwenzahn vielleicht für die Reise steht, die mich wieder zu meiner Mutter führt. Wie der Same dieser Blume brachte mich meine Adoption in eine Familie, in der ich geliebt aufwuchs und in der der Wunsch meiner Mutter nach einer Familie erfüllt werden konnte.

Ich bin nicht in einer gläubigen Familie aufgewachsen. Mein Vater wurde katholisch erzogen, meine Mutter atheistisch. Schon als Kind interessierte ich mich für Dinge, die mir niemand zuvor gezeigt oder beigebracht hatte, wie bei-spielsweise Tarot, Kerzen und Traumfänger. Ich sammelte Engelfigürchen. Mir waren Dinge vertraut, die eigentlich völlig neu für mich sein sollten. Wie auch im Rahmen meiner Spiritualität heute ordnete ich die Dinge, für die ich mich interessierte, nicht einer bestimmten Religion zu, sondern eher einer tieferen spirituellen Wahrheit oder Wahrheiten, die ich noch nicht verstand. Aus die-sem Grund habe ich eine Affinität zu Engeln, weil sie in vielerlei Hinsicht eben-falls keine eindeutige Verbindung zu einer bestimmten Religion haben. Von Engeln wird in vielen Religionen gesprochen, und sogar Menschen, die sich selbst nicht als religiös oder spirituell einordnen, glauben an Engel. Tatsächlich kam bei einer Umfrage der amerikanischen Nachrichtensendung CBS-News heraus, dass acht von zehn Amerikanern an Engel glauben.[72]

Viele Seelensucher nennen ihre Führer bei unterschiedlichen Namen: Einige werden als Götter bezeichnet, andere als Älteste, Vorfahren, spirituelle Führer, manche sind sogar Tiere. Wir verbinden uns außerdem durch verschiedene Medien mit unseren Führern, einige von uns folgen geleiteten Meditationen, andere verwenden Engel, Tarotkarten oder Kristallpendel, und wieder andere suchen im Alltag nach Zeichen, wie ich mit meinem Löwenzahn. Außerdem empfange ich oft Botschaften durch Lieder. Die Texte passen stets derart per-fekt, dass es mir den Atem verschlägt. Wenn ich an geleiteten Meditationen teilnehme, die mich mit meinen Führern verbinden, zittere ich, bekomme Gänsehaut und verspüre ein solch überwältigendes Gefühl der Liebe, dass mir die Tränen kommen. Ich habe mehrere der oben erwähnten Wesen oder Instanzen als Führer, damit ich Botschaften auch ganz bestimmt verstehe. Ab und an bin ich etwas schwer von Begriff. Dann müssen meine Führer mir ihre Botschaften praktisch entgegenschreien!

Das ist die Sache mit den Führern: Sie sind zwar stets in unserer Nähe, sprechen aber nur, wenn sie gefragt werden. Kennst du diese Zeiten, in denen du es wirklich schwer hast, in denen du mit deinem Latein am Ende bist, ganz dringend Rat vom Universum benötigst und vielleicht »Echt jetzt?!« in den Himmel schreist? Und dann vielleicht, nur vielleicht, hast du um Hilfe, ein Zeichen oder eine Lösung gebeten, und dein Wunsch wurde erfüllt? In diesen Augenblicken haben dich deine Führer gerettet. Weil du den spirituellen Notruf gewählt hast, wussten sie, dass du ihre Hilfe brauchst. Etwas besonders Revolutionäres, das ich während meiner Seelensuche gelernt habe: Ich kann nun um Hilfe bitten. Andere Menschen oder Wesen um etwas bitten. Und auch danken, wenn ich Hilfe bekomme. Am wichtigsten ist, dass du die Augen für die Zeichen deiner Führer offen hältst, damit du nicht am Rettungsseil vorbeiläufst, das sie dir auswerfen.

> **PROBIER'S MAL AUS!**
> »——→
> Bei der Verbindung mit deinen Führern gibt es keine Regeln. Mache einfach das, was du dir vorstellst und was zu dir passt. Es heißt, dass Geistführer sich normalerweise mit dir auf einer Ebene verbinden, die dir angenehm ist. Deswegen solltest du dich für alles öffnen, das zu deiner Seele spricht.

> »Du brauchst kein förmliches Gebet oder eine Anrufung, damit deine Engel zu dir kommen.
> Denke einfach: ›Engel, bitte umgebt mich‹, dann kommen sie schon.«
> Doreen Virtue

Einmal hatte ich eine Verbindung zu meinen Führern, die mich erschrocken und erstaunt zurückließen. Jeder Zweifel war wie weggeblasen. Bis heute war dies die stärkste Nachricht, die ich jemals von ihnen erhalten habe.

Ich kam gerade in meine Heimat Neuseeland zurück, nachdem ich in Spa-

nien und Amerika gelebt hatte, und fühlte mich entwurzelt und ein wenig verloren – Probleme mit dem Wurzel-Chakra, ha! Ich wollte mein geringes Ein-
kommen in einen Life-Coach investieren, der mich bei der Richtungsbestimmung
unterstützen und mir ordentlich auf die Sprünge helfen sollte. Das Universum
führte mich zu Jasmine Platt, einem spirituellen Life-Coach. Sie erfüllte mein
Leben nicht bloß mit Inspirationen, sondern teilte auch ihre spirituelle Weisheit mit mir. Wir verstanden uns auf Anhieb, und innerhalb kürzester Zeit verwendete ich spirituelle Methoden, um mich vor Energie-Vampiren zu schützen,
mich mit anderen Lichtarbeitern zu umgeben, und unternahm erste Schritte in
der Kommunikation mit meinen Führern und Geistern. Häufig verließ ich sie
erfrischt, als hätte ich gerade ein Saftfasten beendet, ein Umstyling hinter mir
oder wäre nach zehn Stunden Schlaf erwacht!

Eines Abends kehrte ich nach zwei Stunden mit Jasmine in mein leeres Haus
zurück, mein damaliger Partner war unterwegs. Mein großartiges Gefühl der
Stabilität und Ruhe verschwand, als ich zu dem großen, dunklen Haus ging,
und mit jedem Schritt wurde ich gereizter. Mit meinem Partner konnte ich viel
Spaß haben, er konnte aus sich herausgehen und laut werden. Ich war etwas
lahmer, »eine Schlaftablette«, wie einige sagen würden. Ich liebte Menschen
und lachte gerne. Aber mir gefiel es nicht, wenn ich keinen Plan hatte. Wenn
nicht alles geordnet ablief, wurde ich verrückt. Deswegen machte es mich total
fertig, dass er nicht zu Hause war und ich nicht wusste, wo er sich aufhielt.

Ich konnte immer noch die ganze verblüffende Energie meiner Stunde mit
Jasmine spüren, aber nun wurde sie von Frustration, Angst und Stress verunreinigt. Ich ging ins Haus, schmiss meine Tasche auf die Erde und stampfte
durch den Flur zum Telefon. Wütend gab ich seine Mobilnummer ein und legte
sauer wieder auf. Er ging nicht dran. Ich hob die Arme in die Höhe, machte
einen Kreis um mich herum und wandte meine gerade neu erlernten Fähigkeiten des Energieschutzes an, beendete das Ganze mit den Händen über dem
Kopf, die Handflächen aufeinandergelegt und schloss so das Schutzsiegel. In
Kapitel 13 widmen wir und dem Thema »Schutz« ausführlicher.

In diesem Augenblick gingen im ganzen Haus die Lichter aus, und ich stand
in völliger Dunkelheit. Ich legte auf und erstarrte. Ich ging zu einem Fenster

und schaute, ob die Straßenbeleuchtung noch funktionierte, ob der Strom also vielleicht im ganzen Viertel ausgefallen war. Die Laternen strahlten nach wie vor sehr hell. Ich blickte aus einem anderen Fenster, weil ich sehen wollte, ob die Nachbarn und die anderen Häuser auf der Straße noch Strom hatten. Reglos, still und leise stand ich einige Augenblicke lang im Dunkeln. Das Gefühl war komisch: Ich hatte keine Angst, aber ich hatte das Gefühl, dass ich zum Innehalten und zur Neuorientierung gezwungen wurde.

Die Haustür knarzte, und mein Partner kam herein. Ich war immer noch ein wenig sauer. Er schaute mich komisch an, weil ich im Dunkeln im Flur stand, und versuchte, das Licht einzuschalten. Schließlich benutzte er sein Telefon als Taschenlampe und machte sich auf den Weg zum Sicherungskasten. Ich hingegen schnappte mir meinen iPod, sprang ins Bett und scrollte wahllos durch meine Songs. Dabei bat ich meine Führer, mir ein Lied auszuwählen. Ich stellte meinen iPod auf Shuffle. Plötzlich pulsierte lauter Bass durch meine Kopfhörer in die Ohren, und ich hörte, wie Britney Spears den Text von »I Wanna Go« sang, und mir sagte, ich solle ausbrechen, wenn das Licht aus ist *(blow out when the light's out)*.[73]

Ich musste lachen. Meine spirituellen Führer hatten wirklich Sinn für Humor. Zunächst hatten sie das einzige Lied von Britney auf meinem iPod ausgewählt. Das alleine ist schon großartig. Gut gemacht! Welche Führer denken schon: *Hey, schicken wir ihr doch einen Britney-Song?* Na, meine anscheinend. Zweitens rieten sie mir, einen Schritt zurückzutreten, um runterzukommen, Spaß zu haben, mich zu bewegen und zu entspannen. Und damit lagen sie richtig. Spiritualität ist ein Abenteuer. Seelensuche soll Spaß machen, und deine Führer sind häufig verspielt, deswegen solltest du auch verspielt sein!

Nachdem ich diesen Song gehört und meinen Blick auf eine frustrierende Situation geändert hatte, wurde ich empfänglicher für viele ähnliche kleine Zeichen und entdeckte auch noch einige andere Nachrichten von meinen Führern in Liedern, die bei einschneidenden Ereignissen in meinem Leben gespielt wurden. Ich fühlte mich außerordentlich getröstet, weil ich wusste, dass meine Führer bei diesen Erfahrungen bei mir waren. In einer Erinnerung bin ich sechzehn, und meine Mutter ist unheilbar krank. Sie war bettlägerig und konnte vor lauter Erschöpfung nicht mehr sprechen. Sie kämpfe mit aller Kraft gegen das Einschlafen an. Ich erinnere mich daran, dass ich dachte, sie tue das, weil sie Angst hatte, nie wieder aufzuwachen, und vielleicht stimmte das. Sie sprach mit mir mittels ihrer Augen: Ihre Augen konnten lachen und auch immer noch mit mir schimpfen. An dem Morgen vor ihrem Abschied von uns saß ich neben ihr, hielt ihre Hand und fragte sie: »Du liebst mich doch, oder Mom?«

Sie antwortete mit einem knappen Augenrollen und einem herzlichen, stechenden Blick, als wollte sie sagen: »Was glaubst du denn? Natürlich liebe ich dich!« Nur wenige Stunden später starb sie. Alle gingen aus dem Zimmer, ich aber blieb bei ihr sitzen. Ich fühlte mich schuldig, weil ich wollte, dass sie mir ihre Liebe versicherte, als sie körperlich nicht mehr in der Lage dazu war. Ich war wütend auf mich und natürlich sehr traurig, weil sie gerade gestorben war. Ich umarmte meine Mom ein letztes Mal und sagte ihr, dass es mir leidtue. Als ich aufstand und gehen wollte, spielte ein Lied im Radio. Ich hatte bis dahin noch nicht einmal bemerkt, dass es angeschaltet war. Das Lied hieß »More Than Words« von Extreme und es erinnerte uns in jenem Augenblick daran, dass Liebe so viel mehr ist als nur Worte. Liebe besteht aus Taten und Gefühlen und muss nicht ausgesprochen werden, um Gehör zu finden.

Erst ein Jahr später erzählte ich meiner Schwester davon, die Spiritualität sehr skeptisch gegenübersteht. Am darauffolgenden Tag waren meine Schwester, mein Vater und ich zusammen, als der Song wieder lief. Meine Schwester schaute mich an und lächelte. Ich glaube, da steckten meine Führer und auch meine Mom dahinter, die uns wissen lassen wollten, dass sie bei uns waren. Schließlich ist ein Verstorbener, der uns nahestand, auch einfach ein weiterer spiritueller Führer, nur dass wir ihn mit Namen kennen.

Wie weiter oben aufgeführt, sprechen Führer nicht immer direkt mit dir, wenn sie eine Nachricht für dich haben. Aber manchmal tun sie es eben doch! Führer treten in unterschiedlichen Formen auf. Dieses Kapitel stellt einige Führer vor sowie die häufigsten Formen, wie sie Kontakt aufnehmen. Auf deinem Weg lade ich dich ein, alle Informationen mitzunehmen, die zu dir passen, und dann die Führer aufzuspüren, mit denen du die stärkste Verbundenheit spürst. Glaube mir, sie werden es merken und zu dir Kontakt aufnehmen.

VERSCHIEDENE ARTEN VON FÜHRERN

Über unsere Führer können wir enorm viel lernen und herausfinden. Für mich ist das definitiv ein fortlaufender Prozess. Du kannst verschiedene Arten von Führern anrufen, wenn du sie besonders brauchst. Bei jedem nehmen die spirituellen Führer andere Formen an. Einige fühlen sich vielleicht stärker zu tierischen Führern hingezogen, andere eher zu gewissen Engeln oder den Geistern von verstorbenen Verwandten. Wie auch sonst immer kannst du hier am besten herausfinden, welche Führer dich am stärksten ansprechen, indem du sie fragst. Öffne dich für den Kontakt mit ihnen, und sie werden zu dir sprechen.

ENGEL

Hokuspokus-Skala: ▲▲▲▲▲▲▲▲▲▲
Entdeckungs-Skala: ▲▲▲▲▲▲▲▲▲▲

Die folgende Tabelle skizziert einige irdische Elemente, mit denen Engeln verbunden sind.[74] Du kannst dann den Engel auswählen, der am besten zu deinen Bedürfnissen passt.

Erzengel Michael	Erzengel Gabriel	Erzengel Raphael	Erzengel Uriel
Schutzengel	Engel der Geburt, der Kindererziehung und Kommunikation	Engel der Heilung und des Schutzes von Reisenden	Erzengel der Sünder und der Musik
Steht für: Liebe **Element:** Feuer **Richtung:** Süden **Jahreszeit:** Herbst **Farbe:** Rot (obwohl viele Menschen diesen Engel auch mit der Farbe Blau in Verbindung bringen) **Sternzeichen:** Widder, Löwe und Schütze	**Steht für:** Zweifel und Ängste überwinden **Element:** Wasser **Richtung:** Westen **Jahreszeit:** Winter **Farbe:** Smaragdgrün **Sternzeichen:** Krebs, Skorpion und Fische	**Steht für:** Heilung **Element:** Luft **Richtung:** Osten **Jahreszeit:** Frühling **Farbe:** Blau (viele Menschen assoziieren grün mit Raphaels Heilkraft) **Sternzeichen:** Zwillinge, Waage und Wasser-mann	**Steht für:** klares Denken **Elemente:** Erde **Richtung:** Norden **Jahreszeit:** Sommer **Farbe:** Weiß **Sternzeichen:** Stier, Jungfrau und Steinbock

»Engel erleuchten den Weg. Engel missgönnen keinem Menschen etwas,
Engel zerstören nichts, Engel rivalisieren nicht, Engel verschließen ihre Herzen nicht,
Engel haben keine Angst. Deswegen singen sie und deswegen fliegen sie.
Natürlich sind wir nur verkleidete Engel.«

Marianne Williamson

SEELENTIERE

Hokuspokus-Skala:
Entdeckungs-Skala:

Auch Seelentiere können spirituelle Führer sein. Häufig kommt es vor, dass ein Seelensucher eine Affinität zu einem Tier verspürt: eine Verbindung, etwas, das ihn anzieht. Vielleicht handelt es sich um dein Lieblingstier aus Kindertagen, ein lieb gewonnenes Haustier oder vielleicht ein Tier, das du häufig gesehen hast oder das dir im Traum erschienen ist. Unsere Führer präsentieren sich uns in der Form, wie wir bereit sind, sie zu sehen, und deswegen ist eine Verbindung durch ein Tier ganz natürlich. Achte gut auf die Tiere in deinem Leben, weil deine Führer womöglich durch sie mit dir in Verbindung treten, dich beschützen und dich durch Ärger geleiten. Weiter unten findest du eine Liste mit einigen häufigen Seelentieren und deren Symbolik.[75]

Bär

Der Bär ist eins der mächtigsten Tiere im Bereich der spirituellen Führer. Dieses Tier ist im Einklang mit emotionaler und physischer Heilung und verbindet sich wahrscheinlich mit Seelensuchern, die eine tiefe Verbindung mit der Erde und der Natur verspuren.

Schmetterling

Der Schmetterling ist ein Symbol für Veränderung. Er erscheint in Zeiten der Veränderung und der Entwicklung. Mit der Führung des Schmetterlings werden diese Umbrüche leichter und geschmeidiger überwunden.

Katze

Dieses Seelentier ist ein Symbol für Neugierde, Abenteuer und Unabhängigkeit. Sie kann auch für Geduld und Ganzheit stehen.

Hirsch

Dieser spirituelle Führer wird im Allgemeinen von sensiblen, äußerst intuitiven Seelensuchern gesehen, die sehr spirituell sind. Menschen, die mit diesem Tier verbunden sind, sind zuversichtlich und erfolgreich, dabei aber auch behutsam und anmutig.

Taube

Die Taube steht für Frieden und symbolisiert – als spiritueller Anführer – Segnungen und Neuanfänge, damit sorgenvolle oder gestresste Gedanken Ruhe finden.

Delfin

Dieser spirituelle Führer repräsentiert verspielte Weisheit. Häufig sind Delfine spirituelle Lehrer oder helfen anderen Führern als Boten bei der Überbringung von Nachrichten.

Elefant

Der Elefant, mein Seelentier, symbolisiert Weisheit, Sanftmut und spirituelles Verständnis. Ziemlich häufig verbinden sich Seelensucher, die im Bereich der humanitären Hilfe arbeiten, mit dem Elefanten als spirituellem Führer.

Frosch

Der Frosch ist der spirituelle Führer für Heilung. Er repräsentiert die Genesung von sowohl emotionalen als auch physischen Wunden. Der Frosch verbindet sich normalerweise mit Seelensuchern, die ihr Leiden beenden wollen.

Fuchs

Der Fuchs ist der Führer der Tarnung und symbolisiert die Kunst der Ablösung und das Vertrauen auf unser Bauchgefühl, damit wir uns anpassen und mit unserer Umgebung wachsen können.

Pferd

Das Pferd steht für Leidenschaft, Antrieb und ein Streben nach Freiheit und Selbstausdruck. Die Bedeutung des Pferdes kann sich ändern, je nachdem, wie dir dein Pferd erscheint: zahm oder wild, als Arbeits- oder Rennpferd.

Falke

Dieses Seelentier steht für Perspektive und für die Fähigkeit, Dinge von allen Seiten zu betrachten: eine perfekte Aussicht für spirituelle Entwicklung.

Löwe

Der Löwe steht für Herz und Mut und verbindet sich mit Seelensuchern, die einen starken Sinn für Autorität haben und die geborene Anführer sind.

Maus

Die Maus repräsentiert die Treue zum Detail und steht für eine genaue Prüfung. Dieses Seelentier erinnert uns daran, dass wir aufmerksam für die kleinen Details des Lebens sind.

Eule

Die Eule ist der spirituelle Führer, der sehen kann, was anderen entgeht. Eulen helfen Seelensuchern, die tiefere Bedeutung von Dingen zu entschlüsseln.

Pfau

Der Pfau steht für Auferstehung und verbindet sich mit Seelensuchern, die sich gerade verändern oder selbst neu erfinden.

Schildkröte

Die Schildkröte ist ein äußerst spirituelles Seelentier, das für den Weg zu Weisheit, Wahrheit, Verständnis und Frieden steht. Die Schildkröte symbolisiert außerdem die Notwendigkeit einer Pause oder Selbstreflexion. Dieses Seelentier zeigt an, dass wir die eigene Erdung oder Verbindung mit unserem spirituellen Weg überprüfen sollten. Schildkröten verbinden sich häufig mit Lehrern.

Tiger

Der Tiger steht für raue Gefühle und Emotionen. Dieses Seelentier verbindet sich mit Seelensuchern, die intuitiv sind und mühelos ihren Instinkten folgen können.

Wolf

Der Wolf steht in Verbindung mit Intelligenz, Instinkt und Freiheit. Der Wolf kann dir erscheinen, wenn du sozialen Situationen misstraust, und dich daran erinnern, dass du deinen Urinstinken folgen solltest.

PROBIER'S MAL AUS!

»———→

Wenn du dich mit einem Seelentier verbindest, kannst du die Weisheit und das Wesen dieses Tiers in deinen Alltag integrieren. Versuche, dieses Tier durch dein Verhalten zu ehren. Ich weiß, ich weiß, das ist eigentlich ganz klar, aber versuche dich, so gut es geht, auf die positiven Attribute dieses Tiers zu fokussieren. Falls dein Seelentier beispielsweise eine Katze ist, solltest du dich stark auf die beharrliche Jagdenergie und Unabhängigkeit der Samtpfoten konzentrieren … und eher nicht darauf, dass die Viecher gerne auf Tastaturen schlafen.

WIE SPIRITUELLE FÜHRER KOMMUNIZIEREN

Deine Führer werden durch etwas mit dir kommunizieren, das deine Aufmerksamkeit erweckt oder für dich Sinn ergibt. Vielleicht hast du die ein oder andere unten aufgeführte Methode schon erlebt. Vielleicht habt ihr – also du und dein Guide – auch eine ganz eigene Kommunikationsmethode. Ich denke, dass du zumindest bei einigen Methoden an eine Erfahrung oder Erinnerung denken musst und sie dir als Ausgangspunkt für weitere Entdeckungen dienen.

BOTEN

Hokuspokus-Skala:
Entdeckungs-Skala:

Hast du es schon einmal erlebt, dass jemand zu dir gekommen ist und einfach etwas ziemlich Tiefgründiges und Profundes gesagt hat? Freunde oder Fremde können Boten sein und dir Nachrichten überbringen, die häufig zum richtigen Zeitpunkt genau das enthalten, was du hören musst. Bei diesen wichtigen Kommentaren kann es sich um Bestätigungen oder Hinweise deiner Führer handeln. Vielleicht macht dein Onkel Joe, der normalerweise an seinem Bourbon nippt, dazu eine Zigarette raucht und den du nie verstehst, auf einmal in einem weltbewegenden Augenblick der Klarheit einen Kommentar, der in dir starken Widerhall findet. Nimm dir ein wenig Zeit für diese bisher unbekannte Weisheit, weil ….wer weiß? Vielleicht spricht da gar nicht Onkel Joe oder sein Bourbon … Ich meine ja nur.

ZAHLEN

Hokuspokus-Skala:
Entdeckungs-Skala:

Hast du schon mal drei oder vier Tage hintereinander genau zur selben Zeit auf die Uhr geschaut? Oder – egal, wohin du auch schaust – immer wieder dieselben Zahlen gesehen? Das liegt daran, dass jede Zahl eine andere Bedeutung hat: eine Botschaft von deinen Führern. Schaue genauer hin, wenn du eine Zahlenfolge siehst. Vielleicht möchte dir jemand etwas sagen. Einige immer wiederkehrende Zahlen und Botschaften führe ich für dich auf:[76]

1:11, 11:11

Wird als Stunde des Wunsches bezeichnet. Zu diesem Zeitpunkt möchte dein spiritueller Führer, dass du dich eher auf deine Wünsche konzentrierst als auf Hindernisse. Sich wiederholende Einsen bedeuten häufig, dass du dich schnell offenbarst. Sie möchten dich daran erinnern, dass du mit deinen Wünschen vorsichtig sein solltest.

2:22

Du machst dir wegen nichts und wieder nichts Sorgen. Du musst erkennen, dass alles in Ordnung ist. Du solltest den ganzen Stress und alle Zweifel loslassen und auf den Lauf der Dinge vertrauen.

3:33

Eine Gruppe mit Dreien symbolisiert, dass alle Führer um dich herum sind. Sie wollen dir versichern, dass du nicht alleine bist und dass sie bei dir sind, dich schützen und den Weg mit dir gehen.

4:44

Erdenengel sehen häufig Vieren, weil dies die Zahl der Engel ist, die dich wissen lassen, dass sie dich begleiten – oder dich daran erinnern, dass du selbst ein Engel auf Erden bist.

5:55

Fünfen symbolisieren Veränderungen oder eine Verlagerung deiner Energie, die zu neuen Möglichkeiten und Wachstum führen kann. Stehe diesen Verschiebungen offen gegenüber, damit du keine Möglichkeiten verpasst, die sich vor dir auftun.

6 : 66

Diese Zahlen spiegeln wider, dass du aus dem Gleichgewicht geraten bist und womöglich nicht der Bestimmung deiner Seele folgst. Wenn du nur Sechsen siehst, solltest du deine Ziele und Prioritäten neu überdenken und sicherstellen, dass du stets aus Liebe handelst und nicht aus Gier, Eifersucht oder Angst.

7 : 77

Ein »High five«, ein Abklatschen deiner Hand, von deinen spirituellen Führern! Sie lassen dich wissen, dass du auf dem richtigen Weg bist und bald dafür belohnt wirst, dass du der Bestimmung deiner Seele folgst.

8 : 88

Deine Anführer zeigen dir Achten, wenn sie dir sagen wollen: Das Schlimmste ist vorbei, du trittst jetzt in ein neues Kapitel deines Lebens ein. Um in diese neue Phase einzutreten, musst du vielleicht einige Dinge loslassen, an die du dich geklammert hast, damit du vorankommst.

9 : 99

Neun ist eine Meisterzahl und zeigt, dass du großes Können, Talent oder eine Begabung hast, die du mit der Welt teilen kannst. Wenn du Neunen siehst, sagt dir dein Führer damit, dass du andere Menschen an deinen Fähigkeiten teilhaben lassen solltest.

Wie wir in dem Kapitel über Numerologie bereits gesehen haben, können verschiedene Zahlenkombinationen unterschiedliche Bedeutungen haben. Falls du viele Zahlenkombinationen siehst und das Gefühl hast, dass deine Führer dadurch zu dir sprechen, empfehle ich dir Bücher über Numerologie und Engel-Numerologie. Mir hat besonders Michelle Buchanans *The Numerology Guidebook* und Doreen Virtues *Angel Numbers 101* gefallen. Also, auf in den Buchladen um die Ecke oder die Stadtbücherei.

ENGELKARTEN

Hokuspokus-Skala:
Entdeckungs-Skala:

Diese Karten sind eine exzellente Einführung in die Verbindung mit spirituellen Führern, weil sie unkompliziert sind, sich leicht interpretieren lassen und meistens eine Anleitung beiliegt. Sie können ganz schnell im Internet bestellt werden. Google einfach. Suche dir nun die Engelkarten aus, die dich am stärksten ansprechen. Vielleicht gefallen dir der Name des Kartensets, die Bilder, die Farben, denke gar nicht groß darüber nach! Die Karten sollten dich aussuchen.

TAROTKARTEN

Hokuspokus-Skala:
Entdeckungs-Skala:

Viele von uns haben von Tarot zumindest schon einmal gehört, nicht wahr? Seit dem 15. Jahrhundert gibt es diese Kartenlegemethode, mit der wir Botschaften über unser Leben und unsere Zukunft erhalten. Normalerweise sind in einem Set 78 Karten enthalten. Die Karten teilen sich für gewöhnlich in zwei Kategorien: die kleine Arkana – Kelche, Münzen, Schwerter und Stäbe – und die große Arkana – Figuren und Identitäten wie beispielsweise Der Narr, Die Liebenden, Der Gehängte: Diese Karten werden auch Trümpfe genannt. Es gibt Tarotkarten in vielen verschiedenen Versionen, von altmodisch bis modern, von bunt bis hin zu einfach. Für den Anfang empfehle ich einfache Karten, mit denen du dir die Grundlagen beibringen kannst. Falls du ehrgeizig bist oder bereits Vorwissen hast, kannst du auch traditionellere Karten auswählen, die

> **PROBIER'S MAL AUS!**
> ≫――――→
> Lege stets einen Bergkristall in die Kiste mit deinen Karten, um sie vor anhaftenden Energien zu reinigen, vor allem, wenn andere Menschen sie berühren.

häufig ältere Seelen faszinieren, die ein tieferes Verständnis oder eine engere Verbindung zu ihrer Spiritualität haben. Diese Karten erfordern viel mehr Übung und Verständnis. Außerdem erfordern sie Offenheit, um die versteckten Botschaften zu verstehen. Falls du dich für ein klassisches Tarotdeck interessierst, würde ich dir eine Vertiefung dieses Themas vorschlagen, weil du Engelkarten mit der Zeit für die Kommunikation mit der geistigen Welt zu einfach finden könntest.

KRISTALLPENDEL

Hokuspokus-Skala: ▲ ▲ ▲ ▲ ▲ ▲ ▲ ▲ ▲ ▲
Entdeckungs-Skala: ▲ ▲ ▲ ▲ ▲ ▲ ▲ ▲ ▲ ▲

Genau, noch mehr Kristalle! Um genauer zu sein: ein Kristall, der an einer langen Schnur hängt und auch als Pendel bezeichnet wird. Damit kannst du dich mit deinen spirituellen Führern verbinden. Du kannst fast jeden Kristall verwenden, solange er zu dir passt. Am Anfang musst du den Kristall »programmieren«, indem du ihm deine Absichten mitteilst und sowohl dem Kristall als auch deinen spirituellen Führern sagst, wie sie kommunizieren sollen: Also wie sie für »Ja« und wie für »Nein« schwingen sollen. Viele Seelensucher sind erstaunt von den Kristallpendeln. Anfangs denken sie, ihre spirituellen Führer kommunizieren kaum durch das Pendel. Dann aber bemerken sie, wie der Kristall – wenn man nur geduldig ist und klar kommuniziert – auf ihre Fragen antwortet.

> ### PROBIER'S MAL AUS!
> ≫———→
>
> Blättere noch einmal zu Kapitel 2 zurück und schaue dir die Informationen über Kristalle und Edelsteine genauer an. Vergewissere dich, dass du herausfindest, welcher Stein am besten zu dir passt. Gehe anschließend ins Internet oder auch in einen Steineladen bei dir in der Nähe und suche dir einige Steine aus.

GEFÜHRTE MEDITATIONEN

Hokuspokus-Skala: ▲▲▲▲▲▲▲△▲△

Entdeckungs-Skala: ▲▲▲▲▲▲▲▲△△

Geführte Meditationen haben mich tief beeindruckt. Ich habe fast ein Jahr gebraucht, um mich wirklich mit geführten Meditationen anzufreunden, weil ich einerseits wenig Zeit und andererseits einen unruhigen Geist hatte. Aber als ich mich dann einmal richtig darauf einließ, war es die Mühen wirklich wert. Geführte Meditationen führen wir am besten mit Kopfhörern durch, damit wir von unserer Umgebung nicht gestört werden. Dies beruhigt und besänftigt den Geist. Außerdem sollten wir so ungestört wie möglich meditieren. Katze und Kinder sollten nicht mit im Zimmer sein. Glaube mir, es ist absolut frustrierend, wenn du dich in der Mitte einer geführten Meditation befindest und dir Mucki auf den Schoß springt und miaut. Und nein, das bedeutet nicht automatisch, dass deine Katze auch dein spiritueller Führer ist, obwohl ich ziemlich sicher bin, dass sich die meisten Katzen dafür halten.

Bei den meisten geführten Meditationen auf CD, DVD oder im Internet wird dich eine beruhigende Stimme erst dazu anleiten, deinen Körper und den Atem zu entspannen und dich dann auf eine Entdeckungsreise in deine Innenwelt mitzunehmen. Alles, was du siehst, fühlst, hörst, riechst und schmeckst – ja, auch die letzten beiden Punkte –, sind Hinweise deiner spirituellen Führer. Ich bekomme eine Gänsehaut und höre häufig einige einfache Worte: Geschenke meiner Führer. Einmal hörte ich sogar zwei kichernde Kinder, die »Hallo, Mami« zu mir sagten! Wenn du geduldig bist und derart entspannt, dass du nach der Meditation nicht mehr

PROBIER'S MAL AUS!

≫⟶

Wenn du dich einmal umschaust, findest du zahlreiche geführte Meditationen, für die du nicht zahlen musst. Wichtig ist, dass dich die Stimme erdet und verbindet – auf jeden Fall nicht irritiert –, und das kann schwieriger sein, als es sich anhört. Allerdings wird deine Mühe auch belohnt. Falls du einen Ausgangspunkt benötigst, kannst du einmal im Anhang in den »Extras für Seelensucher« nachschauen. Dort findest du einige empfohlene Meditationen aus meiner eigenen Sammlung.

weißt, ob du geträumt hast oder nicht, und deine Führer einlädst, mit dir während dieser Entspannung zu sprechen – manchmal auch mit etwas so Simplem wie einem »Hallo« –, verspreche ich dir, dass du dich nach einer geführten Meditation spirituell zutiefst erfüllt fühlen wirst.

ELEKTRONIK

Hokuspokus-Skala:
Entdeckungs-Skala: ▲ ▲ ▲ ▲ ▲ ▲ ▲ ▲ ▲ ▲

Ja, deine spirituellen Führer können Elektrogeräte anzapfen. Sie bestehen schließlich aus Energie. Hast du schon einmal ein flackerndes Licht in deiner Wohnung bemerkt oder ein besonderes Lied, das im Radio gespielt wird, während du eine ruhige Straße entlangfährst, oder etwas im Fernsehen, das du zufällig siehst und das absolut schicksalhaft wirkt? Damit verleihen die Führer deiner Programmierung aus dem Geisterreich eine spirituelle Note.

> »Wir bauen unsere Energie auf und zentrieren uns in Situationen, durch Fragen, die wir haben, und dann erhalten wir eine Art intuitiver Führung, eine Idee, wohin wir gehen und was wir tun sollen, und dann geschehen Zufälle, die uns erlauben, uns in diese Richtung zu bewegen.«
> James Redfield[77]

Am einfachsten und effektivsten kannst du wohl wie folgt an deinen Engel oder spirituellen Führer denken: Sieh deinen Schatten als deinen Geist an. Dein Schatten folgt dir bereits überallhin, auf Schritt und Tritt. Selbst wenn du ihn vergisst oder ihm den Rücken zukehrst, ist er bei dir, auf jedem Schritt deiner Seelenreise, egal, ob du ihn beachtest oder nicht. Deswegen solltest du von Zeit zu Zeit einmal innehalten und Hallo sagen. Eine Unterhaltung beginnen. Schauen, was dich anspricht. Wie bei vielen Dingen im Leben ist ein einfaches Hallo immer ein guter erster Schritt.

PROBIER'S MAL AUS!

Wirf einmal einen Blick in den App-Store deines Smartphones und suche nach Engel- oder Tarot-Apps. Ja, die gibt's! Denke dran, dass wir modernen Seelensucher uns diese verwirrende, omnipräsente Technologie für Geist, Körper und Seele ganz konkret zunutze machen können. Wenn du schon einmal dabei bist, kannst du gleich noch nach den Meditations-Apps schauen, damit du eine geführte Meditation in deine Mittagspause oder kurz vor dem Schlafengehen einbauen kannst. Deine spirituellen Führer warten nur darauf, dass du dich einschaltest.

»Wir haben die Fähigkeit, Dinge zu manifestieren, aber unsere Bestimmung, unser Ende, unser Vermächtnis wird auch von unserem Schicksal bestimmt. Richte deswegen den Fokus aus das, was dir leichtfällt: Das ist das für dich vorgesehene Leben.«

DEINE AKASHA-CHRONIK UND DIE FRÜHEREN LEBEN

Hattest du schon einmal einen Matrix-Moment? Einen Augenblick, in dem du scheinbar den Code des Lebens entschlüsselt, die Zeit angehalten oder durch ein Wurmloch in die Vergangenheit gereist bist? Ist das alles ein wenig zu dramatisch für dich? Wie wär's dann nur mit einem Déjà-vu? Das, liebe Seelensucherin, ist ein weiteres Zeichen für dein spirituelles Erwachen.

AKASHA-CHRONIK UND FRÜHERE LEBEN

Hokuspokus-Skala: ▲▲▲▲▲▲▲▲▲▲
Entdeckungs-Skala: ▲▲▲▲▲▲▲▲▲▲

Über die Akasha-Chronik, auch unter dem Namen »Buch des Lebens«[78] bekannt, stolperte ich auf Reisen oder auch bei meiner Seelensuche. Den Begriff kennst du ja inzwischen. Ich lebte damals in Spanien und belauschte zwei englische Damen, die über die Chroniken unserer Seelen sprachen. Ich fühlte mich angesprochen. Ich hatte Heimweh, und allein die englische Sprache hatte meine Aufmerksamkeit geweckt. Aber nun lauschte ich unwillkürlich weiter. Je mehr ich hörte, desto neugieriger wurde ich. Ich wollte weitere Informationen, um diese sogenannten »Chroniken« besser zu verstehen. Auf dem schmalen Weg aus Kopfsteinpflaster in Mallorca – auf der Insel war ich inmitten meiner Seelenreise zu Hause – hetzte ich derart fieberhaft in meine Wohnung, dass ich fast eine winzige spanische Nonne umrannte, weil ich unbedingt mehr über das Gehörte herausfinden wollte.

>>Da muss etwas hinter den Dingen sein,
das tief verborgen war.<<
Albert Einstein

Als ich wieder in meiner Unterkunft war, befragte ich die Quelle, das Orakel, das alles weiß, einen Führer, den wir alle kennen: Google, unser omnipräsenter digitaler Guru. Randbemerkung: Google kennt deine Akasha-Chronik *nicht*. Ich bin mir aber ziemlich sicher, dass das Unternehmen Pläne in diese Richtung hat. Es ist halt Google. Als ich mit meinen Nachforschungen begann, bemerkte ich, dass es sich bei der Akasha-Chronik nicht um Selbsthilfe oder religiöse Theorien handelte, wie ich ursprünglich angenommen hatte, sondern eher um einen alten spirituellen Glauben, der sich auf unsere Energie oder unser *Prana* konzentriert. Das Wort kommt aus dem Sanskrit und bedeutet >>Energie des Lebens<<.

Der Begriff *Akasha*[79] ist mit dem Sanskrit-Wort für Bedeutung verbunden, das – je nachdem, wen man fragt – Himmel, Äther oder Essenz bedeutet und aus den theosophischen Untersuchungen der Philosophin und Okkultistin Helena Blavatsky aus dem 18. Jahrhundert stammt.[80] Das umfassendere Konzept ist aber schon Tausende Jahre alt. Hinweise auf himmlische Aufzeichnungen sämtlicher Lebensformen im Alten Testament und darüber hinaus führten zu der Theorie, dass ein allumfassendes Weltgedächtnis existiert, anhand dessen wir die Reise unserer Seele durch das Universum erklären können. Die Akasha-Chronik ist eine Bilanz jeder einzelnen Handlung, jedes Gedankens und Glaubens, nicht nur aus diesem, sondern auch noch aus allen vorherigen Leben.[81] Sieh diese Chronik als etwas an, das blüht, wogt, nachwächst und sich in jedem Leben unterschiedlich aussät, weil wir durch verschiedene Kulturen, Erfahrungen, Reisen, Liebhaber und Freunde wachsen lernen. Dies spiegelt die Energie wider, aus der alles im Universum besteht.

Die Akasha-Chronik besteht aus kosmischen Aufzeichnungen von Existenzen, die sich auf einer anderen Ebene als wir alle zusammen befinden, welche
oft als astrale Ebene bezeichnet wird, aber das bedeutet nicht, dass wir nicht hier auf der guten alten
Erde darauf zugreifen können.[82] Im Laufe des Kapitels werden wir diesen Gedanken vertiefen.

Noch etwas, das ich interessant fand, als ich mich
über die Akasha-Chronik informierte, ist das Konzept der Gelübde oder Verträge der Seelen.[83] Es
besagt, dass wir bei jeder Wiedergeburt gewisse Ab-
kommen mit dem Universum eingehen, um verschiedene Dinge auf der Erde zu erfahren. In einem Leben
bist du vielleicht ein sorgloser Partygänger, um die
wahre Bedeutung von Freude und Exzess zu erfahren. In einem anderen Leben ist womöglich alles
ganz anders. Du bist Mönch oder einfach introvertiert, um das Wesen der Aufopferung oder Einfachheit zu verstehen. Wenn wir immer wiedergeboren werden, lernen unsere Seelen aus jeder Erfahrung, und diese Erfahrungen sind in
unserer Akasha-Chronik niedergeschrieben.

Laut dieser Philosophie gibt es in jedem Leben eine Reihe von Weichen.[84]
Dabei kann es sich um Krankheiten, Unfälle oder andere Umstände handeln,
die unser Leben beenden. Wir gestalten die Blaupause und diese Weichen unseres Lebens nicht nur vor der Wiedergeburt. Wir gehen auch heilige Verträge
mit Wesenheiten auf der anderen Seite ein, die während der Erdenreise unserer
Seelen über uns wachen, uns beschützen, uns helfen und uns beraten sollen.
Diese Wesen sind unsere spirituellen Führer, die mit uns jeden Schritt des Weges auf unserer Reise gehen, uns Dinge lehren, uns unterstützen und sich um
uns kümmern.

Manch einer bezeichnet das wohl als Schicksal. Ich glaube aber nicht, dass
es bedeutet, wir hätten keine Macht über die Entscheidungen, die wir im Leben treffen. Ich sehe die Akasha-Chronik mehr als netten Pfuschzettel für dein

PROBIER'S MAL AUS!

Wenn du einmal etwas genauer darüber
nachdenken willst, was du in deinen
früheren Leben schon erfahren hast,
mache doch einmal ein Reinkarnations-
Quiz im Internet. Diese Fragespiele sind
nicht besonders gründlich oder genau,
können aber einen interessanten ersten
Impuls geben. Falls du gerne mehr wissen
würdest, rate ich dir zu einer Rückführung
in vergangene Leben mit einem Fachmann.

Leben und nicht als vorherbestimmte, steife Regeln, die vom Universum vorgegeben sind und denen du folgen musst.

Okay, wir haben uns jetzt lange genug mit dem Wesen dieser Chronik beschäftigt, schauen wir nun einmal, wie wir uns an sie herantasten und sie uns zunutze machen können. Aber Moment mal kurz, hier ein cooler Hinweis für dich: Du verwendest die Chronik schon! In der Vergangenheit, Gegenwart und Zukunft benutzt du sie, weil du schon weißt, wie du auf dein Wissen aus den früheren Leben zugreifen kannst.

Ich kann geradezu hören, wie du denkst: *Super, Emma, aber, ähm, wie war das noch gleich …?* Keine Sorge, Freunde, das kommt schon noch. Diese kurze Eingebung, das bekannte Déjà-vu, das Bauchgefühl, wie du es auch immer nennen magst, solche kleinen Echozeichen auf deinem spirituellen Radar sind Hinweise darauf, dass du mit deiner göttlichen Weisheit verbunden bist, die in der Akasha-Chronik gespeichert ist. Du kannst sie dir wie eine direkte Verbindung zu deinem spirituellen Server vorstellen.

Häufig verwenden wir Gebete, Meditation oder sogar zufällige Geistesblitze für einen Zugang zur Akasha-Chronik. Viele von uns erleben tagtäglich diese Einblicke in die Chronik. Einige Menschen haben Visionen in Tagträumen, Geräuschen, Gedanken, Träumen und Meditationen, durch die sie Einblick in eine Erfahrung erhalten, die sie persönlich zuvor nicht gemacht haben: Ein kurzer Blick in ein vergangenes Leben oder ein starkes Gefühl der Verbundenheit mit etwas, jemandem oder einem Ort. Häufig enthält deine Persönlichkeit Hinweise auf deine Akasha-Chronik. Ich beispielsweise bin ein absolutes Wasserkind. Ich surfe, tauche und habe sogar schon auf der ganzen Welt auf Booten gearbeitet. Auf dem Wasser fühle ich mich am meisten zu Hause. Deswegen war ich im früheren Leben womöglich Wikinger oder hatte sogar Verbindungen zu Atlan-

PROBIER'S MAL AUS!

Suche dir im Internet ein Wurmloch in die Vergangenheit: Google nach Videos oder Audiodateien mit geleiteten Meditationen zur Rückführung in frühere Leben und suche eine Stimme oder Tonspur aus, die dir zusagt. Lege dich gemütlich auf deine Couch oder dein Bett und höre dir das Stück an. Bleibe dabei mit Geist und Körper offen, aufgeschlossen und werte nicht. Lasse alle Gerüche, Geräusche oder Visionen einfach geschehen. Sie können Hinweise auf dein früheres Leben geben.

tis. Ich lese sehr gerne etwas über diese Kulturen und Epochen und fühle mich ihnen tief verbunden. Indem wir uns mittels unserer Akasha-Chronik mehr über unsere früheren Leben informieren, können wir lernen, proaktiver zu werden und uns unerklärliche Verbindungen zu Menschen, Orten und Dingen in unserem Leben erklären.

Denke für den Anfang einmal an ein Land, zu dem du eine starke Bindung verspürst, geschichtliche Epochen, die dich interessieren, und Menschen, die dich anziehen. Dadurch bekommst du Hinweise auf dein früheres Leben. Solltest du den Eindruck haben, als würdest du dich mit nichts wirklich verbunden fühlen, schlage ich dir ganz nachdrücklich eine Rückführung in die früheren Leben vor. Ich habe das einmal bei einem Hypnosemeister namens Eli in Miami gemacht. Damals war ich zwar neugierig, aber gleichzeitig auch total skeptisch. Ich sagte Eli, dass ich seine Fähigkeit, mich zu hypnotisieren, bezweifele. Aber diese Erfahrung schockierte mich dann buchstäblich bis ins Mark. Während ich Eli zuhörte, der mit ruhiger Stimme zu mir sprach und mich durch eins meiner früheren Leben führte, konnte ich spüren, wie mein Körper geschüttelt wurde, als ich zu einem Leben gebracht wurde, das ich nie zuvor gesehen oder gespürt hatte. Ich konnte hören, dass die Menschen eine andere Sprache verwendeten. Sie hörte sich serbokroatisch an, von dem, was ich erkennen konnte … und ich konnte alles verstehen! Ich war in einem Körper; ich konnte meine Füße beim Gehen beobachten, konnte riechen, was die anderen Menschen rochen, und hören, was sie hörten. Ich trug schmuddelige braune Lederstiefel, die meine Füße nicht richtig warm hielten, und bemühte mich, auf den vereisten Pflastersteinen nicht auszurutschen. Die Straßen waren mit dreckigem Eis vom Schneeregen bedeckt, und das Geräusch der Pferde und Wagen auf der alten Straße hallte in meinen Ohren wider. Ich konnte hören, wie Eli ganz weit entfernt im Hintergrund die ganze Zeit über flüsterte und mich dazu aufforderte, auf die Menschen um mich herum zu achten und ihnen in die Augen zu blicken.

Die Erinnerung sprang vorwärts, ich stellte gerade das Abendessen auf einen blanken, abgenutzten Küchentisch. Ich hatte große, starke Hände und war ein Mann. Zwei kleine Jungen saßen geduldig und ruhig am Tisch. Sie hatten ganz offensichtlich Angst zu sprechen oder sich zu bewegen. Ich grunzte und zeigte auf das Essen: eine einfache Schüssel voll mit klumpigem Kartoffelbrei. Ich fühlte mich schuldig, weil ich so kalt war, so lieblos.

Und wieder ein Sprung in der Erinnerung: Dieses Mal lehnte ich mich gegen eine Theke und sprach mit einem Freund flüssig in einer Fremdsprache, die mein wacher Geist immer noch nicht verstehen konnte. Ich redete von meiner verstorbenen Frau und dass ich weglaufen wollte. Ich erzählte, dass ich diese schäbigen Reste meines früheren Lebens nicht ausstehen konnte und keine Liebe für meine Kinder oder mich selbst übrig hatte. Ich fühlte mich schuldig, weil ich so kalt war, so lieblos.

Mit dem letzten Sprung in meiner Erinnerung war ich wieder im Haus angelangt. Meine Hände waren älter, und das Haus war gespenstisch still. Ich schaute auf Bilder meiner beiden Söhne, die nun erwachsen waren und selbst Familien hatten. Ich fühlte mich alleine, und mir war, als *verdiene* ich diese Einsamkeit. Ich fühlte mich schuldig, weil ich so kalt war, so lieblos.

Als ich aufwachte, war ich enttäuscht, dass ich so ein verdammt blöder Typ gewesen war, ein mürrischer Mensch, wie ich ihn in diesem Leben nicht ausstehen kann. Ich teilte Eli das mit, und er erklärte mir und erinnerte mich daran, dass ich damals noch eine jüngere Seele war, dass wir alle gute und schlechte frühere Leben hätten, aus denen wir verschiedene Dinge lernten, und dass mir diese Erinnerung gezeigt worden war, um mir meine Berufung in diesem Leben klarzumachen. Er sagte: »Später im Leben werden andere Erinnerungen durchkommen und dir nützlich sein. Sei nicht enttäuscht. Versuche einfach, etwas daraus zu lernen«. Nach langem Schweigen erzählte ich ihm, was ich meiner Meinung nach gelernt hatte: Selbst wenn du nichts mehr zu geben hast, kannst du dennoch immer deine Liebe mit anderen teilen. Seitdem versuche ich, jeden griesgrämigen alten Mann zu verstehen und zu lieben, auch wenn er mich angeraunzt oder angemault hat, weil ich mich daran erinnerte: *Liebe sie trotz allem, du weißt nicht, was sie gerade durchmachen.*

Also noch einmal: Was kannst du aus Lektionen lernen, die du in vergangenen Leben bereits erfahren hast? Ziemlich viel. Und warum sollte dich das interessieren? Na ja, sieh es einmal so, mein lieber Seelensucher-Kollege: Wenn wir auf diese Erfahrungen zugreifen können, warum sollten wir das nicht tun? Warum sollten wir nicht nach Nachrichten Ausschau halten, die uns vor sich ständig wiederholenden dummen Fehlern retten, oder nach Zeichen, die vielleicht bei gewissen Rätseln und Fragen, die in unserem Alltag immer wieder auftauchen, Licht ins Dunkle bringen? Wir können auf dieses himmlische Wissen auf zwei Arten zugreifen, es verarbeiten und verwenden: durch unsere Instinkte und durch unsere Intuition.

Unsere Erfahrungen lehren uns, dass wir vorprogrammiert sind, weil sich unsere Instinkte im Laufe der Evolution entwickelt haben: Dir stehen zum Beispiel die Nackenhaare zu Berge, wenn du eine dunkle Gasse entlangläufst. Intuition ist etwas weniger greifbar, aber dennoch äußerst wichtig. Du kennst das: Manchmal kannst du einfach *spüren*, ob jemand ein guter Mensch ist oder nicht, indem du ihm die Hand schüttelst. Genau das ist Intuition. Sowohl Instinkte als auch Intuition werden durch unsere früheren Leben beeinflusst.

Instinkt ist unser ererbtes Wissen, das durch die Evolution weitergegeben wird. Instinkt ist unsere angeborene Fähigkeit zu wissen, was gut und was schlecht ist: Wir spüren instinktiv Gefahr durch die feinste Veränderung in unserem Umfeld. Wir fühlen, wenn Dinge nicht in Ordnung sind. Unsere Körper können im Handumdrehen auf die Kampf-oder-Flucht-Reaktion umschalten. Zur Zeit der Höhlenmenschen waren Nahrungsmittel, Zuflucht und Sicherheit nicht gegeben. Deswegen war das Überleben ein ständiger Kampf. Einige Zeitgenossen leben immer noch dauerhaft in diesem Flucht-oder-Kampf-Modus, auch wenn es gar nicht notwendig ist. Das ist häufig ein Merkmal junger Seelen. Keine Angst.

PROBIER'S MAL AUS!
≫——→

Erstelle dir eine Karte für dein Leben. Beginne mit den Dingen, die du als Kind mochtest – von Eisenbahnen bis hin zu Prinzessinnen –, bis hin zu Ländern, die du gerne bereisen würdest, und Sprachen, die dich immer schon interessiert haben. Berücksichtige dabei auch die Sorte Mensch, die du vielleicht völlig grundlos einfach nicht magst und was diese Menschen miteinander gemeinsam haben. Schreibe deine Ängste auf, dein Lieblingstier, dein Lieblingsessen aus verschiedenen Ländern, was du gerne in deiner Freizeit machst – einfach alles, was dich interessiert, sowie Erinnerungen und Neigungen, die sich deutlich bemerkbar machen. Schreibe alles auf und schaue einmal, ob du dadurch Rückschlüsse auf deine früheren Leben ziehen kannst.

Das ist nichts Schlimmes! Es bedeutet nur, dass die Instinkte deiner Seele deinen Körper und Geist noch nicht genug Raum für Entwicklung gelassen haben, damit sie begreifen können, dass die Zeit der Höhlenmenschen vorbei ist. Wie unterstützt du den Wandel deiner Seele, damit sie sich nicht mehr allein auf Instinkte verlassen muss? Lerne aus deinen früheren Leben und von den Gewohnheiten älterer Seelen.

Wie erkennst du eine alte Seele? Die ältere Seele hat schon viel mitgemacht und ist durch Leben gegangen, um die Geschichte wieder und wieder zu erzählen. Diese Seele hat viele Schmerzen, Herausforderungen und Not erlebt und ist daran gewachsen und weiser geworden, anstatt sich davon herunterziehen zu lassen und dazu verflucht zu sein, die gleichen Muster immer wieder zu wiederholen. Eine alte Seele wird mit den Herausforderungen der Welt spielend fertig, bahnt sich ihren Weg um sie herum oder arbeitet mit ihnen. Eine junge Seele hingegen bekämpft ebendiese Hindernisse.

Führe dir einmal die Herausforderungen in deinem Leben vor Augen. Genau, ich meine damit diesen einen Ex, der dir immer noch unter die Haut geht, diese fünf Kilo zu viel, die du einfach nicht loswirst, oder dieser nervige Kollege, der dich mit ausführlichen Berichten vom Wochenende nervt: Angebereien, die dich nicht die Bohne interessieren. Wie gehst du damit um? Lässt du dich davon beeinflussen oder bist du proaktiv und suchst nach Möglichkeiten, darüber hinwegzukommen und dich stärker mit Dingen zu beschäftigen, die deine wertvolle Zeit mehr verdienen? Denke einmal an besonders stressige Situationen, Menschen und Objekte. Lässt du dich von deinem Flucht-oder-Kampf-Instinkt überwältigen, anstatt dich den Gegebenheiten zu stellen? Ich möchte hier nicht wertend erscheinen, weil ich das auch ziemlich gut kenne und es mir manchmal immer noch passiert. Das kannst du mir glauben. Du darfst dich nicht verurteilen. Das ist ganz wichtig. Sei nachsichtig mit deiner Seele, sie lernt noch! Aber lass ihr auch keinen Quatsch durchgehen. So wächst deine Seele.

Wie sieht's mit der Intuition aus? Ich denke, dass Intuition stärker mit den früheren Leben deiner Seele verbunden ist als der Instinkt, obwohl der definitiv auch eine große Rolle spielt. Bei der Intuition wissen wir etwas, das wir einfach nicht wissen können. Wie jetzt? Ja klar, dieser Satz ist ein wenig widersprüchlich. Intuition ist dieser unerklärbare Sinn für reines Wissen, das du spürst, wenn dir alles in deinem Inneren davon abrät, jemandem zu trauen, einen anderen Weg zur Arbeit zu nehmen, mit jemandem zu sprechen, mit dem du normalerweise nicht sprechen würdest: So manifestieren sich deiner Seele direkte Botschaften der früheren Leben. Wenn du etwa ein überwältigendes Bauchgefühl bezüglich einer Verbindung zwischen zwei Freunden von dir hast, die sich nicht kennen und auch nichts gemeinsam haben. Du kannst es nicht erklären, aber du weißt einfach, dass sie sich prima verstehen würden. Deswegen stellst du sie einander vor. Einige Jahre später heiraten diese beiden Freunde dann. Du hast die Verbindung schon damals gespürt und du kannst es immer noch nicht erklären, aber es war einfach *da*. Deine Seele spricht ihre eigene Sprache, und sie wird auch zu dir sprechen, wenn du ihr zuhörst.

> »Vertraue auf deine Intuition und lasse dich auf dem Weg
> von deinen Instinkten leiten.«
>
> Gabrielle Bernstein

Wie aber erkennen wir den Unterschied zwischen Instinkten und Intuition? Wenn du dich in einem inneren Konflikt befindest, versuche Abstand zu gewinnen und dadurch eine neue Perspektive einzunehmen. Halte einen Augenblick inne, atme tief ein und frage dich dann: Was möchte meine Seele mir sagen? Handele ich körperlich (Instinkt) oder spirituell (Intuition)? Und warum tue ich das? Denke dran, von diesen Dingen ist nichts gut oder schlecht, sie sind einfach. Sowohl Instinkt als auch Intuition sind Sprachrohre, durch die deine Seele spricht. Höre auf die Wahrheit deiner Seele. Wenn du deine Seele sprechen lässt, wirst du dich in Zeiten innerer Konflikte viel besser unterstützt fühlen und klarer sehen, was deinen früheren Leben dir mitteilen wollen.

> »Der Grund, aus dem das Universum ewig ist, liegt darin, dass es nicht um seinetwillen existiert;
> es gibt anderen bei der Transformation Leben.«
>
> Lao Tse

Letztlich schreiben wir die Geschichte unserer Seele durch unsere Gedanken, Handlungen, Reaktionen, Emotionen und Abenteuer in diesem Leben und allen Leben davor und danach.

Die Akasha-Chronik ermöglicht uns, unsere Wahrnehmung der Vergangenheit, Gegenwart und Zukunft zu verändern. Niemand kann die Vergangenheit ändern, aber wir können von ihr lernen, und das beinhaltet auch, von unseren früheren Leben zu lernen. Wenn wir den Ursprung unserer Seelen verstehen und was sie bereits erfahren und gelernt haben, können wir einfacher mit unseren gegenwärtigen Prüfungen und Sorgen umgehen.

Wenn wir den Blick auf unser Leben ändern, ändert sich unser Leben. Unsere Leben sind wie Samen. Sie wachsen nur bei liebevoller Pflege. Je mehr Nährstoffe, Liebe und positive Energie wir aufnehmen, desto mehr wachsen wir. Deswegen fordere ich dich auf: Höre auf deine Intuition und deine Instinkte, aber lass dich nicht von ihnen beherrschen. Sei dir der Augenblicke bewusst, in denen du bemerkst, dass deine Seele von der astralen Ebene aus zu dir spricht. Verstehe, dass all die Antworten, nach denen du suchst, bereits in der Geschichte deiner Seele vorhanden sind, und du sie erfährst, wenn du nur neugierig bleibst und immer weiter fragst. Verwende sämtliche Hinweise, die du bekommen kannst, damit du der Mensch wirst, der du an diesem Punkt deiner Reise werden solltest. Warte nicht bis zum Ende deines Lebens, um deine Bestimmung auszuleben.

»Ansichten haben die Macht, etwas zu erschaffen, und auch die Kraft zur Zerstörung. Menschen haben die großartige Fähigkeit, jede Erfahrung ihres Lebens zu nehmen und daraus einen Sinn zu stiften, der sie entmachtet oder daraus eben einen Sinn zu stiften, der ihnen ganz buchstäblich das Leben retten kann.«

Tony Robbins

DEIN LICHTRAT UND DEINE SEELENPARTNER

Ich fand es immer witzig, dass selbst Menschen, die nicht an ein Leben nach dem Tod glauben, nicht religiös sind oder sich selbst nicht spirituell finden, trotzdem an Seelenpartner glauben. Dieser Glaube ist *zutiefst* in unserem kollektiven Bewusstsein verankert! Sprache und Metaphorik über Seelenverwandte finden sich in Liedern, Filmen, Fernsehserien, Büchern, Werbung und so weiter – abgesehen davon, dass dieses Konzept Teil der persönlichen Philosophie vieler Leute ist. Einige glauben, dass wir wiedergeboren werden und unsere Seelenverwandten dazu bestimmt sind, sich in jedem Leben mit uns zu verbinden. Andere glauben einfach daran, dass es »die eine« gibt, diese Zwillingsseele, die uns vervollständigt und der wir irgendwann in diesem Leben über den Weg laufen werden. Ich wette, du hast auch eine Freundin, die sich immer schon beim ersten Date verliebt und danach erklärt: »Er ist aber wirklich mein Seelenverwandter.«

Andere Menschen wiederum glauben an das Konzept von vielen möglichen Seelenverwandten, also dass nicht nur eine Person für uns bestimmt ist, sondern eher mehrere, die diese Rolle erfüllen können. Der romantische Liebesbegriff kann in unserer Seele eine Neugier entfachen, die sogar den bodenständigsten Seelensucher aufhorchen lässt. Die Idee, in der Liebe eine Verbindung zu erfahren, die glücklich, bedeutsam und vor allem spirituell tief greifend ist, führt uns zurück zum ursprünglichen Ausgangspunkt dieses Buches: dem Streben nach Güte in allen Dingen.

Als Seelensucher bist du schon seit Langem der Boss im Seelen-Business, auch in deinem Liebesleben. Denke mal drüber nach: Wie ein wahrer Chef bestimmst du die besten Menschen, die dich beraten und führen sollen und die Aufgaben erledigen, die du in deinem Leben erledigen musst. Dem besten Liebhaber weist du die Position des Partners zu, dem besten Berater die Stelle des besten Freundes und so weiter. Diese Truppe aus Beratern, Führern, Lehrern, Liebhabern, Freunden und Unterstützern bezeichne ich gerne als deinen Lichtrat: Menschen, die du zu deiner Unterstützung und zur Inspiration deines Lebens und deiner Seele auserwählt hast.

Hast du schon einmal jemanden getroffen und eine überwältigende Verbindung zu ihm oder ihr gespürt, einen dieser Augenblicke, in dem wir denken: *Sind wir uns schon einmal begegnet?* Und nein, ich meine nicht die unangenehme Anmache, sondern wirklich das Gefühl, dass wir jemanden von irgendwoher kennen. Das könnte passieren, weil dieser Mensch auf irgendeiner Ebene ein Seelenverwandter von dir ist. Ich sage nicht, dass du mit all diesen Menschen leidenschaftliche Affären eingehen solltest, das auf gar keinen Fall! Also, du könntest das natürlich machen, aber dabei suchst du nicht nach einem richtigen Seelenverwandten. Bei Seelenverwandten *kann* es sich um Liebhaber handeln, aber auch um Freunde und Familie deiner Seele: Seelen, die irgendwie in Verbindung mit dir stehen und Erfahrungen mit dir teilen, die vielleicht schon jahrhundertelang bestehen oder die vielleicht mitfühlende Gleichgesinnte sind. Und diese verwandten Seelen, Menschen, zu denen du dich hingezogen fühlst, denen du vertraust, denen du hoffnungslos verfallen bist, die du liebst und ja, traurigerweise manchmal auch hasst: Aus diesen Menschen besteht dein Lichtrat.

Häufig sind wir dazu bestimmt, Lektionen zu wiederholen, die wir in den vorherigen Leben noch nicht gelernt haben, und manchmal wiederholen sich diese Lehren auch für dieselben Seelen. Wo wird die große Liebe – auf diese Weise sehen die meisten von uns Seelenverwandte – Teil der kosmischen Gleichung? Ich persönlich habe die meiste Zeit meines erwachsenen Lebens auf Partnersuche völlig fixiert darauf verbracht, »den Einen« zu finden. Als ich zufälligerweise meine Spiritualität und meine Aufgabe als Seelensucher entdeckte, war ich sehr froh, als die anderen Seelensucher mir mitteilten, dass wir mehr als bloß einen Seelenverwandten im Leben haben können.

Während meiner Reisen kamen an einem Abend Mädels aus allen Ecken der Welt zusammen. Wir tranken Wein und sprachen über die Liebe, das Leben und was uns sonst noch beschäftigte. Ganz schnell waren wir beim Thema »gebrochene Herzen« angelangt. Ein Mädchen heulte herum, weil es die »Liebe des Lebens« verloren hatte. Da wurde die ganze Sache interessant: Etwa ein Drittel der Mädchen glaubte nicht an Seelenverwandte, ein Drittel glaubte daran, und das letzte Drittel glaubte an mehrere Seelengefährten. Damals war ich eher der Meinung, dass mein Ein und Alles irgendwo da draußen ist. Nun denke ich aber eher, dass ich mehrere Seelenverwandte haben kann, nicht zuletzt wegen dieses Abends. Eine junge Frau an jenem Abend, eine alte Seele, war geschieden und hatte jedes »Nach-der-Trennung-sein-Leben-wieder-auf-die-Reihe-bekommen«-Buch aus ihrer Bücherei gelesen. Sie erklärte mir, dass ein Seelenverwandter ein Mensch ist, mit dem wir uns in diesem Leben verbinden wollen, um etwas von ihm zu lernen: ein Treffen der Seelen mit einem Ziel. Wir können von vielen ähnlich gearteten Seelen lernen, weiblichen und männlichen, durch Freundschaften und Beziehungen gleichermaßen. Sie schloss mit folgendem Satz: »Dabei handelt es sich um eine Zwillingsflamme, von der wir nur eine bekommen, sie sind ziemlich schwer zu finden.«

Dies war eine ungeheuer befreiende und entspannende Information. Ich bemerkte schnell, dass dies für mich die Chancen auf meinen Seelenverwandten erhöhte. Bingo! Jedoch habe ich später dann erfahren, dass dies zwar wahr ist, das Universum aber auch dein Schicksal festlegt. Deswegen ist es egal, wie du deinen Lichtrat ausrichtest oder wie angestrengt du suchst. Seelenverwandte werden dir nicht auf die Türschwelle gelegt, solange du nicht bereit bist zu lernen, Erfahrungen zu machen und zu einer bestimmten Zeit und auf bestimmte Art zu wachsen. Wenn du alles gelernt hast, was dieser Seelenverwandte weiterzugeben hat, wird die Beziehung ganz natürlich ein Ende finden, damit du weiter wachsen und deinen nächsten Seelenverwandten finden kannst.

Geschichten von Seelenverwandten gibt es schon seit Tausenden von Jahren. Für viele von uns sind sie unausgesprochene, nicht erlernte und übernommene

Weisheiten, die uns versichern, dass unsere andere Hälfte oder eben die anderen Hälften existieren. Als Kinder entwickeln wir das Bewusstsein für romantische Liebe durch ein Zusammenspiel von Intuition, Instinkt und äußeren Einflüssen in Form von Disney-Filmen bis hin zu unseren Eltern, die sich einen Kuss geben. Plato schrieb in seinem *Symposion*, dass wir nach unserer anderen Hälfte suchen, seitdem Zeus die Wesen entzweite, die laut der Legende ursprünglich Kugelmenschen mit vier Beinen, vier Armen und einem Kopf mit zwei Gesichtern gewesen waren. Diese Kugelmenschen wollten die Götter angreifen, und die Götter rächten sich, indem sie die Menschen in zwei Teile aufspalteten und sie so dazu verfluchten, für immer auf der Suche nach der anderen Hälfte herumzuirren. Die Götter dachten sich, dass geteilte Körper und Seelen eher ihren Gegenpart finden, als dass sie die Herrschaft im Himmel an sich reißen wollen.[85] Na dann: Herzlichen Dank, Zeus, du ausgemachter Trottel.

Seitdem wir Menschen auf diesem Planeten leben, wird Romantik mit Spiritualität in Verbindung gebracht. Zusammen können sie uns Ganzheit, Verbundenheit und Erfüllung bringen. Viele Leute sind ein Leben lang zwischen großer Liebe und gebrochenem Herzen hin- und hergerissen. Die Buddhisten glauben, dass die Wurzel allen Übels im Festhalten liegt: Festhalten an Dingen, Ergebnissen, Menschen. In der Tat glauben viele Menschen, dass sexuelle Liebe auf dem Weg zur Erleuchtung hinderlich ist. Aber sämtliche Religionen betonen die Macht der Liebe in irgendeiner Form: sowohl die positiven als auch die negativen Aspekte. Aber eins ist sicher: Ohne Liebe, Romantik oder ähnliche Dinge können wir nicht leben. Als Seelensucher liegt unsere Bestimmung im Suchen und Finden, dabei sollten wir die Höhen, Tiefen und Lektionen der Liebe auf dem spirituellen Pfad dankend annehmen.

»Du solltest nicht nach Liebe suchen, sondern nur suchen und die ganzen Hindernisse in dir selbst entdecken, die du gegen sie errichtet hast.«

Rumi

Die alten Ägypter glaubten, dass der Geist oder die Seele im Atem liegt und dass ein Kuss Seelen vereint.[86] Die Geschichte von Zeus und dem Aufspalten der menschlichen Seele besagt, dass wahres Einssein nun durch Geschlechtsverkehr erreicht wird, eine physische Verbindung von zwei Körpern. Der heilige Augustinus glaubte, er sei »in die Liebe verliebt«, und wollte den Menschen helfen, indem er ihnen den Unterschied zwischen Liebe und Lust beibrachte, den er als Gratwanderung zwischen Genuss (Lust) und sich gegenseitig Fürsorge geben und sie empfangen (Liebe) wahrnahm. Er selbst fand seine Liebe durch seine Verbindung zur Spiritualität.

> **PROBIER'S MAL AUS!**
> ⟫⟶
> Nimm dir genau jetzt ein paar Minuten, um die Themen zu überdenken, die sich in deinen Beziehungen immer wieder wiederholt haben. Schreibe sie auf und habe den Zettel immer griffbereit, wenn du den Rest des Kapitels liest. Schaue einfach, was du lernst.

Wie ist es um deine Seelenreise in Sachen Liebe bestellt? Hast du aus deinen Lektionen und Beziehungen gelernt, oder bist du verbohrt und wiederholst immer wieder dieselben Fehler, ziehst dieselben Arten von Seelen und Beziehungen an, findest aber deine Seelenverwandten nicht? Du wirst weiterhin dieselben Dinge auf viele verschiedene Arten erleben, bis du die Lektion gelernt hast, die dein Geist lernen sollte. Wenn du beispielsweise Vertrauen lernen sollst, wird diese Fähigkeit in deinen Beziehungen immer wieder auf den Prüfstand gestellt. Dasselbe gilt für Geduld, Treue, Selbstlosigkeit und Mitgefühl: jede Eigenschaft, die deiner Seele fehlt. Du solltest dir selbst also einen riesigen Gefallen tun und offen sein, von diesen Erfahrungen zu lernen. Dies ist der Pfad, der dein Herz und deine Seele für deinen Lichtrat und die Seelenverwandten öffnet.

> »Wenn du von jemandem von ganzem Herzen geliebt wirst, verleiht dir das Stärke, wenn du jemanden von ganzem Herzen liebst, verleiht dir das Mut.«
> Lao Tse

EINE ERFAHRUNG AUS MEINEM LEBEN

Weil wir ja unsere Herzen öffnen wollen, würde ich dir gerne von meinem »verflixten« Kreislauf der Liebe erzählen, den ich erlebt habe, bevor ich mehr Weisheit erlangte. Seit meiner Kindheit war ich von Männern umgeben, die hinterhältig waren. Dieses Wort trifft es wohl am besten. Sie logen, hatten Geheimnisse, legten den Finger in meine Wunden und verletzten mich. Sie waren zwar nicht der Prototyp eines »Bad Boys«, aber sie waren zu intensiv, zu bedürftig oder zu fürsorglich, weswegen ich völlig das Interesse an ihnen verlor. Im Grunde waren meine Beziehungen nicht ausgeglichen.

Ich hatte mich davon überzeugt, dass die ganzen Grenzen, denen ich in Sachen Liebe gegenüberstand, eben einfach zu Beziehungen gehörten. Deswegen stürzte ich mich in eine Partnerschaft nach der anderen, denen es allesamt an Verbindung, Tiefe und Verständnis fehlte, vor allem aber an Liebe. Während einer solchen Partnerschaft wollte mir das Universum zeigen, dass diese Beziehung mir nichts mehr brachte, indem es den Weg besonders steinig gestaltete: Mein Partner und ich stritten ununterbrochen, alles war schwierig, nichts war einfach, an so etwas wie Spaß war nicht zu denken. Ich war vielleicht zehn Prozent der Zeit glücklich. Dann kam das Wort »Hochzeit« ins Spiel, aber das laute »*Neeeeein!*« meiner Seele brachte mich dazu, mich aus der Beziehung zu befreien, die Verlobung zu lösen und jemanden zu verlassen, den ich schon irgendwie liebte, der aber kein Seelenverwandter war.

Zahlreiche Zeichen halfen mir beim Schlussmachen, einige waren leichter zu erkennen als andere. Der erste Hinweis war mein Horoskop von einem Astrologen, das mich vor meiner Saturn-Wiederkehr warnte. Der Astrologe meinte, dass sich alles zuspitzen würde, wobei ich ein schlechtes Bauchgefühl hatte. Diese Dinge würden sich immer wiederholen, wenn ich mich ihnen nicht stellte. Als er mir das sagte, schrie meine Seele geradezu: »Emma, es ist vorbei!«

»Was ist vorbei?«, fragte ich mich, obwohl ich im Herzen bereits wusste, was meine Seele mir mitteilen wollte. Ich war aber noch nicht dazu bereit, mich der Angelegenheit zu stellen. »Deine Beziehung«, entgegnete meine Seele, »aber das wusstest du doch schon, oder?« Das zweite Zeichen erhielt ich durch

Engelkarten, die ich am Abend vor meinem endgültigen Abschied zog. Die Karte war einfach, laut und deutlich: »Zeit zu gehen«. Da konnte ich kaum etwas anderes hineininterpretieren. Das letzte Zeichen war schließlich ein Lied im Radio, als ich wegfuhr, um meinen Partner zu verlassen. Der Text lautete: »Das war's mit uns« und wurde immer wieder zu einer sehr fröhlichen, optimistischen Melodie wiederholt. Ich fühlte mich wieder auf dem richtigen Weg zu meinem Seelenverwandten, trotz des Schmerzes, den ich in diesem Augenblick verspürte. Es war zwar nicht leicht, aber ich hatte den Kreislauf durchbrochen.

Heutzutage kann die Suche nach dem Seelenzwilling ziemlich schwierig sein. Klar, Internet-Dating, die mobile Dating-App Tinder, Single-Börsen und diese ganzen Dinge *können* hilfreich sein. Aber mit dem ganzen Lärm, Druck und der Angst, die bei der Partnersuche mitschwingt, kann es auch anstrengend werden! Der Trick bei der ganzen Sache ist in meinen Augen, sich weniger von Zeitdruck und den Erwartungen der Gesellschaft und deiner Familie stressen zu lassen, als sich stärker auf das Finden eines Seelenverwandten zu konzentrieren, der zu dir passt. Melde dich für Kurse an, gehe in einen Sportverein

PROBIER'S MAL AUS!

»———→

Schreibe eine Liste mit Eigenschaften auf, die dir bei einem Seelenverwandten wichtig sind. Sei ganz konkret und deutlich bei den Dingen, die du willst oder die du nicht willst, die du hinnehmen oder nicht hinnehmen kannst, was du unbedingt haben willst oder welche Eigenschaften für dich gar nicht gehen. Bevor du mit Freunden etwas trinken oder sonntags morgens zum Discgolf gehst, solltest du die Liste durchlesen, damit du alle Punkte vor Augen hast. Hast du jemanden entdeckt, der einige gute Eigenschaften zu bieten hat? Verwickele ihn in eine Unterhaltung und schaue einmal, wo das hinführt. Denke dran: Du bekommst nur das, von dem du glaubst, dass du es verdienst, verkaufe dich deswegen nicht unter Wert. Glaubst du, dass du jemand Grandiosen verdienst? Das tust du auf alle Fälle! Und das Universum wird zuhören und dir so jemanden präsentieren, wenn du keine Kompromisse eingehst: Du weißt, was du verdienst.

oder in einen Lesezirkel, nimm Tauchstunden, erlerne eine Sprache, gehe in Klausur oder mache eine Wanderung: Umgib dich mit ähnlich denkenden Seelen und sieh, was passiert. Eine Sache ist ganz sicher: Wenn du es nie ausprobierst, wirst du es auch nie herausfinden.

Weil ich meine Weisheiten auf meinem Weg mit den Seelensuchern teilen will, findest du weiter unten meine persönliche Liste, die ich in meinem Tagebuch niedergeschrieben habe. Ich hoffe, diese Worte helfen dir auf deinem Weg, einen Partner zu finden, der deinen Erwartungen entspricht. Nachdem ich diese Liste verfasst hatte, dauerte es nur vier Tage, bevor sie sich zu einem Partner manifestierte. Als er in mein Leben kam, fiel mir der Unterkiefer hinunter. Er verkörperte nicht nur sämtliche Punkte auf meiner Liste. Ich fühlte mich auch, als hätte das Universum meine Bestellung fast schon über-erfüllt und mit Sahnehäubchen, Streuseln und einer Kirsche garniert, weil ich meine Prioritäten ganz klipp und klar kommuniziert hatte. Also, Freunde, schreibt eure eigene Liste und macht euch dann auf eine Lieferung aus dem Universum gefasst.

Mein Seelenverwandter – oder besser noch meine Zwillingsflamme – verfügt über die folgenden Eigenschaften, und ich bitte das Universum, mich mit ihm zu verbinden.

▸ Respektvoll
▸ Liebevoll
▸ Zärtlich
▸ Loyal
▸ Ehrlich
▸ Bewundernd
▸ Romantisch
▸ Rücksichtsvoll
▸ Aktiv
▸ Gebildet
▸ Möchte Kinder
▸ Unterstützend

▸ Verständnisvoll
▸ Gemeinsame Liebe zum Wasser
▸ Gemeinsame Liebe zur Umwelt und für Tiere
▸ Lustig, muss mich zum Lachen bringen
▸ Seelenverwandter, muss eine besondere Verbindung bestehen
▸ Erfolgreich, muss seine Arbeit lieben

- ▶ Offen für Spiritualität
- ▶ Ein wenig wie ein Höhlen-
  mensch, männlich mit einem

Dreitagebart – ist nicht ganz
unbedingt notwendig, wäre
aber schön!

Aber wir sollten mit der Liste nicht aufhören, meine Lieben. Vor uns liegt noch ein langer Weg. Zusätzlich gibt es einige Dinge, mit denen wir unsere Energieebene hochhalten können, damit wir Menschen mit derselben Menge an Energie anziehen. Hier sind einige Tipps, die dich dabei unterstützen, dich auf den Weg zu machen und auch bei der Sache zu bleiben.

HERZ-MANTRA

Hokuspokus-Skala: ▲ ▲ ▲ ▲ ▲ ▲ ▲ ▲ ▲ ▲
Entdeckungs-Skala: ▲ ▲ ▲ ▲ ▲ ▲ ▲ ▲ ▲ ▲

Wie wir bereits im ersten Teil gelernt haben, sind Affirmationen und Mantras sehr wirksam! Sieh sie als Zaubersprüche: Gesänge, die ins Universum geschickt werden und deine Wünsche zum Leben erwecken und zum Durchstarten bringen. Du kannst dir die Affirmationen einfach nur denken, sie dir vorsagen oder sie an einen Spiegel hängen oder sie dir jeden Tag zur selben Zeit als Erinnerung in deinem PC oder Smartphone einprogrammieren – am besten um 11:11 Uhr, der Wunschstunde. Egal, was du machst, fokussiere dich auf jeden Fall darauf, vor allem dich selbst zu öffnen, zu heilen und zu lieben. Wahre Selbstliebe ist wirklich der erste Schritt in Richtung der Liebe, die du anderswo suchst.

Einige gute Beispiele für Mantras sind:

Ich öffne mein Herz, um Liebe zu empfangen.
Ich verdiene Liebe.
Ich erschaffe die Liebe, die ich empfangen möchte.
Liebe fließt ganz einfach und natürlich von und zu mir.
Ich bin Liebe.

HERZÖFFNER / GANZES RAD

Hokuspokus-Skala: ▲▲▲▲▲▲▲▲▲▲
Entdeckungs-Skala: ▲▲▲▲▲▲▲▲▲▲

Diese Asana ist super, wenn du eher ein Macher als ein Denker bist. Du kannst dein Herz von jetzt auf gleich wieder auf Trab bringen. Im Yoga werden Rückbeugen im Allgemeinen und das Ganze Rad im Besonderen als Herzöffner bezeichnet. Bei dieser Asana liegst du auf dem Rücken und setzt die Füße nah am Becken auf. Die Handflächen pressen unter den Schultern in den Boden und drücken deinen Körper nach oben, bis du wie eine Brücke aussiehst. Diese Position öffnet – wie gesagt – dein Herz-Chakra, regt die Durchblutung an, entspannt und erneuert das Herz-Energiezentrum des Körpers. Diese Stellung solltest du am Anfang besser unter Anleitung üben.

TIEFE GEFÜHLE

Hokuspokus-Skala: ▲▲▲▲▲▲▲▲▲▲
Entdeckungs-Skala: ▲▲▲▲▲▲▲▲▲▲

Was rührt dich zutiefst? Halte die Ohren offen für Musik, die Botschaften für dich hat: Was sollst du tun, was nicht? Wohin sollst du gehen, wie sollst du sein und wie solltest du die Welt sehen? Diese musikalischen Nachrichten geben dir Hinweise darauf, wo du deine Seelenverwandten finden kannst. Siehe das Ganze als musikalische Schatzsuche. Viele spirituelle Führer haben einen ausgeprägten Sinn für Humor und werden wissen, was bei dir ankommt oder zu dir »singt«. Tue dir deswegen einen Gefallen und höre Musik eher mit dem Bauch als mit den Ohren. Einmal, als ich mich gerade aufs Ausgehen vorbereitete, war ich ganz furchtbar aufgeregt wegen dieses Dates. Ich durchforstete meinen ganzen Kleiderschrank, weil ich ein Outfit mit einer Aussage anziehen wollte, als ein Lied über einen Engel in Bluejeans gespielt wurde. Das Date war toll, und ich fühlte mich super.

HERZ-FENG-SHUI

Hokuspokus-Skala:
Entdeckungs-Skala:

Erinnerst du dich noch an das Kapitel über Feng-Shui? Dort haben wir gelernt, dass bestimmte Gegenstände in einem Raum in der hinteren rechten Ecke, die symbolisch für etwas stehen, bestimmte Beziehungen in unseren Liebesbeziehungen anziehen.

Dies gilt besonders für die Suche nach unserem Seelenverwandten.

PROBIER'S MAL AUS!

Stelle dich in die Tür mit Blick in den Raum und achte darauf, was sich in der äußerst rechten Ecke deines Zimmers befindet. Denke nun darüber nach, was du in einer Beziehung willst. Liebe, Leidenschaft, Zärtlichkeit, Unterstützung, Abenteuer? Du könntest alles in diese Ecke legen, angefangen von Reiseliteratur, falls du einen Partner möchtest, der gerne Dinge entdeckt, dein Surfbrett oder deine Sportausrüstung, falls du eine actionreiche Partnerschaft anstrebst, ein Buch mit berühmten Liebesbriefen, die Wunschliste an deinen Seelenverwandten und viel mehr. Persönlicher Tipp: Lege einen Bergkristall in diese Ecke, um sämtliche negative Energie aus unseren alten Beziehungen zu beseitigen und den Weg zu deiner neuen Partnerschaft zu reinigen. Das ist so großartig an vielen dieser spirituellen Praktiken, die wir entdecken: Du kannst sie so kombinieren, wie es dir beliebt.

LIEBE OHNE ERWARTETE GEGENLIEBE

Hokuspokus-Skala:
Entdeckungs-Skala: ▲▲▲▲▲▲▲▲▲▲

Wenn es uns an Liebe fehlt, sind wir einsam. Deswegen suchen wir natürlich Möglichkeiten, dieses Bedürfnis zu befriedigen. Wir haben Schmerzen, weil wir im Leben etwas vermissen. Deswegen verkriechen wir uns in unserem Inneren, anstatt uns nach draußen zu orientieren. Diese Reaktion ist zwar ganz natürlich, wird uns aber auf lange Sicht nie zu etwas Positivem führen.

Falls du einsam bist, sehnsuchtsvoll, deine Seele schmerzt, du ein gebrochenes Herz hast oder im Allgemeinen in Liebesdingen einfach gerade nicht gut dran bist, habe ich einen Rat für dich: Werde eine Liebesschlampe. Ähm, wie bitte? Gut, das kommt jetzt ein wenig komisch rüber … aber warte, ich erkläre es dir: Biete deine Liebe, Komplimente, dein Lächeln und deine Positivität so vielen Menschen wie möglich an und tue dies so häufig, wie du kannst. Du bekommst zurück, was du in die Welt hinausgibst. Und schließlich wird dir deine positive Energie positive Dinge zurückgeben, wie ein kosmischer Bumerang. Der Schlüssel hierbei ist, dich davon zu befreien, Dinge als Gegenleistung zu verlangen. Du weißt schon, genau, wie man immer genau dann etwas findet, wenn man nicht angestrengt danach sucht, oder dir etwas in den Schoß fällt, das du schon lange schmerzlich benötigst, wenn du es am wenigsten erwartest? So funktioniert das hier auch. Also, stelle dein Herz an die erste Stelle und gute Dinge und Menschen werden zu dir und in dein Leben gezogen werden.

Nun, fühlst du dich geliebt? Ach, du bist ein ganz schönes Sensibelchen. Die wichtigste Rolle eines Seelensuchers besteht darin, immer weiter zu suchen und nie den Glauben zu verlieren. Falls du also den Gedanken an deinen Seelenverwandten oder die Zwillingsflamme schon aufgegeben hast: Nix da, meine Liebe! Okay, ich kann dir nicht lange böse sein, aber wollen wir doch einmal ehrlich sein: Falls ich gerade vor dir stünde, würde ich dich durchschütteln, ganz nett gemeint. Warum ich das tun würde? Na, weil ich sehen will, ob du *wach* bist. Nicht nur wach, weil du die Augen offen hast, sondern wirklich und wahrhaftig wach: In deinem Körper, deinem Kopf und deinem Geist. Denn so müssen wir sein, damit wir Seelenverwandte in unserem Leben willkommen heißen können. Behalte deswegen Augen, Geist und Herz offen. Richte dich nach außen aus, denke drüber nach, wünsch dir einen Seelenpartner und handele danach. Ein letztes Geständnis einer gleich gesinnten Seelensucherin, dann geht's auch schon weiter: Erinnerst du dich, wie ich dir erzählte, dass ich eine Liste erstellt habe und dann meinen Seelenverwandten und meine Zwillingsflamme gefunden habe? Rate doch mal, wo ich den Kerl aufgestöbert habe! Das bleibt aber unter uns, versprochen? Tinder. Also los, präsentiere dich auf dem Markt für Seelenverwandte und lass das Zeichen »Zimmer frei« aus deinem Herzen leuchten. Und versprich mir eins: Du darfst niemals mit dem Suchen aufhören.

> »Man liebt, weil man liebt.
> Dafür gibt es keinen Grund.«
> Paulo Coelho

DEINE SCHUTZZEREMONIE

Als Seelensucher agierst du im Alltag auf einer höheren Schwingung als die meisten Menschen in deinem Umfeld, und das ist in Ordnung so. Einige spüren diese stärkeren Vibrationen, werden davon angezogen und sind neugierig, weil dein Glück sie anlockt. Bei anderen ist das nicht der Fall. Sie werden sich über dich lustig machen, die Augen verdrehen und weiterziehen. Nicht bei jedem ist spirituelle Erleuchtung ein Teil der Bestimmung. Diese Menschen solltest du einfach gehen lassen, ohne dass die eine oder andere Partei verletzt wird.

Manchmal wird dich diese negative Energie allerdings, egal, wie sehr du dich dagegen sträubst, von einzelnen Menschen, Ereignissen oder sogar der Welt an sich, herunterziehen und dich von deiner Seelensuche ablenken. Wie bei allen Dingen im Leben muss alles im Gleichgewicht bleiben. Deswegen hilft dir dieses Kapitel dabei, mit negativen oder dunklen Energien aus dem Alltag umzugehen oder dich vor ihnen zu schützen.

> »Menschen nehmen unterschiedliche Wege auf der Suche nach Erfüllung und Glück.
> Nur weil sie sich nicht auf deinem Weg befinden, heißt das nicht, dass sie verloren sind.«
> Seine Heiligkeit der Dalai-Lama

Als ich dieses Buch schrieb, wurde ich häufig mit wertenden Meinungen konfrontiert, oft von Menschen, von denen ich es am wenigsten erwartet hätte. Diese Bewertungen erweckten in mir das Gefühl, das ich als Kind hatte, wenn mich ein Erwachsener so ansah, als hätte ich etwas getan, was nicht gefiel, nicht unbedingt etwas Schlimmes, einfach etwas, von dem sie dachten, dass es die

Zeit und Energie nicht wert sei. Klar, das schmerzt nicht wie ein Schlag ins Gesicht, kann aber deine Seele trotzdem verletzen. Ich konnte den Hieb spüren, wie eine negative Flutwelle, die über mich hinwegschwappte und mich mit sich zog.

Du solltest wissen, dass sich auf deinem Weg zu einem neuen Sinn für Spiritualität und einer helleren, fröhlicheren und umfassenderen Sicht auf die Welt Menschen – sogar spirituelle Menschen – durch dein Licht bedroht fühlen und deine Ansichten und Praktiken infrage stellen könnten. Lass sie einfach. Wichtig ist, dass du daran denkst. Ich schlage dir vor, dass du das zu deinem Mantra singst, wenn du mit dieser Art von Negativität konfrontiert wirst, dass – auch wenn wir einen Teil des Weges gemeinsam gehen – die spirituelle Reise an sich dennoch jeder für sich alleine unternimmt. Ich würde sogar sagen, dass jemand, der deine Herangehensweise an die Spiritualität falsch findet, selbst gar kein spiritueller Mensch ist. Die Meinungen und Ansichten über dich und deine Spiritualität haben nichts mit dir zu tun. Also nimm sie einfach hin, auch wenn das manchmal sehr hart sein kann! Wie der Schriftsteller Paulo Coelho sagte: »Der Grund, warum Kritiken mich nicht treffen, ist der, dass ich eben ich bin. Wenn ich es nicht wäre, wenn ich so tun würde, als wäre ich jemand anderes, dann könnte meine Welt aus dem Gleichgewicht geraten, aber ich weiß, wer ich bin.«[87]

Eine der bahnbrechendsten Dinge, die ich auf meinem spirituellen Weg lernte, waren Schutztechniken. Ich war völlig begeistert, als ich erfuhr, dass wir eine kosmische Supermacht anzapfen können, die einen unsichtbar, undurchdringbar und unbesiegbar gegenüber all den Neinsagern, Meckerern und Überbringern von negativer Energie dort draußen macht. Meine Freunde und ich nennen es »weißes Licht«. Diese Techniken verändern deinen Umgang mit Energievampiren und sie lassen sich – wie ich finde – auch wunderbar für Harmonie am Arbeitsplatz, Familienzusammenkünfte wie beispielsweise Urlaube und für Konfliktbewältigungsstrategien jeglicher Art nutzen.

SCHUTZ DURCH ENGEL

Hokuspokus-Skala:
Entdeckungs-Skala:

Hierbei musst du dich einfach an deine spirituellen Führer wenden und sie um Schutz bitten. Erzengel Michael ist ein Schutzengel. Falls du also wirklich Unterstützung brauchst, bitte ihn darum, an deiner Seite zu bleiben. Du kannst ihn darum bitten, seine Flügel um dich zu legen, damit du vor Angriffen und Negativität geschützt wirst, oder auch über dich zu wachen, während du reist oder einfach deinen Alltag bestreitest. Weiterhin kannst du mit deinen Engelskarten ganz wunderbar um Schutz bitten. Verwende sie dazu, dich an einem sicheren Ort zu erden und dich wieder mit deinen Engelsführern zu verbinden.

LICHTSCHUTZ

Hokuspokus-Skala:
Entdeckungs-Skala:

Beim Lichtschutz gibt es verschiedene Schattierungen und Farbtöne, ähnlich wie bei den verschiedenen Aurafarben und Chakras. Jede Farbe kann uns auf unterschiedliche Weise beschützen. Ich begebe mich gerne an einen ruhigen, abgeschirmten Ort, halte die Hände über den Kopf, die Handflächen berühren sich. Dann visualisiere ich einen Lichtstrahl, der aus meinen Fingerspitzen in den Himmel schießt. Wenn ich die Farbe sehen kann, die ich in jenem Augenblick benötige, öffne ich langsam die Hände und erschaffe einen großen, sich langsam drehenden Lichtkreis, der mich umgibt. Manchmal prickeln meine Fingerspitzen sogar dabei.

Hier sind einige Farben, die wir visualisieren können, um positive, beschützende Energien anzuziehen:

Weißes Licht: Das Reinste vom Reinen. Weißes Licht ist die Farbe für den ultimativen Schutz, weil weißes Licht von nichts durchdrungen werden kann. Du kannst dich, dein Auto, dein Zuhause oder sonstigen materiellen Besitz damit umgeben, und es wird dich und diese Dinge vor Schaden und Diebstahl bewahren.

Pinkes Licht: Stelle dir vor, selbst in einer Liebesblase zu sein. Pinkes Licht ist der Schutzschild, den nur die Liebe selbst durchdringen kann. Pinkes Licht ist ein großartiger Schutz, wenn wir von negativen, passiven-aggressiven Menschen oder sogar Tyrannen umgeben sind.

Grünes Licht: Grünes Licht steht für Heilung und wird als erste Hilfe für Menschen verwendet, die krank sind, kaputt oder besonders viel Energie und Unterstützung brauchen. Grün ist außerdem die Farbe des Erzengels Raphael, eines Engels der Heilung. Wenn du an Grün denkst oder die Farbe siehst, erscheint er für gewöhnlich auch.

> **PROBIER'S MAL AUS!**
> ≫——→
>
> Falls Lichtschutz zu dir passt, empfehle ich dir Bücher über verschiedene Farben, Schutzschilde, Kreise und Pyramiden, die du zu deinem Schutz verwenden kannst. Die Beispiele hier sind drei einfache Farbschutzschilde für den Einstieg, die jeder kennen sollte. Es gibt noch zahlreiche andere Schilde. Deswegen empfehle ich dir dringend, auch andere Methoden und Schutztechniken auszuprobieren. Es gibt nahezu endlose Praktiken und Farben. Sie können dir in deinem Alltag sehr helfen.[88]

SCHUTZ DURCH KRISTALLE UND EDELSTEINE

Hokuspokus-Skala: ▲▲▲▲▲▲▲▲▲▲
Entdeckungs-Skala: ▲▲▲▲▲▲▲▲▲▲

Komm, wir sagen es noch mal gemeinsam: Je mehr Kristalle, desto besser! Wie beim Schutz durch Licht ist die Liste für Schutzmöglichkeiten durch Kristalle und Edelsteine schier endlos. Deswegen rate ich dir, dich eingehender mit diesem Thema zu beschäftigen, falls es zu dir passt. Schutz durch Kristalle ist eine wirklich großartige Schutzpraxis, die du nahezu mühelos in deinen Alltag einbauen kannst: Du kannst einen Kristall in deiner Hosen- oder Handtasche mit dir führen, ihn auf deinen Nachttisch legen oder ihn sogar am Körper tragen, um dich vor Negativität oder schmerzhaften Situationen zu schützen. Ich habe einige Beispiele für dich aufgeführt, die dir zeigen, wie du an die Sache herangehen kannst. Du kannst aber auch in Kapitel 2 die Informationen über Kristalle und Edelsteine nachlesen, um davon einen ersten Eindruck zu bekommen.

PROBIER'S MAL AUS!

»———→

Suche dir einen Kristall aus, der dich besonders anspricht – Liebe, Mut, Frieden, was auch immer deine Seele im Augenblick am meisten braucht, und kaufe zwei Exemplare davon. Gib den anderen Kristall einem Freund, einem Liebhaber oder einem Familienmitglied. Wage es und sage ehrlich, was dir der Kristall bedeutet und was es für dich bedeutet, dass eine wichtige Person in deinem Leben den Zwilling dieses Steins hat. Eine Freundin von mir gab ihrer Mutter einen kleinen Rosenquarz für das Portemonnaie, nachdem die Mutter einen Herzinfarkt erlitten hatte, von dem sie sich glücklicherweise wieder völlig erholte. Die Freundin trägt denselben Stein in ihrer Geldbörse, deswegen sind diese beiden Herzen stets miteinander verbunden!

Bernstein: Die alten Römer verwendeten Bernstein, um bei Schlachten zu siegen. Bernstein zieht Glück an und löst negative Energien auf. Es eignet sich also hervorragend zum Schutz im Alltag.

Achat: Eignet sich für Feng-Shui zu Hause oder im Büro, weil es für den Ausgleich von Energien und eine reine Wahrnehmung sorgt. Es wirkt außerdem reinigend und schützt vor negativen Energien. Achat ist zudem ein besonders guter Stein für den Schutz von Kindern.

Tigerauge: Mein Lieblingsstein! Tigerauge ist ein energetisierender Stein der Reinigung, des Ausgleichs. Er strahlt Schutzenergie in Form eines wachsamen Auges aus, damit du dich immer geerdet, sicher und stabil fühlst, was dein Tag auch bringen mag.

Bergkristall: Wenn sich in deinem Schlafzimmer kein Bergkristall befindet, solltest du dieses Buch aus der Hand legen und direkt einen kaufen. Hänge ihn ans Fenster, damit die Sonne ihn täglich aufladen kann, dein Schlafzimmer vor negativer Energie geschützt ist und einen sauberen, sicheren, harmonischer Rückzugsort für dich darstellt, an dem du dich erholen kannst.

Rosenquarz: Nimm einen Rosenquarz mit oder lege ihn unter dein Kissen, wenn du in allen Bereichen deines Lebens bedingungslose Liebe willkommen heißen willst. Rosenquarz ist mit dem Herz-Chakra verbunden und unterstützt und verbessert sämtliche Arten der Liebe, von sexueller und romantischer bis hin zu familiärer und gemeinschaftsorientierter Liebe.

ABNABELUNG VON NEGATIVITÄT

Hokuspokus-Skala: ▲▲▲▲▲▲▲▲▲▲
Entdeckungs-Skala: ▲▲▲▲▲▲▲▲▲▲

Unsere instinktive Kampf-oder-Flucht-Reaktion löst ein Bedürfnis nach Schutz aus, wenn unser Kopf, Körper und die Seele uns sagen, dass ein Mensch oder eine Situation potenziell gefährlich ist. Angst ist ein gängiger Energiefresser für jeden von uns und es ist wichtig, dass wir sämtliche Verbindungen reduzieren, vor denen wir womöglich Angst haben, um sicherzustellen, dass wir unsere Energie nicht unnötig verschwenden.

Eine energetische Verbindung ist wie eine emotionale Nabelschnur zwischen dir und den Menschen in deinem Leben. Diese Verflechtungen sind natürlich und können äußerst positiv und bereichernd sein. Jedoch sollten wir von Zeit zu Zeit die Bänder untersuchen und eventuell kappen, damit Menschen, die uns nicht länger dienlich sind, auch nicht mehr energetisch mit uns verbunden sind. Um eine energetische Nabelschnur durchzuschneiden, müssen wir nur … einfach loslassen! Lass es gehen, schmeiß es weg, lösche es, verwerfe es. Lass es zu Staub verfallen: Simsalabim! Du kannst auch deine Guides um Hilfe bei diesem Abbruch bitten oder dir einfach ein kleines Gebet oder Mantra aufsagen und dabei etwas reinigenden Salbei verbrennen, womit du das Loslassen von der runterziehende Negativität in deinem Leben besiegelst. Du musst an den

PROBIER'S MAL AUS!

Es sagt sich so leicht, dass wir einen negativen Menschen nicht mehr in unserem Leben haben wollen. Aber was ist mit der Umsetzung? Das ist einfacher gesagt als getan. Mein Rat an dich: Sei ehrlich, selbst wenn es schwierig ist und Gefühle verletzt. Richte den Fokus auf dich und deine Bedürfnisse, nicht auf die vergiftete Person. Wenn du beispielsweise den Kontakt zu einem alten Freund abbrechen möchtest, der inzwischen eher zum Feind geworden ist, oder auch zu einem Familienmitglied, das dir immer schon Schmerzen bereitet hat, bei dem du aber nie den Mut hattest, ihn oder sie zurechtzuweisen, versuche es doch einmal mit diesen Worten: »Ich will dir keine Schmerzen verursachen oder dich verletzen, aber ich verspüre gerade in meinem Leben das Bedürfnis, mich von deiner Energie fernzuhalten, um mich auf mein eigenes Wachstum und meinen Frieden zu konzentrieren. Lass es dir gut gehen und denke daran, dass ich dir nichts Schlechtes wünsche.«

Menschen denken, mit dem du nicht mehr verbunden sein willst, während du dein persönliches Ablöseritual durchführst. Dabei bittest darum, dass das Band durchgeschnitten wird. Am besten sprichst du diesen Wunsch laut aus, damit deine spirituellen Führer dich hören und dir eine helfende Hand reichen können.

> »Wir müssen davon ausgehen, dass jedes Ereignis bedeutsam ist und eine Nachricht enthält, die für unsere Fragen relevant ist … Das trifft insbesondere auf sogenannte schlechte Dinge zu … Die Herausforderung liegt darin, den Silberstreifen in jeder Handlung zu finden, egal, wie negativ sie auch sein mag.«
> James Redfield

Negativität ist ganz offensichtlich etwas ziemlich Fieses. Wir müssen aber auch daran denken, dass wir auf unserem Weg zur spirituellen Güte immer einen Ausgleich benötigen: Glück braucht Traurigkeit, gute Energie benötigt schlechte Energie, Liebe braucht sogar Hass. Wenn du anfängst, dich von negativen Einflüssen in deinem Leben zu befreien, wird es dich schockieren, nach wie kurzer Zeit du dich schon anders fühlst. Dich wird außerdem überraschen, wie offensichtlich und durchdringend die Negativität war. Das kannst du jetzt leichter sehen, wenn du dich von ihr verabschiedest und sie aus deinem Alltag verbannt hast. Ich ermutige dich, dich der Herausforderung zu stellen, aus diesen Erfahrungen zu lernen, damit du sie später nicht wiederholst. Was kannst du von dem Typen bei der Arbeit lernen, mit dem du früher immer Kaffeepause gemacht hast und der immer über die anderen Mitarbeiter gelästert hat? Was ist mit deiner wertenden Tante, die nie ein liebes Wort für jemanden übrig hatte, der nicht genauso war wie sie? Wenn du jede Situation, egal, ob gut oder schlecht, als Lektion betrachtest, werden aus vermeintlichen Hürden Möglichkeiten zum Lernen.

Wir beide? Wir haben doch keine Zeit für die schlechten Energien von anderen Menschen. Wir streben nach Güte, Ganzheit und spiritueller Glückseligkeit im Alltag. Jeder, der deine Liebe und dein Licht angreift, verdient deine Energie nicht. Wenn du dich von diesen negativen Beziehungen lossagst, wirst du dich befreit und bereichert fühlen. Außerdem erhältst du so die Fähigkeit, zu lieben, zu verstehen und den Menschen zu vergeben, die es einfach nicht besser wissen. Deine positive Energie ist deine Kraft. Setze sie sinnvoll ein.

PROBIER'S MAL AUS!

»———→

Integriere regelmäßige Segenswünsche in deinen Alltag. Du musst dazu kein Geistlicher oder Heiler sein. Du kannst selbst kraftvolle Segnungen aussprechen. Was sind deine wertvollsten Besitztümer? Dein Surfbrett? Sprich ein kleines Schutzgebet, bevor du dich in die Fluten stürzt. Dein Laptop? Er könnte doch auch mal ein wenig positive Energie gebrauchen. Was ist mit den gepressten Blumen deiner Uroma? Bitte sie, sie zu behüten und gemeinsam mit dir zu segnen, und danke ihr dafür. Deine Wohltaten im Alltag können aus Aromatherapie, Kristallen und Edelsteinen und auch aus deinen spirituellen Führern bestehen: Was und wen du fühlst, wird dich und die Dinge am besten schützen, die dir wichtig sind. Probiere dich aus, habe Spaß dabei und sei gesegnet.

DEINE FESTE

Wenn wir den oftmals holprigen Weg des Lebens gehen, ist es wichtig, dass wir uns Zeit zum Feiern und Loslassen nehmen, um die Energien des Geistes, Körpers und der Seele zu einem freudigen Ganzen miteinander zu verbinden. Du hast dich geerdet, du meditierst und du hast dich mit dir selbst verbunden, um Weisheit, Führung und Energie zu erhalten. Nun ist es Zeit, diese großartige Energie herauszulassen! Stelle dir die ganze Sache wie ein Funkgerät vor: Die Nachricht wurde empfangen. Nun solltest du dem Universum antworten. *Aber wie mache ich das bloß?* Am besten und am einfachsten begibst du dich unter Leute, mit denen du etwas Schönes teilen kann.

Ich teile meine Freude gerne bei Festivals, Konzerten und anderen großen Events, die positive Energie und Menschen zusammenbringen. Für mich ist das die leichteste und angenehmste Art, das Leben zu feiern. Ich versuche auch, winzige, alltägliche Feierlichkeiten in meinem Alltag unterzubringen, indem ich kleine Dinge für mich tue: Ich kaufe mir einen schönen neuen Kristall oder sehe den Wolken beim Vorbeiziehen zu. Zwischen meinen Verpflichtungen reicht aus, um mich an meinen Platz im Universum zu erinnern und auch daran, wie froh ich über ihn sein kann.

Und es gibt tatsächlich nichts Besseres, als zu fühlen, wie so viel positive Energie gemeinsam an einem Ort pulsiert, wenn ein Haufen Menschen gemeinsam feiert. Für mich war es wichtig, diese Dinge in einem größeren Zusammenhang zu sehen: Es gibt überall auf der Welt grandiose Möglichkeiten, mit vielen anderen Menschen zu feiern. Du solltest dich einmal danach umsehen, nicht nur in deiner Stadt. Aber ärgere dich nicht, wenn du nicht zum Karneval nach Brasilien reisen oder per Anhalter nach Coachella fahren kannst. Wenn du leichter ein Festival, eine Show oder eine Zusammenkunft in deiner Nähe besuchen kannst, konzentriere dich darauf. Die Energie wird genauso gut sein, und du musst nicht um die halbe Welt reisen. Du kannst außerdem Bestandteile weltweiter Feierlichkeiten und Traditionen in dein Leben integrieren. Schöpfe aus globalen Themen und Anschauungen, um deine eigenen alltäglichen Feste zu inspirieren und zu pflegen.

Viele Menschen verbinden Reisen mit Selbstfindung. Deswegen kann ein kleiner Trip oder ein Abenteuer etwas sein, das du als Bestandteil für dein spirituelles Abenteuer in Betracht ziehen solltest. Falls aber für dich eine spirituelle Pilgerreise in naher Zukunft nicht in Sicht ist, gibt es trotzdem großartige Dinge, die auf deine Entdeckung warten, ohne dass wir uns dafür überhaupt von unserem Stuhl erheben müssen. Wirf einfach einen Blick auf die Liste unten, auf der du verschiedene Festivals, Traditionen und Feste weltweit findest, bei denen deine Seele, dein Geist genießen können.

Schaue einfach mal! Du weißt nie, was das nächste Abenteuer sein könnte! Falls dir etwas gefällt, nimm es als eine Partyeinladung deiner Seele, der du eine Antwort schuldig bist.

FREUDENFESTE FÜR DIE SEELE AUF DER GANZEN WELT

Hokuspokus-Skala: ▲ ▲ ▲ ▲ ▲ ▲ ▲ ▲ ▲ ▲
Entdeckungs-Skala: ▲ ▲ ▲ ▲ ▲ ▲ ▲ ▲ ▲ ▲

Vereinigung von Körper, Geist und Seele: Das Wanderlust-Festival in den USA, Kanada, Australien und Neuseeland

Das Wanderlust-Festival bringt ähnlich gesinnte Seelensucher durch Yoga, Kunst, ganzheitliche Heilung, Nahrung und Weisheit bei Gruppenmeditation und verschiedenen Arten von Yoga mit internationalen Lehrern, Referenten und Bands zusammen: Dieses Menü schmeckt jeder Seele. Bei diesem Festival geht es darum, Dinge zu entdecken und in die spirituelle Gemeinschaft einzu-

PROBIER'S MAL AUS!

»———→

Egal, ob du zu einem Tempel in Japan reisen kannst oder nicht, nimm dir trotzdem einige Minuten und schreibe deine spirituellen und persönlichen Ziele auf ein Stück Papier. Sobald du deine Liste zusammengestellt hat, solltest du einen für dich heiligen Ort aufsuchen, mit deinen Guides sprechen und deine Wünsche in ihre Hände legen.

PROBIER'S MAL AUS!

»———→

Schreibe deine Ängste, Sorgen und den ganzen sonstigen Ballast auf ein Stück Papier. Verbrenne den Zettel abends und beobachte, wie die Glut und Asche in den Himmel aufsteigen und aus deinem Leben verschwinden, damit du dich auf die Seelensuche konzentrieren kannst, die noch vor dir liegt. Du solltest das am besten an einem regnerischen Abend oder im Herbst oder Winter machen, damit sich wirklich nur dein Stück Papier entzündet.

treten, ähnliche Seelen zu treffen und neue Sachen auszuprobieren. Man nennt es dort: »seine Bestimmung finden« und, nachdem ich öfter bei diesem Festival war, war es für mich mein Gütesiegel als Seelensucherin. Auch wenn das Wanderlust-Festival einfach großartig ist, kannst du stattdessen auch zu Yogastunden und Meditationsgruppen gehen oder spirituelle Märkte besuchen, um dich mit anderen Seelen zu verbinden, um zu lernen, zu wachsen und deine Erfahrung und deine Weisheit zu teilen.

Befreie deine Wünsche in einem Shinto-Tempel in Japan

In Japan gibt es Shinto-Tempel, in denen jeder seine Wünsche gegen eine kleine Gebühr auf Holztafeln, sogenannte *ema*, malen und schreiben kann. Diese werden den Göttern, den *kami*, gezeigt. Jeder Traum oder jedes Ziel verwandelt sich stärker in eine Vision, wenn wir es aufzeichnen oder aufschreiben. Es wird greifbarer, und wir machen es ganz konkret zum Teil unserer Wirklichkeit.

Befreie deine Sorgen: Yi Peng in Nordthailand

Beim Yi-Peng-Festival in Thailand wird gefeiert, seine Ängste, Zweifel und Sorgen in den Himmel freizulassen, indem Windlichte entzündet werden und sie dann auf einem Fluss davontreiben gelassen werden. Yi Peng findet am Vollmondtag im zweiten Monat des Mondkalenders der Lan Na in Nordthailand Anfang November statt.

Bitte um Vergebung: Paryushan – wird in Indien in Jain-Tempeln abgehalten

Paryushan ist ein acht- bis zehntägiges jainistisches Festival in Indien, bei dem Menschen bei einer Zeremonie meditieren, beten und um Vergebung bitten sowie selbst Vergebung üben. Während des Paryushan fasten und meditieren janistische Mönche häufig und bitten sich gegenseitig für sämtliche Beleidigungen des vergangenen Jahres um Verzeihung. Sie glauben, dass das der beste Weg ist, um Feindseligkeit und Wut herauszulassen und die Seele von Negativität zu reinigen.

Lebe deinen inneren Hippie aus: Coachella im Coachella Valley, Kalifornien, USA

Musik und Kunst sind zwei meditative und kreative Wege, wie sich die Seele ausdrücken kann. Beim Coachella-Festival finden wir alles Freifließende und Schöne, was das moderne Leben zu bieten hat: gemeinsames Musizieren, Gemeinschaft, Kunst, Tanz und lebendige Kultur. Falls sich deine Seele nach Befreiung, Freiheit und Ausdruck sehnt, ist Coachella das Richtige für dich.

Gib dir selbst Raum zum Wachsen: Tu BiShvat Festival in Israel

Dieses israelische Festival findet Anfang des Jahres statt, und der Name bedeutet auf Hebräisch »Neues Jahr der Bäume«. An diesem Feiertag wird die Gemeinschaft zusammengebracht, wobei das Pflanzen neuer Bäume für Neuanfänge und Wachstum steht.

PROBIER'S MAL AUS!

Schreibe das ganze Zeug auf, das in deinem Kopf herumschwirrt und wen du dafür verantwortlich machst. Dann schreib ihnen, dass du ihnen vergibst. Du musst den Brief nicht absenden, wenn du nicht möchtest. Aber mental hast du ihnen vergeben, das ist wichtig. Du wirst merken, wie Ballast von deinen Schultern fällt. Deine Energie wird direkt wieder auf die positive Seite des kosmischen Pendels schwingen.

PROBIER'S MAL AUS!

Das Anlegen eines Gartens kann sehr therapeutisch sein und ist eine gute Möglichkeit, dich daran zu erinnern, dass Wachstum Zeit braucht. Also los, pflanze etwas! Egal, ob bei dir im Garten, in einem Gemeinschaftsgarten oder bei einer städtischen Bauminitiative – so, wie du in deine Spiritualität hineinwächst, werden auch die Samen, Bäume und anderen grünen Dinger wachsen, die du säst. Denke daran, dass Spiritualität eine niemals endende Reise ist, ein persönlich erlebtes Wachstum, das für jeden Einzelnen anders ist.

PROBIER'S MAL AUS!

Du kannst keine Stunden nehmen? Dann schau dir doch auf YouTube ein Anfängervideo an. Sobald du fertig bist und falls du die Gelegenheit hast, suche dir eine Gruppe, bei der du während der Meditation von ihrer Energie profitierst.

PROBIER'S MAL AUS!

Wenn wir uns darauf fokussieren und das würdigen, was wir bereits besitzen, bekommen wir noch mehr positive Dinge: Finde es selbst heraus. Deswegen verschwende keine Zeit und Energie mehr für weitere Wünsche, sondern nimm dir die Zeit, aus den Dingen Bilanz zu ziehen, die du in deinem Leben bereits hast und schätzt.

Mache mal langsam: Tai-Chi in China

Tai-Chi ist Meditation in Bewegung. Hier geht es um langsame Dehnübungen, die ineinander übergehen, um den Geist zu beruhigen und die Seele aufzuwecken. Diese Bewegungslehre ist ein Beispiel für eine Tradition, die den Stress und Druck aus dem Alltag lindert und dir den Raum gibt, dich zu sammeln und neue Energie zu tanken.

Sei dankbar: Thanksgiving am vierten Donnerstag im November in den USA

Für Menschen in den USA bietet Thanksgiving die Gelegenheit, für Familie, Freunde und andere Dinge, die wir in unserem Leben schätzen, dankbar zu sein. Zumeist wird die Dankbarkeit mit einem aufwendigen gemeinsamen Essen ausgedrückt. Anstatt sich auf negative Dinge zu fokussieren, werden an diesen Tag der Überfluss und die Erfolge im Leben gewürdigt. Somit erkennen Amerikaner an, dass es wichtig ist, das Gegebene zu schätzen und aktiv zu würdigen.

Reinige dich: Songkran Festival in Thailand

Songkran – »astrologischer Übergang« in Sanskrit, stellt eine lustige und frische Art dar, das neue Jahr zu beginnen, das im Kalender der Thai im April beginnt. Bei diesem traditionellen Fest wird Wasser verschüttet – in Tassen, in Eimern und sogar in Wasserpistolen! –, um Reinigung und einen Neubeginn zu symbolisieren.

Verbinde dich mit der Natur: Feiere die Sommersonnenwende in Irland, Schweden, Finnland, Norwegen oder dem Vereinigten Königreich

Die Sommersonnenwende – auch Mittsommer oder St. John's Day genannt – ist ein Fest, bei dem wir den natürlichen Fluss und den Übergang der Jahreszeiten, insbesondere von Frühling zu Sommer, zur Zeit der Sommersonnenwende feiern. Es wird auf der ganzen Welt gefeiert. Besonders ausgeprägt ist die Tradition aber in nordeuropäischen Ländern. Viele Menschen in Irland veranstalten beispielsweise Mittsommer-Karnevals, Jahrmärkte, Lagerfeuer und Feuerwerke in den Tagen vor Mittsommer oder an dem Tag selbst.

Das Leben feiern, indem wir die Toten ehren: Día de los Muertos, Tag der Toten in Mexiko

Beim mexikanischen Festival Día de los Muertos werden die Leben geliebter Menschen gefeiert, die uns verlassen haben. Bei dem Festival fokussieren sich die Menschen auf Positivität, Lebendigkeit und Freude anstatt auf Trauer. Dieses Ereignis ist eine grandiose Erinnerung für uns, dass wir unser Leben in vollen Zügen genießen sollten und etwas hinterlassen sollten, worauf wir stolz sind. Was würdest du gerne hinterlassen?

PROBIER'S MAL AUS!

»———→

Wasser wirkt ganz natürlich reinigend: Es kann unsere Chakras wieder ins Gleichgewicht bringen, uns entspannen und beruhigen. Deswegen solltest du dir ein wenig Zeit zum Untertauchen nehmen. Gehe ins Schwimmbad, in die Wanne oder Dusche und stelle dir deine Sorgen, deinen Stress und deine Ängste vor, wie sie im wahrsten Sinne des Wortes von dir abgewaschen werden. Noch besser: Schnappe dir an einem heißen Tag ein paar Freunde, gehe in den Stadtpark und veranstalte eine Wasserbombenschlacht!

PROBIER'S MAL AUS!

»———→

Organisiere doch mal am Mittsommer-Abend – um den 20. oder 21. Juni – ein legales Lagerfeuer und feiere mit deinen Freunden.

Erweitere deinen Geist: Saraswati Day, Tag des Wissens (Bali)

Im Herbst feiern die balinesischen Hindus die Göttin Saraswati, indem sie die Themen Wissen, Weisheit und Bildung ehren, für die sie steht. Dabei werden ihr in Schulen, Wohnungen und Büros Blumen- und Räucheropfer dargeboten. Dieses Fest soll uns daran erinnern, dass wir selbst entscheiden, wie schlau, weise und spirituell neugierig wir sein wollen, und dass die Quelle, aus der wir Wissen schöpfen, niemals versiegt. Also: Raus aus dem Haus mit dir, gib dir einen Ruck, damit du weiter wächst und deinen Geist erweiterst.

Frühjahrsputz für dein Leben: Chunjie, Chinesisches Neujahrsfest

Das Chinesische Neujahrsfest findet zwischen Ende Januar und Mitte Februar statt und ist eine Zeit der Erneuerung, des Wandels, der Veränderung und des Wachstums sowie eine Zeit, in der Veränderung willkommen geheißen und dafür Platz gemacht wird. Bei dem Fest entrümpeln und reinigen die Menschen ihre Umgebung von allem Unnützen, das ihnen nicht mehr hilfreich ist.

PROBIER'S MAL AUS!

»———→

Miste deinen Kleiderschrank aus, spende Kleidung, die du nicht mehr trägst, und schaffe Raum für tolle neue Erfahrungen und Dinge in deinem Leben.

Gib etwas und erwarte keine Gegenleistung: Burning Man in Black Rock City, Nevada, USA

Beim Burning Man geht es um radikale Selbstdarstellung, Gemeinschaft und selbstlose Gaben. Jedes Jahr verwandelt sich die Wüste Nevadas in ein Kunst-, Kultur- und Musikfestival, bei dem jeder willkommen ist und eine großzügige, kreative und gemeinschaftliche Stimmung herrscht: allesamt Elemente, die unablässig für die Entwicklung eines Seelensuchers sind. Das Festival heißt radikale Kreativität willkommen und wird deinen Geist für neue, aufregende Dinge öffnen, die dir dabei helfen, dich auszudrücken und zu entwickeln.

PROBIER'S MAL AUS!

»———→

Mache dich erst ein wenig über den Burning Man schlau. Du willst ja nicht eine ganze Woche lang unvorbereitet in der Wüste hocken. Hier ein super Tipp: Bringe anstelle von Geld etwas zum Tauschen mit. Beim Burning Man gibt es nämlich nur Geschenke oder Tauschgeschäfte. Kekse, handgemachter Schmuck oder auch Rückenmassagen sind allesamt tolle Geschenke.

Besuche deinen Rat des Lichts: der dritte Tag des Tét in Vietnam

In vietnamesischen Gemeinden werden Lehrer geehrt. Am dritten Tag des vietnamesischen Neujahrs, das auch Tét genannt wird, werden sie besucht, und es wird ihnen mit Worten für den Einfluss gedankt, den sie auf das Leben der Kinder haben. Bei Menschen, die dich erleuchten, also Beratern, Anführern und Lehrern, kann es sich um Engel oder Lebensberater handeln, um Mentoren oder spirituelle Freunde. Du kannst ihnen entweder mündlich danken, ihnen eine Mail oder eine SMS schreiben oder ihnen auch mental für die Weisheit und Liebe danken, die sie auf deinem spirituellen Weg mit dir geteilt haben.

Habe weniger Angst: N'gol – Lianenspringen auf Vanuatu

Bei dem N'gol-Ritual springen Männer ins Ungewisse, um sich ihren Ängsten bei einem Initiations- und Fruchtbarkeitsritual zu stellen. Lianen werden den Springern um die Füße gebunden, die dann von einem selbst gemachten Turm aus Stöcken und Ästen springen und anschließend auf dem schlammigen Boden aufkommen. Die Lianen sorgen dafür, dass der Fall abgebremst wird.

Gesicht in der Sonne: Mittsommerfest in Schweden

Braucht jemand Vitamin D? In Schweden wird der längste Tag des Jahres so gefeiert, dass alle einfach draußen sind und Zeit in der Natur, also unter der Sonne, verbringen, sollte sie an diesem Tag tatsächlich scheinen. Dies ist für mich ein äußerst wirksames Ritual, um mich wieder zu zentrieren und zu erden, zudem ist es so simpel. Ziehe einfach die Schuhe aus, gehe nach draußen, stelle dich auf ein Fleckchen Schmutz oder Gras und drehe dein Gesicht zur Sonne. Es fühlt sich tatsächlich so an, als würdest du deine Batterien aufladen.

> **PROBIER'S MAL AUS!**
> ≫———→
>
> Bitte bau dir keine eigene Plattform zum Bungee-Jumping. Ich glaube, das würde nicht gut enden. Frage dich stattdessen, was dich daran hindert, im Leben aus dem Vollen zu schöpfen, und entscheide dich bewusst dafür, diese Blockade aus deinem Leben zu entfernen. Dann wage deinen Lianensprung.

PROBIER'S MAL AUS!

≫━━━━▶

Stelle dir einmal vor, dass deine Ängste wie Feuerwerkskörper explodieren und sich in Luft auflösen.

Stelle dich deinen Ängsten: La Mercè Fest in Spanien

La Mercè findet im September statt und wird zu Ehren des Mare de Dèu de la Mercè veranstaltet, dem Schutzpatron Barcelonas. Teil der Feierlichkeiten sind Paraden, Volkstänze und Musik. Wenn es dunkel wird, wird auch das Fest finsterer: Hunderte Menschen laufen als Teufel verkleidet durch die Straßen, zünden ein Feuerwerk, schwenken Mistgabeln und schlagen auf Trommeln, um das Unschuldige zu erschrecken. Das Festival ist eine großartige Erinnerung daran, dass wir uns unseren Dämonen und Ängsten stellen sollten.

PROBIER'S MAL AUS!

≫━━━━▶

Manchmal müssen wir etwas aufgeben, um ganz und gar zu verstehen, wie unser Leben ohne diese Sache aussehen würde, und um dankbar für unser Glück zu sein und Mitleid mit anderen zu haben, die vielleicht nicht so viel Glück haben. Du könntest einen Monat lang aufs Internet oder auf Alkohol verzichten oder jeden Tag einen Euro sparen und den Betrag anschließend jemand Bedürftigem geben oder einer guten Sache spenden.

Gib etwas auf: Ramadan in Marokko

Für Muslime in Nordafrika und der ganzen Welt ist Ramadan eine Praktik, mit der sie sich für die Fülle im Leben bedanken. Im heiligen Monat, der – abhängig vom Mondzyklus – jedes Jahr von Mitte Juni bis Mitte Juli dauert, dürfen die Gläubigen von Sonnenauf- bis Sonnenuntergang weder etwas essen noch etwas trinken. Durch das Fasten drücken die Menschen ihre Dankbarkeit aus. Ramadan ähnelt der Fastenzeit der Christen.

Lass alles raus: Karneval in Brasilien

Ja, Brasilianer können richtig Spaß haben und stelle dir einmal vor: Auch Spiritualität soll Spaß machen! Karneval wird auf der ganzen Welt gefeiert, aber der brasilianische Karneval, vor allem in Rio, ist wohl am bekanntesten. An den Tagen vor der Fastenzeit wird die Vielfalt und die Selbstentfaltung euphorisch gefeiert. Jeder kann lieben, Spaß haben und sich und andere mit Tanz, Musik, Gemeinschaftsveranstaltungen und Paraden feiern. Lass dich einfach auf die Brasilianer ein. Egal, wo du bist und was du machst: Nimm dir die Zeit zum Feiern, bevor es anschließend ernst wird!

Zeige deinen Stolz: Haka auf Neuseeland

Der Haka der Maori ist ein zeremonieller Tanz, der zur Einschüchterung, Begrüßung oder zum Gratulieren von Menschen dient. Ganz schön vielseitig, oder? Der Haka, der traditionell von Männern getanzt wird, vereint ein Team, eine Gruppe oder einen Stamm durch ein altes Kriegslied. Schaue dir auf YouTube ein paar Haka-Videos an: Sie sind definitiv einschüchternd und dabei total großartig!

Sei verspielt: Holi in Indien

Holi findet im März statt und ist auch als »Festival der Farben« bekannt. Bei dieser hinduistischen Feier wird farbiges Pulver auf Kleidung, Haut und Haare anderer Leute und sogar auf Tiere gestreut. Eingeläutet wird das Festival mit einem Lagerfeuer an dem Abend, bevor die Holi-Feierlichkeiten beginnen. Alle Altersgruppen nehmen an dem Festival teil und feiern dabei Liebe, Spaß und die Lebendigkeit des Lebens.

PROBIER'S MAL AUS!

Denke an deine Leute: Deine Familie, eine Gruppe Kollegen oder Freunde und versuche, sie durch Lieder aufzubauen, zu vereinigen und zu motivieren. Sei stolz darauf, dass du Positivität ausstrahlst und dass andere Menschen sich nach einem Treffen mit dir besser fühlen.

PROBIER'S MAL AUS!

Wann hattest du zuletzt einen sorgenfreien, schönen Tag, an dem du nur fröhlich, positiv und unbeschwert warst? Lache wieder häufiger, wenn du das in letzter Zeit nicht mehr so oft gemacht hast. Mache etwas, das du als Kind gerne getan hast: Tanze und singe, mache etwas ganz Verrücktes und nimm an einem Wettessen teil!

PROBIER'S MAL AUS!

»————➤

Was sagen deine Handlungen über dich aus? Bist du freundlich, mitfühlend und freigiebig? Versuche einmal, anderen deine Zeit, Unterstützung, Gefälligkeiten und Liebe großzügiger zur Verfügung zu stellen, und knüpfe daran keinerlei Bedingungen.

PROBIER'S MAL AUS!

»————➤

Was lädt dich wieder auf? Ein Bad? Eine Massage? Ein bisschen Kuscheln mit deinem Liebsten? Gönne dir Selbstliebe!

Celebrate Soul Sisters and Brothers: Ubuntu in Südafrika

Die Nguni aus Südafrika glauben an die Philosophie des *Ubuntu:* Hier geht es darum, dass wir nur durch andere Menschen selbst Menschen sind und dass unsere Handlungen und unser Benehmen anderen gegenüber die Menschheit bestimmt. Die Präsenz von Ubuntu im Alltag stellt sicher, dass Großzügigkeit, Selbstlosigkeit und moralische Verantwortung nie aus den Augen verloren werden.

Selbstliebe: Hygge in Dänemark

Untersuchungen ergeben immer wieder, dass die Dänen zu den glücklichsten Menschen der Welt gehören. Deswegen wundert es nicht, dass sie wissen, wie sie die Seele verwöhnen, hegen und pflegen. Bei *Hygge* geht es um einfache Freuden: in der Sonne liegen, am Feuer sitzen, sich in einem warmen Bett zusammenrollen oder einfach mal ein paar Tage in der Natur abschalten und den Akku wieder aufladen. Es geht darum, dass du dich mit deinen Mitmenschen mit kleinen, aber bedeutsamen Gesten verbindest und dich daran erfreust und für die Beziehungen dankbar bist.

Entzünde dein Licht: Up Helly Aa in Schottland

Als Up Helly Aa werden eigentlich verschiedene Festivals bezeichnet, die im Winter in Schottland, besonders auf den Shetland-Inseln, stattfinden. Zur Parade ziehen die Menschen durch die Straßen. Dabei werden traditionelle Kostüme, Fackeln und sogar brennende Wikingerschiffe gezeigt, um an Vorfahren, die Geschichte und das lebensspendende Feuer während der unerbittlichen Wintermonate zu erinnern. Das Festival erinnert sie daran, stolz auf ihre Wurzeln und ihre Erfahrungen in ihrem Leben zu sein, egal, ob gut oder schlecht.

PROBIER'S MAL AUS!

≫——→

Nimm dir einen Tag Zeit und beschäftige dich mit deinen Vorfahren. Frage Familienmitglieder, ob sie besondere Erinnerungen, Gegenstände oder Weisheiten aus der Vergangenheit der Familie bewahrt haben.

Zelebriere die Stille: International Bali Meditators Festival in Bali

Dieses Festival findet einmal pro Jahr in Ubud statt, wo Yogis, Meditierende, Heiler, Poeten, Musiker und Künstler aus der ganzen Welt zusammenkommen und die Grenzen zwischen verschiedenen Glaubensrichtungen, Religionen, Bräuchen und Lebensweisen an Bedeutung verlieren, damit alle Teilnehmer Weisheiten, Erfahrungen und Traditionen miteinander teilen können. Ein wahrer Schmelztiegel für Spiritualität. Perfekt für Seelensucher, die offen für alle Glaubensrichtungen sind und gerne etwas über verschiedene Yoga- und Meditationsstile sowie Mantras und Gebete wissen möchten.

Ich weiß, dass wir inzwischen alle wissen, warum eine Seelensuche so lohnend ist. Ich hoffe einfach, dass du auf der Reise viele Abenteuer erlebst und viel Neues gelernt hast. Hoffentlich fühlst du dich nach deinen Experimenten gut informiert und kannst tiefer sehen und lieben und vor allem alles umarmen, was das Leben dir bietet, und auf deinem Weg viel Freude erleben. Auf meiner Seelensuche bemerkte ich, wie sinnvoll es ist, sich aktiv um Erkenntnis zu bemühen. Ich wusste in Sachen Weisheit den regelmäßigen Input der Menschen, die ich traf, sehr zu schätzen. Außerdem konnte ich bei vielen Feierlichkeiten alle meine Hemmungen fallen lassen, was mir sehr guttat.

Meine Aufgabe für dich in diesem letzten Kapitel lautet wie folgt: Lass in deine Ziele, Träume und auch in deine Urlaubspläne immer auch einige Feste einfließen. Packe deinen Lichtrat und dein spirituelles Gefolge ein, wenn du Unterstützung brauchst, oder mache dich alleine auf den Weg. Wenn du deine Seele sowohl im Kleinen, Alltäglichen für Heiterkeit öffnest – was wohl bei uns allen zu kurz kommt – als auch für große, bombastische Ereignisse, wirst du ganz natürlich auf Menschen treffen und dich mit ähnlich tickenden Seelen umgeben. Stelle die Musik laut, wirf die Arme in die Luft und feiere!

FAZIT:
DEINE SEELENSUCHE

»Der Sinn des Lebens besteht doch darin, es zu lieben, Erfahrungen zu machen
und ohne Angst nach neuen und reicheren Erfahrungen zu streben.«
Eleanor Roosevelt

Da bist du nun also, ganz weise und ganz heiß darauf, dich mit deinem ganzen Arsenal an spirituellem Wissen auf die Welt zu stürzen. Du hast nun einen Master in Spiritualität. Von nun an wirst du weiterhin überall Dinge entdecken, die dich spirituell bereichern, weil du jetzt über die Fähigkeit verfügst, die verborgenen spirituellen Schätze des Lebens gemeinsam mit deiner besten Freundin, der Seele als Führerin, ausfindig zu machen.

Ich habe mehr »Probier's mal aus!« für dich. Stelle dir die folgende Frage: Was brauche ich gerade auf meiner spirituellen Reise?

Vielleicht musst du dich einfach nur für einige Yogastunden anmelden, vielleicht einen Flug ohne Rückflug zum anderen Ende der Welt buchen. Vielleicht ist es auch ein Abenteuer wie ein Surf-Camp oder ein spirituelles Retreat oder vielleicht auch nur ein Besuch im Buchladen oder der Bücherei, in der du dir ein neues Buch aussuchst. Du musst nur tief in dich hineinhorchen, hören, was deine Seele dir sagen will und es dann auch tun! Hoffentlich kannst du die leisen oder auch die lauten Signale deiner Seele nun übersetzen.

Wenn du weiterhin spirituell wachsen und auf Seelensuche gehen willst, kann das Ganze ein wenig angsteinflößend sein. Du musst nicht alles auf einmal machen. Du kannst langsam und Schritt für Schritt vorgehen, alles in mundgerechte Häppchen zerteilen. Du kannst dich aber auch mittenhinein stürzen oder beide Strategien verfolgen. Ich will dir nur klarmachen, dass es kein Ziel gibt, wirklich nicht. Wir können nur sagen, dass wir den Weg zu etwas gefunden haben, das unserer Seele ein gutes Gefühl verleiht.

Damit ich mich auf meiner eigenen Reise mit meiner Spiritualität und meinem spirituellen Selbst verbinden konnte, musste ich meinen Bürojob kündigen, meine Ersparnisse zusammenkratzen, meinen ganzen Besitz verkaufen und ans anderen Ende der Welt fliegen. Ich musste den harten Weg wählen. Aber es war letztendlich ein guter harter Weg. Deswegen würde ich ihn um nichts in der Welt missen wollen. Allerdings hätte ich schon ganz gerne gewusst, dass das Universum die ganze Zeit über für mich da war, dass ich auch die ganze Zeit über meine spirituellen Führer an meiner Seite hatte und dass ich schließlich dafür belohnt werden würde, dass ich mutig einen Schritt in meine Zukunft gewagt hatte, in Richtung des Unbekannten, hin zu meinem spirituellen Selbst. Aber eine kleine Warnung zum nassgeschwitzten Hintern beim Yoga wäre auch nett gewesen.

> »Wohin du auch gehst,
> gehe mit deinem ganzen Herzen.«
> Konfuzius

Schweißnasser Hintern beim Yoga oder auch nicht, du musst bei deiner Seelensuche gar nicht dein Wohnzimmer verlassen, wenn dir nicht danach ist. Aber bitte versprich dir und deiner Seele Folgendes: Sei ehrlich, mutig und gut zu dir selbst!

Wenn ich zurückblicke und sagen müsste, ob ich etwas Entscheidendes gelernt habe (und um auch mal mit dem ganzen Bleib-dir-selbst-treu aufzuhören), würde ich sagen, dass wir niemals aufhören zu wachsen, zu lernen und uns zu entwickeln. Lass die Dinge, die du hier gelernt hast, wachsen, vertiefe deine Kenntnisse und erweitere dein spirituelles Wissen, aber höre nicht nach diesem Buch damit auf! Du hast die Samen für dein spirituelles Wachstum gesät und kannst weiterhin deinen modernen ganzheitlichen Lebensstil mit neuen Erfahrungen und neuen Weisheiten verfeinern. Dann wird dein Körper gesünder und im Gleichgewicht sein, deine Gedanken werden positiver und fokussierter sein, und dein Geist wird vor Freude singen.

Ich würde gerne einen letzten Wunsch mit dir teilen, bevor sich unsere Wege wieder trennen. Ich hoffe, dass du – egal, welchen Hintergrund, welches Ziel, welchen Glauben oder spirituellen Weg du persönlich hast und verfolgst – Spiritualität in jedem Wesen erlebst, das dir begegnet, dass dir überall im Leben Wohlwollen entgegengebracht und von dir empfangen wird, dass du vor Respekt und Güte strotzt. Diese letzte Seite sollte die erste Seite deines neuen spirituellen Lebens sein. Viel Glück auf deiner Reise, meine Beste, ich wünsche dir ein gutes Leben.

»Dies ist meine einfache Religion. Sie braucht keine Tempel, keine komplizierte Philosophie. Unser Gehirn und unser Herz sind unsere Tempel. Unsere Philosophie ist Freundlichkeit.«

Seine Heiligkeit der Dalai-Lama

GLOSSAR DER SPIRITUELLEN BEGRIFFE

A

AFFIRMATION: Ein sich immer wiederholendes Mantra oder eine Aussage ans Universum, die mental positive Gefühle oder Ziele verstärkt und das Universum um Hilfe bei der Verwirklichung eines Wunsches bittet. Affirmationen können bei der Heilung helfen, bringen mehr Freude, Liebe und Erfolg in dein Leben und fokussieren deine Energie in die richtige Richtung.

AKASHA-CHRONIK: Die Akasha-Chronik, die auch als »Buch des Lebens« bekannt ist, beschreibt unsere gemeinsamen Erinnerungen und Geschichten jedes Gedankens sowie unsere körperliche und emotionale Schwingung, Geräusche, Interaktionen, Ereignisse und Reisen jeder einzelnen Seele in jedem einzelnen Leben.

ANDERE SEITE, DIE: Die andere Seite wird von einigen Menschen als Ort betrachtet, von dem unsere Seele stammt, wenn wir in den Mutterleib eintreten. Zu diesem Ort gehen unsere Geister dann auch nach unserem Tode zurück. Es ist das Reich der Seelen.

AROMATHERAPIE: Wird häufig mit Komplementär- und Alternativmedizin in Verbindung gebracht. Bei der Aromatherapie werden flüssige Pflanzenextrakte verwendet, die auch als ätherische Öle bekannt sind, sowie andere duftende Präparate von Pflanzen, um die Stimmung oder die Gesundheit eines Menschen zu verbessern.

ASTROLOGIE: Astrologie ist die Deutung von Zusammenhängen zwischen astronomischen und irdischen Geschehnissen und unserer Seelenreise. Tierkreiszeichen werden in der Astrologie verwendet und bestehen aus den zwölf Sternzeichen, von denen jedes von einem Planeten bestimmt wird und einem gewissen Abschnitt im Kalender zugeordnet ist. Jeder Stern hat besondere Eigenschaften, Vor- und Nachteile, die mit Charakterzügen, Herausforderungen und Bestimmungen in Verbindung stehen.

AUM: Die heiligste Silbe im Hinduismus, wird als Grundlage aller Mantras betrachtet und normalerweise als *om* ausgesprochen.

AURA: Die Aura besteht aus sämtlichen Farben des Farbspektrums und spiegelt den Zustand unseres Körpers und Geistes mit speziellen Farben wider. Wir können anhand der Aura Wohlbefinden, Energie-ebenen und Stimmungen ablesen. Wenn wir über die Schwingungen oder die Energie eines Menschen sprechen, meinen wir damit häufig dessen Aura.

AUSSERKÖRPERLICHE ERFAHRUNG: Bei einer außerkörperlichen Erfahrung sieht das Bewusstsein eines Menschen die Welt aus einer Perspektive, bei der er aus dem physischen Körper heraustritt und so körperliche Grenzen überschreitet.

AYURVEDA / AYURVEDISCHE GRUNDSÄTZE: Die alte hinduistische Wissenschaft von Gesundheit und Medizin. Bei der ayurvedischen Medizin wird es für die Gesundheit und ein langes Leben als wichtig erachtet, den Körper im Gleichgewicht zu halten. Ayurvedische Prinzipien gründen vor allem auf Naturheilkunde und Homöopathie.

B

BESCHWÖRUNG: Eine formale Begrüßung oder ein Gebet, um Geister anzurufen.

BUDDHA: Gautama Buddha (*Buddha* bedeutet »Erwachter« oder »Erleuchteter«), auch als Siddhartha Gautama bekannt, war ein Weiser, der zwischen dem sechsten und vierten Jahrhundert vor Christi Geburt lebte. Der Buddhismus wurde aufgrund seiner Lehren gegründet.

BUDDHISMUS: Buddhismus ist eine dharmi-sche, nicht theistische Religion und eine Philosophie. Buddhismus ist auch als *Buddha Dharma* oder *Dhamma* bekannt, was auf Sanskrit oder Pali, den Sprachen der alten buddhistischen Texte, »Lehre des Erleuchteten« heißt.

C

CHAKRAS: Das Wort *chakra* kommt aus dem Sanskrit und bedeutet »Wirbel« oder »Rad«. Die Chakras sind Energiezentren in unserem Körper. Es gibt sieben Hauptchakras zwischen unserer Kopfkrone und dem Ende der Wirbelsäule. Daneben gibt es noch etwa 42 Neben-Chakras in unserer Aura.

CHANT / CHANTEN: Sich wiederholende, kurze, einfache Worte; eine Affirmation oder andere Laute, die erzeugt werden, um dem Chanter zu einem tieferen Geistes- oder Meditationszustand zu verhelfen.

CHI: Chi ist die Energie, die durch die lebenswichtigen Organe des Körpers fließt und durch den ganzen Körper zirkuliert. Chi ist positive Energie und wird auch in alten Feng-Shui-Methoden verwendet.

D

DAODEJING: Das Daodejing, das grob übersetzt »Das Buch vom Weg und seiner Wirkung« heißt, ist ein klassischer chinesischer Text. Es heißt, dass es etwa um 600 vor Christus von dem daoistischen Weisen Laozi (oder Lao Tzu, »Alter Meister«) geschrieben wurde, der als Archivar in der Bibliothek der Zhou arbeitete.

DAOISMUS: Daoismus (oder Taoismus) ist der deutsche Name für verschiedene miteinander verbundene chinesische philosophische und religiöse Traditionen und Konzepte. Diese Traditionen beeinflussen Ostasien seit über 2000 Jahren, und einige davon haben sich auf der ganzen Welt verbreitet. Die drei Schätze des Dao sind die Grundlagen des Daoismus: Liebe, Genügsamkeit, Demut. Die daoistische Lehre konzentriert sich auf *wu wei* (Nichthandeln), Spontanität, Humanismus und Leere. Das Daodejing wird als einflussreichster daoistischer Text betrachtet.

DHARMA: Das Wort *dharma* kommt aus dem Sanskrit und bedeutet »Pflicht« oder »universelle Ordnung / Gesetz«.

DOGMA: Eine Lehre, die die Grundlage für eine Tradition oder Religion bildet.

E

ENGEL: Engel oder spirituelle Führer sind Teil vieler Religionen, besonders aber des Christentums. Engeln wird nachgesagt, dass sie uns von der anderen Seite aus führen, schützen, heilen und helfen.

ERLEUCHTUNG: In religiösem Zusammenhang wird Erleuchtung häufig mit süd- und ostasiatischen Erfahrungen in Zusammenhang gebracht, bei denen ein Zustand voller Freiheit, Wissen und Erweckung erreicht wird.

ERZENGEL: In vielen Strömungen des Christen- und Judentums besonders bedeutsame Engel, wie beispielsweise Michael, Gabriel und Raphael.

F

FENG-SHUI: Feng-Shui ist eine alte chinesische Methode. Indem negative Energien gelöst und entfernt werden, werden beim Feng-Shui Energien in jedem belebten Raum ins Gleichgewicht gebracht.

FISCHE: Das zwölfte astrologische Sternzeichen der Tierkreiszeichen, das häufig von einem Fisch symbolisiert wird.

G

GANZHEITLICHKEIT (GANZHEITLICH): Ganzheitlichkeit beschreibt die Idee, dass sämtliche Eigenschaften eines vorgegebenen Systems nicht durch die Summe der Teile, aus denen es besteht, bestimmt oder erklärt werden können. Stattdessen bestimmt das System als Ganzes den Einfluss der Teile. *Ganzheitliche Heilung / Heilung* beispielsweise bedeutet, dass man den ganzen Körper, Geist und Seele betrachtet, ebenso wie die Einflüsse der Umgebung, der Gesellschaft, auf die Gesundheit eines Individuums.

GEBET: Es wird sich ganz bewusst bemüht, mit einer Gottheit oder einem Geist in Verbindung zu treten, um sie zu preisen, sie um etwas zu bitten, um Rat zu fragen, Sünden zu beichten oder auch einfach, um die eigenen Gedanken und Gefühle auszudrücken.

GEBURTSZEICHEN: Dein Geburtszeichen ist in der Astrologie auch als Sternzeichen bekannt. Das astrologische Zeichen, das anzeigt, wo sich Sonne und Mond während des Zeitpunkts deiner Geburt befanden.

GEFÜHRTE MEDITATION: Bei der geführten Meditation wird man durch gesprochene Sprache angeleitet, entweder live oder vom Band. Man erreicht so einen meditativen Bewusstseinszustand und wird auch wieder aus ihm herausgeführt.

GEISTIGE FÜHRER: Dieser Begriff wird von Medien und spirituellen Menschen für Wesen verwendet, die körperlos sind und als spirituelle Berater oder Beschützer eines lebendigen Wesens aus Fleisch und Blut fungieren.

GESETZ DER ANZIEHUNG: Das Gesetz der Anziehung wird im Allgemeinen mit Theorien aus dem New Age und der New-Though-Bewegung in Verbindung gebracht. Demnach erfahren Menschen die entsprechende Manifestation ihrer vorherrschenden Gedanken, Gefühle, Worte und Handlungen und können deswegen nur durch ihre Gedanken, durch ihre Wirklichkeit Kontrolle über ihr Leben ausüben.

GOTT: Das Wort *Gott* bezieht sich häufig auf das göttliche Wesen, das von Monotheisten als höchste Wirklichkeit betrachtet wird. Der Gott wird im Allgemeinen als der alleinige Schöpfer des Universums betrachtet. Theologen haben Gott gewisse Eigenschaften wie Allwissenheit, Allmacht, Allgegenwart, umfassende Güte, göttliche Einfachheit sowie ewiges und notwendiges Bestehen zugeschrieben. Allerdings kann sich *Gott* auch auf andere mono- oder polytheistische Gottheiten verschiedener Kulturen und Religionen beziehen.

GÖTTIN: Eine Göttin ist ein weiblicher Gott. Ähnlich wie bei Gott kann sich der Begriff auf verschiedene mono- oder polytheistische Göttinnen verschiedener Kulturen und Religionen beziehen.

GURU: *Guru* ist Sanskrit und bedeutet »Lehrer« oder »Meister«. Dieses Konzept ist im Hinduismus, Buddhismus, Sikhismus und vielen anderen religiösen Strömungen bekannt. Auf Basis von uraltem philosophischem Verständnis von Wissen wird der Guru in diesen Religionen als unersetzlicher Lehrmeister auf dem Weg zur Selbstverwirklichung betrachtet.

H

HATHA-YOGA: Hatha ist ein Yoga-Stil, der heutzutage weitverbreitet ist. Man sagt, Shiva selbst hätte Hatha-Yoga erfunden. Allerdings taucht der Begriff zum ersten Mal im *Hatha Yoga Pradipika* auf, einer Textsammlung früher Schriften von Yogi Swatmarama, einem indischen Weisen auf dem 15. Jahrhundert. In dieser Abhandlung bezeichnet Swatmarama Hatha Yoga als »Treppe zu den Höhen des Raja-Yoga«, also als vorbereitenden Schritt zur körperlichen Reinigung, die den Körper fit macht für höhere Meditation. Hatha-Yoga ist der Stil, der im Westen zumeist mit dem Wort *Yoga* in Verbindung gebracht wird.

HEIDENTUM: Heidentum ist ein Begriff, unter den – vor allem aus westlicher Perspektive – zahlreiche spirituelle oder kulturelle Praktiken oder Glaubensrichtungen verschiedener Volksreligionen fallen, vor allem historische oder gegenwärtige Vielgötterreligionen.

HEILER: Ein Heiler ist ein Mensch, der heilende Energien kanalisieren und sie zu jemandem leiten kann, der der Heilung bedarf – sei es mental, körperlich oder spirituell.

HEILIG (HEILIGKEIT): Heiligkeit ist der Zustand des Heiligseins. Dieser Begriff wird zumeist für Wesen verwendet, die von Gott oder Göttern auserwählt sind. Für gewöhnlich werden Menschen als heilig bezeichnet, häufig aber auch Objekte, Zeiten oder Orte.

HIMMEL: In vielen Religionen und spirituellen Philosophien ist der Himmel eine Existenzebene, die normalerweise als heiligster Ort beschrieben wird, der betreten werden kann, wenn verschiedene Maßstäbe für die Göttlichkeit erreicht werden (Güte, Mitleid etc.). Christen nehmen an, dass sie in den Himmel kommen, wenn sie Jesus Christus als Retter anerkannt haben.

HINDUISMUS: Hinduismus ist eine Religion, die auf dem indischen Subkontinent entstand. Man weiß nicht, wer diese Religion gegründet hat. Sie besteht aus verschiedenen Glaubensrichtungen und Traditionen und hat zahlreiche Schriften zur Grundlage. Diese Schriften haben sich über Jahrtausende hinweg entwickelt und behandeln umfangreiche theologische, philosophische und mythologische Themen, zu denen sie spirituelle Einblicke und Anleitungen zur Ausübung von Dharma (religiösem Leben) geben. Von den Hindus werden von allen Texten die Vedas und Upanishads mit Blick auf ihre Autorität, ihre Bedeutung und ihr Alter als die wichtigsten angesehen.

HÖLLE: Gemäß zahlreicher, religiöser Glaubensrichtungen ist die Hölle ein Ort des Leides im Jenseits, an dem böse oder ungerechte Tote bestraft werden. Die Hölle wird fast immer als unterirdisch dargestellt. Das Christentum und der Islam stellen die Hölle traditionell als heiß und brennend dar. In anderen Traditionen wird sie als kalt und düster angesehen. Zudem besteht die Hölle manchmal nicht aus einem gewissen Ort, sondern wird eher als Bewusstseinszustand verstanden, worin man von Gott getrennt ist und von Sünde ohne Reue und korrumpiertem Geist zurückgehalten wird.

HOROSKOP: Das Studium von Horoskopen ist eine alte Kunst, die Planetenpositionen des Universums zur Zeit der Geburt darzustellen und daraus einen Einfluss auf die Persönlichkeit eines Menschen und dessen Lebensweg abzulesen. Das Horoskop (wird auch als Kosmogramm bezeichnet) besteht aus zwölf Sonnen- oder Geburtszeichen, von denen jedes einen eigenen regierenden Planeten und einen bestimmten Abschnitt des Kalenders hat, der Haus oder Aszendent genannt wird.

I

INKARNATION: Inkarnation bedeutet wörtlich »Verkörperung« und bezieht sich auf die Empfängnis und Lebendgeburt eines fühlenden Wesens (normalerweise eines Menschen), der die materielle Manifestation einer Einheit oder Kraft darstellt, deren ursprüngliche Natur immateriell ist.

INTUITION: Deine Intuition ist dein ganz persönliches Frühwarnsystem. Es schlägt bei Gefahren, sich verändernden Energien, Wissen oder wichtigen Informationen an. Wir müssen auf unsere Intuition hören und die Nachrichten beherzigen.

J

JUNGFRAU: Das sechste Sternzeichen der Tierkreiszeichen wird häufig durch eine Jungfrau symbolisiert.

K

KARMA: Das Konzept von »Handlung« und »Tat« in dharmischen Religionen wird als grundlegend für den gesamten Kreislauf von Ursache und Wirkung angesehen, der in hinduistischen, jainistischen, sikhistischen und buddhistischen Philosophien beschrieben wird. Karma wird als Summe aller Taten eines Individuums betrachtet – also alles, was jemand getan hat, gerade tut und was er noch tun wird. Die Auswirkungen sämtlicher Handlungen erschaffen vergangene, gegenwärtige und zukünftige Erfahrungen, machen uns folglich verantwortlich für unser eigenes Leben sowie für Schmerzen und Freude, die wir anderen bereiten.

KREBS: Das vierte astrologische Sternzeichen der Tierkreiszeichen, das häufig von einem Krebs symbolisiert wird.

KRISTALLE: Kristalle und andere Edelsteine bilden sich über mehrere Jahrtausende in der Erde. Während ihrer Entstehung nehmen sie eine Fülle alter und mächtiger Energie auf, die zu unterschiedlichen Zwecken verwendet wird wie beispielsweise zur Heilung und zum allgemeinen spirituellen Wohlergehen.

KUNDALINI: Kundalini ist gemäß verschiedener Lehren eine Art »körperlicher Energie«. Diese Energie stellt man sich als Schlange vor, die sich am unteren Ende der Wirbelsäule zusammengerollt hat. Die hinduistische Tradition sagt aus, dass Kundalini durch spezielle Meditationsübungen vom Wurzel-Chakra durch den Wirbelsäulenkanal namens *sushumna* aufsteigen kann und dabei jedes Chakra aktiviert, durch das die Energie fließt.

KUNDALINI-YOGA: Kundalini-Yoga ist ein System von Meditationstechniken und -strömungen innerhalb der yogischen Tradition, das den Fokus auf psychospirituelles Wachstum und das körperliche Potenzial für seine Reifung legt.

L

LEBEN NACH DEM TOD: Die Annahme eines Lebens nach dem Tod auf Erden, die auf dem Glauben basiert, dass unsere Seelen nach dem Vergehen unserer körperlichen Existenz weiterleben.

LEBENSKRAFT: Die Energie in uns und die Gesamtheit der Schöpfung, die uns Leben gibt.

LÖWE: Das fünfte Sternzeichen der Tierkreiszeichen wird häufig durch den Löwen symbolisiert.

M

MAGIE: Magie und Zauberei bezeichnen die Beeinflussung von Geschehnissen, Dingen, Menschen und körperlichen Phänomenen durch mystische, paranormale oder übernatürliche Methoden. Die Begriffe können auch die Praktiken eines Menschen beschreiben, der diese Einflüsse nutzt, sowie auf Glaubensrichtungen, die verschiedene Ereignisse und Phänomene damit beschreiben.

MANDALA: Mandala hat einen hinduistischen Ursprung, wird aber auch in anderen dharmischen Religionen wie beispielsweise dem Buddhismus verwendet. In der Praxis ist aus Mandala ein Gattungsbegriff für jeden Plan, jede Tabelle und auch jedes geometrische Muster geworden, das den Kosmos metaphysisch oder symbolisch abbildet, also einen Mikrokosmos des Universums aus menschlicher Perspektive darstellt. Auf ein Mandala, besonders auf dessen Mitte, kann man seine Aufmerksamkeit während der Meditation richten.

MANIFESTATION: Manifestation ist ein Begriff, der häufig in New-Age- oder New-Thought-Kreisen verwendet wird und sich auf den Glauben bezieht, dass man durch Willenskraft, Wünsche und fokussierte Energie etwas auf physischer Ebene wahr werden lassen kann. Es wird oft mit dem Gesetz der Anziehung in Verbindung gebracht.

MANTRA: Eine religiöse oder mystische Silbe oder ein Gedicht, normalerweise auf Sanskrit. Wird hauptsächlich als spirituelle Leitungen, Worte oder Schwingung verwendet, die dem Rezitierenden bei der Konzentration auf eine Sache helfen. *Aum* ist ein gängiges Mantra.

MEDITATION: Ein Zustand, in dem der Körper bewusst entspannt und der Geist ruhig, fokussiert und nicht abgelenkt ist.

MEDIUM: Ein Medium ist jemand, der mit unseren Seelen oder mit Geistführern auf der anderen Seite kommunizieren kann. Als Medium wird außerdem ein Mensch bezeichnet, der über übersinnliche Fähigkeiten verfügt, z. B. Hellsichtigkeit, Psychometrie und Vorausahnung, und der manchmal auch mit Geistern, Gespenstern oder anderen spirituellen Wesen kommunizieren kann.

METAPHYSIK: Metaphysik ist eine philosophische Strömung, in der die »letzten Fragen«, also die Natur der Wirklichkeit, des Seins und der Welt erklärt werden soll. In letzter Zeit wurde der Begriff Metaphysik weiter gefasst, um sich damit auf Objekte zu beziehen, die außerhalb der physischen Welt liegen.

MUDRA: Bedeutet »Zeichen«, »Siegel« oder »Geste« auf Sanskrit. Mudras sind symbolische Handgesten, die verschiedene Körperteile aktivieren sollen und damit Heilung und Wohlbefinden fördern.

MYTHEN / MYTHOLOGIE: Mythologie besteht aus einer Sammlung von Geschichten und Legenden, die von verschiedenen Kulturen zur Erklärung des Unerklärbaren verwendet werden. In der Umgangssprache wird das Wort *Mythos* für jede traditionelle Geschichte verwendet.

N

NEW AGE: New Age ist der Begriff, der häufig verwendet wird, um eine breite Bewegung Ende des 20. Jahrhunderts und der westlichen Gegenwartskultur zu beschreiben. Charakteristisch ist ein eklektischer und individueller Ansatz zu spirituellen Erkundungen.

NIRWANA: Das Wort bedeutet »Erlöschen der Leidenschaften«. In diesem Bewusstseinszustand ist man frei von Verunreinigungen wie beispielsweise Begierde, Wut und Verlangen – ein reiner Bewusstseinszustand und Glückseligkeit, die nicht von Leidenschaften, Gefühlen oder menschlichem Leiden getrübt wird. Im *Dhammapada* bezeichnet Buddha das

Nirwana als »höchste Stufe der Glückseligkeit«. Damit meint er nicht ein alltäg-
liches Glücksgefühl, wofür es Gründe
gibt, sondern eher ein dauerhaftes,
transzendentales Glück, das wesentlich
für die Gelassenheit ist, die durch Erleuchtung erreicht wird.

NUMEROLOGIE: Numerologie ist die »Wissenschaft von Zahlen« oder das Studium von
Zahlen und deren Auswirkungen auf
unser Leben. Numerologie wird schon
seit langer Zeit in vielen verschiedenen
Kulturen praktiziert und verrät uns unser
mögliches Schicksal sowie unsere natürlichen Begabungen und hilft uns dabei, ein
besseres Verständnis von uns selbst und
von anderen zu erlangen.

P

PHÄNOMEN: Der Duden definiert *Phänomen*
als »etwas, was sich beobachten, wahrnehmen lässt; [bemerkenswerte] Erscheinung«. Dieser Begriff kann im spirituellen Kontext viele verschiedene Dinge
bedeuten und wird häufig mit Wundern,
mythischen/magischen Ereignissen oder
Geschehnissen in Verbindung gebracht.

PRANA: *Prana* ist Sanskrit und bedeutet
»Atem«. Es bezieht sich auf die lebendige, lebensnotwendige Kraft lebender
Wesen und der Lebensenergie im natürlichen Fluss des Universums.

PROPHEZEIUNG / PROPHETISCH: Wissen oder Infor-
mationen, die vor dem tatsächlichen
Geschehen als Vision oder Traum zu einer
Person kommen.

PROPHETISCHE TRÄUME: Prophetische Träume
sind Träume, in denen zukünftige Ge-
schehnisse genau abgebildet werden.
Menschen aus sämtlichen Kulturen und
Religionen glauben schon seit langer Zeit,
dass Träume die Zukunft vorhersagen
oder lange vergessene Bilder aus der
Vergangenheit hervorholen können.

PSYCHOANALYSE: Psychoanalyse ist ein metho-
discher Ansatz, der zur Untersuchung
des Unterbewusstseins verwendet wird
und der der mentalen und emotionalen
Heilung dient.

R

REFLEXOLOGIE: Reflexologie ist eine Methode,
bei der bestimmte Punkte an den Händen
und Füßen massiert und gedrückt werden, die durch Energiekanäle unmittelbar
mit Organen verbunden sind. Heiler
verwenden diese Energiekanäle oder
-punkte zur Therapie von physischen,
emotionalen und mentalen Leiden.
Reflexologie wird häufig zusammen mit
Reiki, Aromatherapie, Massage und
anderen alternativen Heilmöglichkeiten
verwendet.

REIKI: Mikao Usui entwickelte Reiki Anfang des 20. Jahrhunderts in Japan, wo

er – wie er selbst sagte – nach drei Wochen Fasten und Meditation auf dem Mount Kurama eine Heilfähigkeit ohne eigenen Energieverlust erhielt. Reiki-Praktizierende verwenden eine Technik, die dem Handauflegen ähnelt, sowie Gesten in der Luft und Kristalle, Edelsteine und andere Steine, mit denen sie heilend auf die Energie *(Chi)* der Kanäle einwirken.

RELIGION: Eine Reihe von Überzeugungen und Methoden, die im Allgemeinen von einer Gemeinschaft geteilt werden, dazu gehört auch die Einhaltung von festgelegten Glaubensgrundsätzen und Ritualen sowie das Studium von überlieferten oder kulturellen Bräuchen, Schriften, Geschichten und der Mythologie sowie der persönliche Glauben und mystische Erfahrungen.

RITUAL: Eine Praktik, die in eine Zeremonie aufgenommen wird, wobei gewisse Tätigkeiten hauptsächlich aufgrund ihrer Symbolik ausgeführt werden. Diese Praktik wird von einer Religion oder von den Traditionen einer Gemeinschaft vorgeschrieben.

RÜCKFÜHRUNG IN VERGANGENE LEBEN (THERAPIE): Die Rückführung in vergangene Leben wird von einigen Hypnosemeistern verwendet, damit sich der Patient an seine vergangenen Leben erinnert. Dabei schwingt der Glauben an immer wieder-

geborene Seelen mit, die zu verschiedenen Zeiten und an unterschiedlichen Orten lebten und sich in Form von verschiedenen Geschlechtern, Nationalitäten, sozialen Klassen und so weiter manifestierten, um aus diesen vergangenen Erfahrungen zu lernen.

§

SALBUNG: Zur Reinigung oder Heilung, traditionell mit einem Öl, häufig im Zusammenhang mit einer religiösen oder spirituellen Zeremonie.

SANSKRIT: Sanskrit ist eine historische indoarische Sprache, eine der Liturgiesprachen des Hinduismus und Buddhismus und einer der 22 offiziellen Sprachen in Indien.

SCHUTZENGEL / SCHUTZGEIST: Die Aufgabe des Schutzengels / Schutzgeistes besteht darin, uns auf unserem Lebensweg anzuspornen, zu ermutigen, anzustoßen, zu unterstützen, zu beschützen und zu führen.

SCHÜTZE: Das neunte astrologische Sternzeichen der Tierkreiszeichen, das häufig von Pfeil und Bogen symbolisiert wird.

SEELE: Die Seele ist laut zahlreichen religiösen und philosophischen Traditionen eine ich-bewusste Essenz, die auf ein bestimmtes Lebewesen beschränkt ist. In diesen Traditionen wird angenommen, dass die Seele die innerste Essenz jedes

Lebewesens enthält und somit die wahre Grundlage des Bewusstseins ist.

SEELENTIER: Ein Seelentier (auch Totemtier) bezeichnet den animalischen Geist oder die Energie samt der besonderen Eigenschaften und Attribute, welche für Merkmale oder Qualitäten stehen, die bei dir Anklang finden.

SELBST: Das Selbst ist ein komplexes Kernthema in vielen Formen der Spiritualität. Normalerweise wird von zwei Arten des Selbst ausgegangen: dem Selbst als Ego, dem erlernten, oberflächlichen Selbst, einer egozentrischen Erfindung und dem Selbst, das manchmal als »Wahres Selbst«, das »Ich«, »Atman«, »Beobachtendes Selbst« oder »Zeuge« bezeichnet wird.

SKORPION: Das achte Sternzeichen der Tierkreiszeichen, das häufig von einem Skorpion symbolisiert wird.

SPIRITUALITÄT: In einem engeren Sinn beschäftigt sich Spiritualität mit der Seele. Das Spirituelle umfasst ewige Wahrheiten zum endgültigen Wesen der Menschen und widerspricht häufig den Realitäten oder wahrgenommenen Realitäten des materiellen Daseins. Im Kontext der New-Age-Bewegung bedeutet der Begriff häufig, dass jemand sich auf persönliche Erfahrungen fokussiert. Viele spirituelle Traditionen teilen einen gemeinsamen Grundgedanken: Den »Pfad«, die »Ar-beit«, Methoden oder Traditionen, mithilfe derer wir wahrnehmen, Dinge verinnerlichen und uns an sein wahres Wesen und die Beziehung mit allem und allen andern (Gott, der Schöpfung, dem Universum und dem Leben) annähern.

STEINBOCK: Das zehnte Sternzeichen der Tierkreiszeichen, das häufig von einer Ziege symbolisiert wird.

STIER: Das zweite Sternzeichen der Tierkreiszeichen, das häufig von einem Stier symbolisiert wird.

T

TAI-CHI: Tai-Chi ist eine chinesische Kampfkunst, die zu Gesundheit und einem langen Leben führen soll. Tai-Chi ist eine sanfte Kampfkunst, die mit innerer Kraft ausgeübt wird und sich dadurch von den harten Kampfkünsten unterscheidet.

TAROT: Eine etymologische Theorie für das Wort Tarot lautet, dass es sich aus den ägyptischen Wörter *tar* (Straße) und *to* (königlich) zusammensetzt. Das ergibt dann die »königliche Straße« zur Weisheit. Im Laufe der Jahrhunderte wurden die Karten sowohl als einfache Spielkarten sowie zur spirituellen Beratung verwendet. Heutzutage wird Tarot häufig als Mittel zur persönlichen Entwicklung verwendet, besonders im Zusammenhang mit Meditation zur Erfahrung von Klarheit, Einsichten und zum Erlangen des höchsten Guts. Tarotkarten spiegeln den ganzen Lebensweg von der Geburt bis hin zum Tode wider, zeigen die Reise von der Naivität hin zu Erfahrung und Selbsterkenntnis. Die meisten Aspekte menschlicher Erfahrungen finden sich im Tarot.

TIBETISCHES TOTENBUCH (BARDO THÖDRÖL): Das *Bardo Thödröl* ist eine buddhistische Schrift, die die Erfahrungen der menschlichen Seele nach dem Tod und vor der Wiedergeburt beschreibt. Diese Phase wird als Bardo bezeichnet. Das Bardo Thödröl wird von Lamas in der Nähe eines Sterbenden oder gerade verstorbenen Menschen rezitiert. Manchmal verwendet man aber auch ein Bild des Verstorbenen bei der Rezitation.

TRÄUME: In Träumen kann man Erfahrungen machen und – manchmal zumindest – bei transzendierenden Tagträumen oder Nachtträumen Nachrichten von geliebten Menschen empfangen, die verstorben sind, oder auch Nachrichten von deinen spirituellen Führern oder Engeln.

U

ÜBERSINNLICH: Ein Begriff, mit dem Kräfte und Phänomene bezeichnet werden, die in der Natur nicht zu beobachten sind und deswegen nicht mit überprüfbaren Maßnahmen nachgeprüft werden können.

V

VEDAS: Die Vedas sind ein großer Textkorpus aus dem alten Indien. Sie sind die ältesten Texte des Hinduismus.

VORHERBESTIMMUNG: Ein religiöses Konzept, das die Beziehung zwischen dem Anfang einer Sache und der Bestimmung zum Thema hat. Es geht um Gottes Entscheidung, vorzeitig zu bestimmen, welches Schicksal Gruppen oder Einzelpersonen ereilen wird. Die Vorherbestimmung lässt sich aber auch auf sämtliche lebenden Wesen erweitern.

W

WAAGE: Das siebte Sternzeichen der Tierkreiszeichen, wird oft durch eine Waage symbolisiert.

WASSERMANN: Das elfte Sternzeichen der Tierkreiszeichen wird häufig durch zwei übereinanderliegende Wellen symbolisiert.

WIDDER: Das erste Sternzeichen der Tierkreiszeichen. Wird häufig durch Hörner symbolisiert.

WIEDERGEBURT: Der Glaube daran, dass die menschliche Seele nach dem Tod des Körpers weiterlebt und periodisch unter unterschiedlichen Umständen und in unterschiedlichen Körpern wiedergeboren wird, damit die Seele wachsen und lernen kann, damit sie letztendlich in den Himmel aufsteigen darf.

WUNDER: Verstoßen gegen Naturgesetze und können deswegen nur durch göttliche Intervention erklärt werden. Manchmal werden sie auch mit einem Wundertäter in Verbindung gebracht.

Y

YIN UND YANG: Die dualen Konzepte Yin und Yang stammen aus der alten chinesischen Philosophie und Metaphysik. Mit Yin und Yang werden zwei polar einander entgegengesetzte Prinzipien beschrieben, die aber aufeinander bezogen sind und in sämtlichen nicht-statischen Objekten und Prozessen des Universums vorhanden sind. Dieses Konzept ist der Grundstein des Daoismus und der traditionellen chinesischen Medizin.

YOGA: Unter dem Begriff werden alte spirituelle Praktiken mit Ursprung in Indien zusammengefasst. Hinduistische Texte erörtern verschiedene Aspekte von Yoga, z. B. die Upanishaden, die Bhagavad Gita, das *Yogasutra von Patanjali*, das *Hathapradipika* und viele andere. Wichtige Stilrichtungen im Yoga sind: Hatha-Yoga, Karma-Yoga, Jnana-Yoga, Bhakti-Yoga und Raja-Yoga.

YOGI: Ein Yogi oder eine Yogini beschreibt jemanden, der Yoga praktiziert. Meist bezeichnet man damit fortgeschrittene Übende. Das Wort *Yogi* wird auch als allgemeiner Begriff für einen Menschen mit spirituellem Wissen oder für einen Erleuchteten verwendet.

Z

ZEN: Zen ist eine Strömung des Mahayana-Buddhismus, dessen Charakteristikum der »Zustand meditativer Versenkung« ist. Diese Meditationsart ist unter dem Namen Zazen bekannt. Es wird dadurch danach gestrebt, Erweckung zu erlangen. Beim Zen wird theoretisches Wissen und das Studium religiöser Texte zugunsten von unmittelbarer individueller Erfahrungen der eigenen wahren Natur zurückgestellt. Das Wort *Zen* wird außerdem heute dazu verwendet, einen erstrebenswerten allgemeinen Zustand des Friedens, der Klarheit und der spirituellen Gesundheit zu beschreiben.

ZWILLING: Das dritte Sternzeichen der Tierkreiszeichen wird häufig von Zwillingen symbolisiert.

DANKSAGUNG

Nachnamen habe ich in den Danksagungen weggelassen. Ihr wisst schon, wenn ihr gemeint seid.

Anna, vielen Dank, dass du an mich und dieses Buch geglaubt hast. Ohne dich wäre dieses Buch niemals in die Hände so vieler Seelensucher gelangt. Vielen Dank, dass du deren und mein Leben verändert hast. Ohne dich und das Beyond Words Team wäre das alles unmöglich gewesen. Ich bin dir auf immer und ewig dankbar. Ein besonderer Dank geht an das Redaktionsteam, einschließlich Sylvia, Lindsay und Gretchen.

James gebührt Dank für seine Engelsgeduld, deine Unterstützung und dass er mir die Zeit und den Raum für dieses Buch zugestanden hat, das zum »dritten Mann« unserer Beziehung wurde.

Marg und Merv für die Freiheit, meine eigene Spiritualität zu entdecken und weil sie meine Verrücktheit unterstützten und mich in meiner Schrulligkeit bestärkten. Ich habe mir die allerbesten Eltern ausgesucht, vielen Dank.

Tash, die ich nun als CEO von emmamildon.com betrachte. Ich danke dir für dein ehrliches und direktes Feedback dazu, ob Dinge hip sind oder weg können.

Meine Tante Jane, weil sie mich mit spirituellen Unterhaltungen in Berührung brachte. Du bist wie eine Mutter für mich, und dafür bin ich dir dankbar.

Nana Mildon für die ganze Weisheit in all den Jahren, danke.

Louise, Doreen und Gabby, dafür, dass ihr eure Worte, eure Weisheit und eure Inspiration mit mir und den Lesern geteilt habt.

Celine dafür, dass ich an ihren unglaublich eleganten Entwürfen mitarbeiten durfte. Sarah danke ich, weil sie mich gestylt hat und diesen alten spirituellen Gangster damit in eine Göttin verwandelte. Kendrick dafür, dass er mich mit seinem geschulten Auge fotografiert hat.

Den O'Hara-Schwestern für das spirituelle und geschäftliche Brainstorming, die Unterstützung und Freundschaft. Barbara, weil sie ihre Weisheit mit mir geteilt hat und mir somit den Mut verlieh, in einen neuen Lebensabschnitt einzutreten. Danke, dass du mir bei der Umsetzung meiner Gedanken geholfen hast.

Sharad, vielen Dank dafür, dass du solch ein bescheidener und inspirierender Mentor bist. Tim dafür, dass du mir SUP-Yoga (Stand-up Paddle Yoga) und Acro-Yoga und Yoga-Freundschaft beigebracht hast. Diane und Halo Smith für eure Partnerschaft, euren Weitblick und eure Einblicke in spirituelles Unternehmertum. Ish dafür, dass er mir die Feinheiten beigebracht hat, wie man erfolgreich mit einem Publikum kommuniziert, sowohl persönlich als auch auf Papier. Sacha, der mir gezeigt hat, was mein wahres Selbst ausmacht, und mir bei den letzten Zeilen dieses Buches half. Ich wünsche dir ein schönes Leben.

Dione, für die Unterstützung meiner Arbeit und der ganzen Weisheit und den anderen Seelensuchern, mit denen du mich in Kontakt gebracht hast. Guy, Vanessa, Katherine, Leigh und Lauren, weil sie meine tagtäglichen Eskapaden und meine Neugier ertragen. Ayla, weil sie den Stein ins Rollen brachte. Danke! Du bist eine meiner ersten Unterstützer und Anhänger. Abbylee, vielen Dank dafür, dass du ein leuchtendes Licht und eine gleich gesinnte spirituelle Draufgängerin bist. Twyla, vielen Dank für deinen bodenständigen, weisen und wertvollen Einfluss.

Dem Team Lululemon Ponsonby für die grenzenlose Unterstützung, die gemeinsame Vision und weil sie mich in ihrer spirituellen Familie willkommen hießen. Besondern Dank an Mo, Bex, Prism, Emily und Poppy.

Tiffany, weil sie mir beigebracht hat, dass Yoga tatsächlich ein Arzneimittel ist.

Jade und Charlotte, weil sie mir Impulse mitten aus der Zielgruppe gaben.

Jacque und Jonnie, vielen Dank für die erste Möglichkeit zu einem öffentlichen Auftritt beim Wanderlust-Festival in Neuseeland, und weil ich den Besuchern bei der Bestimmung ihres spirituellen Weges helfen durfte.

BookYogaRetreats für die Partnerschaft und weil sie ihre ganzheitliche Sicht und die geschäftlichen Einstellungen mit mir teilen.

Emm, weil du mich Wayne Dyer vorgestellt hast. Das hat mir einen Schub verliehen! Rowan, für deine Geduld und das Personal Training. Imogen, weil du wie eine Schwester für mich warst, als ich Zuflucht gefunden hatte. Persephone, weil du mir sowohl Liebe als auch Mut zeigtest.

Philip, für deine astrologische Beratung, die mein Leben veränderte und dieses Buch ganz grundlegend beeinflusste. Narelle für deine Unterstützung und noch wichtiger: weil du mir das Tanzen beigebracht hast! Michelle für deine Numerologie-Beratung, die der erste Schritt meiner ganzen spirituellen Karriere und meiner Schriftsteller-Karriere war und schließlich zu diesem Buch führte.

Richard, weil er mir zeigte, dass der kleinste Funke Neugier selbst in so einem winzigen Land wie Neuseeland zur spirituellen Weltherrschaft führen kann. Jasmin, vielen Dank, dass du mich als Coach und spirituelle Lehrerin unter die Fittiche genommen hast. Peter dafür, dass du mir das Abc der Numerologie beigebracht hast. Seitdem muss ich einfach immer Zeiten, Daten und Autokennzeichen zählen.

Eli, weil du mir eine andere Welt gezeigt und mich durch Rückführung mit meinen früheren Leben verbunden hast.

Suzanne für deine unumwundenen Gespräche und weil du mir eine Strategie und einen starken Orientierungssinn mitgegeben hast. Kay, weil du mir beigebracht hast, wie man besonnen egoistisch sein kann und weil du mich in die spirituelle Gemeinschaft in Mallorca eingeladen hast. Melissa, weil du mich mit meinen spirituellen Engeln und Führern in Kontakt gebracht hast. Barbara, weil du mir Teeblätter gelesen und mit mir über meine früheren Leben gesprochen hast. Carmel für Heilung, Lesungen, Engel-Aura-Sprays und Detox für die Füße. Vielen Dank für deine Energie.

Eoin, weil er mir ganz mühelos Weisheit vermittelte, die mich erdete und veränderte. Cathy, weil du mir Einblicke in dein Traumtagebuch und deine spirituellen Erkenntnisse erlaubtest. Karen, weil du deine Weisheit zu spirituellen Führern mit mir geteilt hast und weil du so offen warst für Hybridformen spiritueller Weisheit. Martin und Kayne, weil ihr mir Transzendentale Meditation beigebracht habt.

Marilyn, danke, du bist eine unglaublich gute Agentin und der Samen meiner Möglichkeiten.

Reid und Cheryl, die aus mir das einflussreiche Wesen gemacht haben, das ich nun bin. Euer Workshop hat mein Leben verändert.

Zu guter Letzt würde ich gerne Gabrielle, Malcom und meinen Engeln und spirituellen Führern danken, deren Erfahrungen durch mich in dieses Buch einfließen durften. Ich habe das Gefühl, eure Namen sollten auf dem Titel stehen. Ich bin unendlich froh, dass ihr bei mir seid. Es ist mir eine Ehre, dass ich eure Botin sein darf.

Mehr zu Emma Mildon?

Du kannst dir die Gratis-App namens »Emma Mildon« für iOS und Android runterladen. Damit wirst du an Vollmond und Neumond erinnert, bekommst Playlists, Videos und Infos zu Events und wirst über weitere Bücher und Angebote auf dem Laufenden gehalten.

Soul Tunes

Im Bereich *Books and Beats* auf emmamildon.com kannst du dir ein paar Lieblingssongs meiner Seelensuche anhören. Du findest dort außerdem Videos, die mich inspiriert haben, sowie Bücher, die mir enorm bei meiner Seelensuche geholfen haben.

ANMERKUNGEN

1. »Padmasambhava«, Wikipedia, aufgerufen am 31.05.2016, https://de.wikipedia.org/wiki/Padmasambhava

2. Karen Armstrong, *Buddha,* Berlin: Claassen Verlag 2004, S. 7f

3. Jalal al-Din Rumi, *The Essential Rumi: New Expanded Edition*, San Francisco: HarperOne 2004, S. 196

4. Melissa Eisler, »The History of Meditation«, The Chopra Center, aufgerufen am 07.06.2016, http://www.chopra.com/ccl/the-history-of-meditation

5. Jeff Wilson, *Mindful America: The Mutual Transformation of Buddhist Meditation and American Culture*, Oxford: Oxford University Press 2014, S. 35

6. Kundalini Mudra. Mit Einwilligung des Kundalini Research Institute verwendet. Weitere Informationen unter www.kriteachings.org

7. Buddha Mudra. Mit Einwilligung des Kundalini Research Institute verwendet. Weitere Informationen unter www.kriteachings.org

8. Louise L. Hay, *You Can Heal Your Life*, Carlsbad: Hay House 1984, S. 122–141, nachgedruckt mit Genehmigung der Verlags. (Deutsche Ausgabe: Louise L. Hay, *Gesundheit für Körper und Seele*, Berlin: Allegria Taschenbuch, 2013)

9. Richard Webster, *Color Magic for Beginners,* Woodbury: MN: Llewellyn Worldwide 2006, S. 59–62, nachgedruckt mit Genehmigung des Verlags

10. Ebd.

11. Tasmania Hobart, »Divine Feminine – Kundalini, Transpersonal and the Inner Feminine«, Transpersonal Lifestreams, zuletzt geändert am 21. März 2011, http://www.transpersonal.com.au/kundalini/divinde-feminine.htm

12. Ebd.

13. Webster, *Color Magic for Beginners*, S. 59–62

14. Lise Manniche, *Sacred Luxuries: Fragrance, Aromatherapy, and Cosmetics in Ancient Egypt*, Trowbridge: Opus Publishing Ltd. 1999, S 36

15. Scott Cunningham, *The Complete Book of Incense, Oils, and Brews*, Woodbury: Llewellyn Worldwide, 2002, S. 27–44. Nachgedruckt mit Genehmigung des Verlags. (Deutsche Ausgabe: Scott Cunningham, *Das*

große Buch von Weihrauch, Aromaölen und magischen Rezepturen, München: Goldmann 2001)

16. Ebd.

17. Debbie Allen, »Biblical Scripture References for Use of Essential Oils«, Young Living Essential Oils, aufgerufen am 18. Juni 2016, http://yleo-oils.com/bible.htm

18. Scott Cunningham, *The Complete Book of Incense, Oils, and Brews*, Woodbury: Llewellyn Worldwide 2002, S. 45, 58, 62, 65. Nachgedruckt mit Genehmigung des Verlags (Deutsche Ausgabe: Scott Cunningham, *Das große Buch von Weihrauch, Aromaölen und magischen Rezepturen*, München: Goldmann, 2001)

19. Ebd.

20. Ebd.

21. Richard Webster, *Living In Your Soul's Light: Understanding Your Eternal Self*, Woodbury: Llewellyn Worldwide 2012, S. 47, 51, 52, 53, 54. Nachgedruckt mit Genehmigung des Verlags

22. Richard Webster, *Living In Your Soul's Light: Understanding Your Eternal Self*, Woodbury, Llewellyn Worldwide 2012, S. 54–55. Nachgedruckt mit Genehmigung des Verlags

23. Ebd.

24. »What is TRE®«, Bercelli Foundation, aufgerufen am 18. Juni 2016, http://traumaprevention.com

25. »Napping: Do's And Dont's for Healthy Adults«, Mayo Clinic, zuletzt geändert am 21. November 2012, http://www.mayoclinic.org/healthy-living/adult-health/in-depth/napping/art-20048319

26. Jane Maati Smith, *Chakra Healing Solfeggio Frequencies: Sound Medicine For Chakra Balancing of the Body, Mind, and Soul*, ChakraHealing-Sounds.com, 2013, MP3

27. Mark und Elizabeth Clare Prophet, »Aquarian Path: the seven Chakras«, http://www.aquarianpath.com/chakraschart.php, aufgerufen am 18. Juni 2015

28. Richard Webster, *Aura Reading for Beginners: Develop Your Psychic Awareness for Health & Success*, Woodbury: Llewellyn Worldwide 2002, S. 3. Nachgedruckt mit Genehmigung des Verlags

29. Richard Webster, *Living In Your Soul's Light: Understanding Your Eternal Self*, Woodbury: Llewellyn Worldwide 2012, S. 69, 71, 72, 73, 74. Nachgedruckt mit Genehmigung des Verlags

30. »Clairvoyant Band Aid«, *Almost Famous – Fast berühmt*, unter der Regie von Cameron Crowe, (2000; Universal City, Dreamworks, 2000), DVD

31. Richard Webster, *Aura Reading for Beginners: Develop Your Psychic*

Awareness for Health & Success, Woodbury: Llewellyn Worldwide 2002, S. 83–94. Nachgedruckt mit Genehmigung des Verlags

32. Richard Webster, *Feng Shui for Beginners: Successful Living by Design,* Woodbury: Llewellyn Worldwide 2002, S. 1–3. Nachgedruckt mit Genehmigung des Verlags

33. Ebd.

34. Deepak Chopra, *The Book of Secrets: Unlook the Hidden Dimensions of Your Life,* New York: Harmony Books 2005. Nachgedruckt mit Genehmigung des Verlags. (Deutsche Ausgabe: Deepak Chopra, *Das Buch der Geheimnisse,* München: Goldmann 2008)

35. Richard Webster, *Color Magic for Beginners*, Woodbury: Llewellyn Worldwide 2006, S. 217–228. Nachgedruckt mit Genehmigung des Verlags

36. Richard Webster, *Feng Shui for Beginners*, S. 132

37. Ebd., S. 112

38. Louie Ross, Ingrid Hall, Temeika Fairley et al., »Prayer and Self-Reported Health Among Cancer Survivors in the United States, National Health Interview Survey, 2002«, in: *Journal of Alternative and Complementary Medicine*, zuletzt geändert am 16. Mai 2015, http://www.ncbi.nlm.nih.gov/pmc/articles/PMC3152800/

39. John Lennon, »Imagine«, auf *Imagine*, Apple Records, 1971, MP3

40. Ian Parker, »The Big Sleep«, in: *The New Yorker*, 9. Dezember 2013, http://www.newyorker.com/magazine/2013/12/09/the-big-sleep-2

41. J.F. Pagel, »Nightmares and Disorders of Dreaming«, in: American Family Physician 61, 1. April 2000, http://www.aafp.org/afp/2000/0401/

42. Paulo Coelho: *Auf dem Jakobsweg. Tagebuch einer Pilgerreise nach Santiago de Compostela*, Zürich: Diogenes Verlag, 1999. Übers. von Maralde Meyer-Minnemann. S. 68

43. Cathy Hunsberger: *Dreams: Unlocking the Mystery*, Bloomington: Balboa Press, 2013, S. 163–178. Nachgedruckt mit Genehmigung des Verlags

44. Ebd.

45. Cathy Hunsberger: *Dreams: Unlocking the Mystery*, Bloomington: Balboa Press 2013), S. 163–178. Nachgedruckt mit Genehmigung des Verlags

46. »Insufficient Sleep Is a Public Health Epidemic«, Center for Disease Control and Prevention, zuletzt geändert am 13. Januar 2014, http://www.cdc.gov/feature/dssleep

47. Rudolf F. Graf: »Crystal oscillator«, in: *Modern Dictionary of electronics*, 7. Ausgabe, Boston: Newnes 1999, S. 162, 163

48. Jana Maati Smith, *Chakra Healing Solfeggio Frequencies: Sound Medicine*

for Chakra Balancing of the Body, Mind, and Soul, ChakraHealing-Sounds.com, 2013, MP3

49. Rebecca Turner: »A History of Sleep«, World of Lucid Dreaming, aufgerufen am 11. Dezember 2014, http://world-of-lucid-dreaming.com/history-of-sleep

50. »Origin and Meaning of Emma«, eBabyNames.com, aufgerufen am 18. Juni 2016, http://www.ebaby-names.com/#!meaning-of-Emma

51. »Chinese Vs. Western Numerology«, Numerology.com, aufgerufen am 16. Juni 2016, http://www.numerology.com/numerology-news/chinese-vs-western-numerology

52. Harish Johari, *Numerology with Tantra, Ayurveda, and Astrology*, Rochester: Inner Traditions International 1990, S. 6–7

53. Michelle Buchanan, *The Numerology Guidebook: Uncover Your Destiny and the Blueprints of Your Life*, Carlsbad: Hay House, 2013, S. 3–16. Nachgedruckt mit Genehmigung des Verlags

54. Ebd.

55. Ebd.

56. Ebd.

57. Ulla Koch-Westerholz: *Mesopotamian Astrology: An Introduction to Babylonian and Assyrian Celestial Divination*, Kopenhagen: Museum Tusculanum Press 1995, S. 11.

58. Nicholas Campion: *History of Western Astrology, Volume II: The Medieval and Modern Worlds*, London: Continuum International Publishing Group 2009

59. Robert Armour: *Gods and Myths of Ancient Egypt*, Kairo: American University in Cairo Press 1986, S. 6–8

60. Siegfried Morenz: *Egyptian Religion*, Ithaca: Cornell University Press 1973, S. 88–89

61. April Holloway: »How Ancient People Marked the Equinox Around the World«, Ancient Origins, aufgerufen am 18. Juni 2014, http://www.ancient-origins.net/ancient-places/how-ancient-people-marked-equinox-around-world-001464

62. Ebd.

63. Philip F. Young, *Astrology Unlocked*, Bloomington: Balboa Press 2013, S. 75–80. Nachgedruckt mit Genehmigung des Verlags

64. Carl Sagan: *Pale Blue Dot: A Vision of the Human Future in Space*, New York: Random House 1994, S. 7

65. Philip F. Young, *Astrology Unlocked*, Bloomington: Balboa Press 2013, S. 75–80. Nachgedruckt mit Genehmigung des Verlags

66. Ebd.

67. G.E.M. Anscombe: »Modern Moral Philosophy«, in: *Philosophy* Band 33, Ausgabe 124 (1958): 12, www.jstor.org/stable/3749051

68. Immanuel Kant, *Die Metaphysik der Sitten*, www.zeno.org/Philosophie/M/Kant,+Immanuel/Grundlegung+zur+Metaphysik+der+Sitten.

69. Mario Livio, *The Golden Ration: The Story of PHI, the World's Most Astonishing Number*, New York: Broadway Books 2002, S. 124–125

70. Rhonda Byrne: *The Secret*, New York: Simon & Schuster 2006. Deutsche Ausgabe: Rhonda Byrne: *The Secret – Das Geheimnis*, Göttingen: Arkana Verlag 2006

71. Esther Hicks und Jerry Hicks: *The Law of Attraction: The Basics of the Teachings of Abraham*, Carlsbad: Hay House 2006

72. Associated Press: »Poll: Nearly 8 in 10 Americans Believe in Angels«, CBS News, 23. Dezember 2011, http://www.cbsnews.com/news/poll-nearly-8-in-10-americans-believe-in-angels

73. Max Martin, Savan Kotecha und Shellback: »I Wanna Go«, gesungen von Britney Spears, Jive Records 1999, MP3

74. Richard Webster: *Spirit Guides and Angel Guardians: Contact Your Invisible Helpers*, Woodbury: Llewellyn Worldwide 2002, S. 18, 20–21. Nachgedruckt mit Genehmigung des Verlags

75. Birgit Goldworthy: *Totem Animal Messages: Channelled Messages from the Animal Kingdom*, Bloomington: Balboa Press, 2013. Nachgedruckt mit Genehmigung des Verlags

76. Doreen Virtue: *Angel Numbers 101: An Introduction to Connecting, Working, and Healing with the Angels*, New York: Grand Central Publishing 1993. Copyright 1993 von James Redfield. Nachgedruckt mit Genehmigung des Verlags. Deutsche Ausgabe: Doreen Virtue: *Feen-Notruf: Wie uns Feen und Naturgeister helfen können*. Berlin: Allegria Verlag 2008

77. James Redfield: *The Celestine Prophecy: A Pocket Guide to the Nine Insights*, New York: Grand Central Publishing 1993, S. 112. Nachgedruckt mit Genehmigung des Verlags. Alle Rechte vorbehalten. Deutsche Ausgabe: James Redfield: *Die Erkenntnisse von Celestine: Das Handbuch zur Arbeit mit den ›Neun Erkenntnissen‹*, Berlin: Allegria 2004

78. »Akashic Records – The Book of Life«, Edgar Cayes Association for Research and Enlightenment, aufgerufen am 18. Februar 2015, http://www.edgarcace.org/are/spiritualGrowth.aspx?id=2078

79. A. Pablo Iannone: *Dictionary of World Philosophie*, Abingdon: Taylor and Francis, 2001, S. 30

80. Katharina Brandt: »Rudolf Steiner and Theosophy«, in: *Handbook of the Theosophical Current*, Olav Hammer

und Mikael Rothstein (Hg.), (Brill: Boston, 2013), S. 122–123

81. Richard Webster: *Practical Guide to Past-Life Memories: Twelve Proven Methods*, Woodbury: Llewellyn Worldwide 2012, S. 14–16. Nachgedruckt mit Genehmigung des Verlags

82. Richard Webster, *Living in Your Soul's Light: Understanding Your Eternal Self*, Woodbury: Llewellyn Worldwide 2012, S. 14–16. Nachgedruckt mit Genehmigung des Verlags

83. Jennifer Longmore: »Akashic Records: A Sacred Tool to Facilitate the Deepest Level of Healing for Your Soul«, Vital Spark: Canada's New Consciousness Network, aufgerufen am 18. Juni 2016, http://www.mcs.ca/vitalspark/2040_therapies/501akas.html

84. Sylvia Browne: *Insight: Case Files from the Psychic World*, New York Dutton 2006

85. Richard Webster: *Living in Your Soul's Light: Understanding Your Eternal Self*, Woodbury: Llewellyn Worldwide 2002), S. 178. Nachgedruckt mit Genehmigung des Verlags

86. Ebd.

87. Elizabeth Day: »A Mystery Even to Himself«, in: *The Telegraph*, 13. Juni 2005, http://www.telegraph.co.uk/culture/donotmigrate/3643720/A-mystery-even-to-himself.html

88. Doreen Virtue, *Goddess and Angels*, Carlsbad: Hay House, 2005. Nachgedruckt mit Genehmigung des Verlags